历史是一面镜子，

照亮现实，也照亮未来；

多读历史，可以开阔眼界，内心也会更从容。

美好的一天，从阅读开始……

——题记

❶

先秦篇
秦汉篇

改变历史的女人

文　茜
王红宇
- 著 -

SPM 南方传媒 | 广东人民出版社
· 广州 ·

图书在版编目（CIP）数据

改变历史的女人.1 / 文茜，王红宇著. —广州：广东人民出版社，2024.5

ISBN 978-7-218-16766-4

Ⅰ.①改… Ⅱ.①文… ②王… Ⅲ.①历史故事—作品集—中国—当代 Ⅳ.I247.81

中国国家版本馆 CIP 数据核字（2023）第 145773 号

GAIBIAN LISHI DE NÜREN.1

改变历史的女人.1

文 茜 王红宇 著

出 版 人：肖风华

责任编辑：周汉飞

责任技编：吴彦斌

装帧设计：WONDERLAND Book design 仙境 QQ:344581934

出版发行：广东人民出版社

地　　址：广东省广州市越秀区大沙头四马路 10 号（邮政编码：510199）

电　　话：（020）85716809（总编室）

传　　真：（020）83289585

网　　址：http://www.gdpph.com

印　　刷：三河市中晟雅豪印务有限公司

开　　本：710mm×1000mm 1/16

印　　张：26.5 **字　　数**：344 千

版　　次：2024 年 5 月第 1 版

印　　次：2024 年 5 月第 1 次印刷

定　　价：89.00 元

如发现印装质量问题，影响阅读，请与出版社（020-85716849）联系调换。

售书热线：（020）87716172

目录

·先秦篇·

·秦汉篇·

1

女艾谍浇　助少康复国

女艾当时并不知道，这个月明之夜，会成为她一生中最关键的转折。她更不会知道，这一刻，不仅改变了她的命运，而且改变了历史，让她成了历史上第一个女间谍。

第一章　侍女女艾

1

女艾从姒少康身边的一名侍女成为刺客，只用了三年时间。

姒少康是夏朝第五位君主姒相的儿子。不过，这时候的夏朝已经灭亡，身为夏朝君主的后人，姒少康正蛰伏在纶邑（今河南商丘虞城东南）。

姒少康的蛰伏是万不得已，甚至可以说，他的蛰伏只是在等待机会复仇，恢复夏朝。

夏朝是中国历史上的第一个朝代，建立者是大禹的儿子姒启，都城在阳翟（今河南禹州）。

“夏”源自姒姓夏后氏。

夏朝未建立前，是个以姒姓夏后氏、有扈氏、有男氏、斟鄩氏、彤城氏、褒氏、费氏、杞氏、缯氏、辛氏、冥氏、斟灌氏这十二个氏族组成的部落联盟。之所以最后以“夏”为国号，是因为在这个部落联盟里，“夏后氏”排在首位。

在姒启建立“夏”朝前，他是十二个氏族组成的部落联盟的首领。而在姒启成为部落联盟首领之前，部落联盟首领的更替都是采用禅让制的。也就是说，要从十二个氏族的部落里，选出一位既有德行又有能力的人。也正因如此，第一位部落联盟首领尧才将首领之位禅让给并非他子孙的舜，而舜又禅让给并非他子孙的禹。

不过，到了禹的时候，由于禹的继任者皋陶没有继位便死了。于是，禹便将部落联盟首领禅让给了皋陶的儿子伯益。

由于伯益的德行和能力都不足以成为部落联盟首领，导致其他部落的人不服，而姒启的能力远在伯益之上，因而，在众人的支持下，姒启用武力打败了伯益，顺利继位。

这样一来，虽然禹没有直接传位给姒启，结果却是他的儿子成了继任者。姒启的即位，改变了一直以来部落联盟的禅让制，开创了世袭制的先河。

姒启做了十二氏族部落联盟的首领后，开始大刀阔斧的变革，并以“夏”为国号。原本的部落联盟，变成了由十二氏族组成的国家，而姒启也从部落联盟首领一跃成为一国之君。

夏朝由此诞生。

姒启死后，他的长子姒太康不仅继位，将夏朝的都城迁往斟鄩（今洛阳偃师）。

姒太康不仅喜欢玩乐，而且痴迷狩猎。有一次，姒太康竟带着亲信前往洛水北岸打猎，且一去三个月不归。

作为一国之君却百日不归，夏朝内部矛盾重重，民众大为不满，这给了东夷有穷氏部落的首领后羿可乘之机。他趁机夺城，并将姒太康拦在城外。这就是历史上著名的“太康失国”。

后羿夺取夏朝政权后，称王八年。这段历史，也被称为了“后羿代夏”。

不过，后羿称王八年后，因其他部落日益不满，他便将君位让给了姒太康的弟弟姒仲康，自己重回有穷氏。不过，后羿让位给姒仲康，也是有条件的，那就是有穷氏不再向夏朝纳贡。

能将夏朝重新掌握在姒姓夏后氏的手里，姒仲康当然兴奋不已。

但对于有穷氏不向夏朝纳贡，他却十分不满，因为有穷氏不纳贡，其他部落也会争相效仿。因而，为了让夏朝重新强大起来，让有穷氏再次俯首称臣，姒仲康选择与有穷氏的后羿开战，可几次战争都失利了。最终，他不得不退居帝丘（今河南濮阳）一隅，以帝丘为都城。

之后，姒仲康去世，他的儿子姒相继位。

在此期间，东夷的有穷氏部落也发生了变故。那就是后羿重蹈姒太康的覆辙，整日只知游猎，不思朝政，让他的亲信寒浞有了可乘之机。

寒浞很狡猾，他一边给后羿安排各种享乐活动，一边笼络后羿身边的人，并最终与后羿的妻子纯狐联手，先是杀死了忠诚后羿的臣子，接着又杀死了后羿。

夺得有穷氏部落后，寒浞并不满足，他命令两个儿子寒浇和寒豷去攻打夏朝，并占领了夏朝的都城帝丘。夏朝君主姒相被杀，十二部落死伤惨重，纷纷逃亡。

姒相的妻子缗得知丈夫被杀时，已有六个月的身孕，无可奈何之下，她只好随着逃亡的人群，从城墙底下的臭水沟爬出，逃往娘家有仍氏部落（今山东济宁），并在次年生下了儿子姒少康。

2

姒少康是遗腹子，而寒浞父子一直以为姒相无子，所以也就放松了警惕。

姒少康自小就听母亲给他讲姒姓夏后氏的故事。长大后，他一边借做牧政（管理牲畜的官员）学习作战本领，一边暗暗发誓要夺回夏朝。

寒浞在听说了姒少康的消息后，为了斩草除根，派长子寒浇对其进行追杀。幸而姒少康提前得知消息，在寒浇到达有仍氏部落前逃走了。

姒少康带着几个随从一路逃亡，逃到了有虞氏（今河南商丘虞城县），做了一名庖正（掌管饮食的官员）。

在做庖正期间，姒少康发现粮食放久了，生成的汁水反而味道甘美。受此启发，他发明了原始酿酒术，成了酿酒业的始祖，“杜康酒”便由此而来。

姒少康虽然在有虞氏隐姓埋名，且为人处世也低调谨慎，但还是被有虞氏的君主发现了。

有虞氏的君主见他仪表堂堂，文韬武略样样精通，且有着夏朝皇室的身份，觉得他前途远大，便将两个女儿嫁给了他。

有虞氏君主非常器重他，不仅赏赐他纶邑良田十顷，还给了他五百名士兵，并把纶邑（今河南商丘虞城东南）交给他管理。

然而，姒少康并不满足于做纶邑之主，更不满足于有良田十顷，士兵五百。他有更大的抱负，那就是复国，他要夺回被寒浞父子侵占的夏朝领地。

于是，他将纶邑作为根据地，一边在纶邑和有虞氏部落招兵买马，建立自己的军队，一边用各种方式与逃亡的夏朝旧臣联系。

慢慢地，逃亡到有鬲氏部落（今山东德州平原县）的夏朝遗臣伯靡，以及那些被寒浞父子逼得四处逃散的斟鄩氏、斟灌氏的族人也都赶了过来。

纶邑俨然成了夏城的小朝廷。

姒少康信心大增，为了表达自己“复国”的决心，将自己的军队称为“复国大军”。然而，“复国大军”虽已建立，他却迟迟没有行动，因为相比寒家父子的兵力，他的“复国大军”还是弱不禁风。

寒浞虽然年老体衰，不足为患，他却有两个力大无穷、勇猛善战的儿子寒浇和寒豷。

寒浇和寒豷是寒浞和妻子姜螽之子，而姜螽是九黎族蚩尤的后人，不仅身强体健，而且武艺高强，两个儿子也都继承了母亲的武艺。

寒浞父子在夺得夏朝政权后，寒浇被封为过王，封地在过邑（今山东莱州西北）；寒豷被封为戈王，封地在戈邑（今山东掖县）。

对于寒浇，姒少康并不陌生。他常听人说，寒浇豹头狼眼，虎背熊腰，凡是听到他名字的人，无不胆战心惊。而且，在姒少康很小的时候，母亲缗无数次和他说起，如果当年不是寒浇灭掉了夏朝的两大家族——斟灌氏和斟鄩氏，让夏朝失去了两大支柱，夏朝的都城是攻不破的，而夏朝都城攻不破，他的父亲姒相也不会死。

当然，从别人嘴里听来的寒浇虽然很可怕，但对姒少康来说，也只是传说中的人物，毕竟从未谋面。他在有仍氏部落被寒浇追杀而狼狈逃窜时，虽然还是没有见过寒浇的真容，却早已领教了对方的厉害。

如今，虽然寒浇只是一个封地在过邑的过王，但因为寒浞的信任，他已经开始称霸九州，统辖九州事务了。

因而，姒少康觉得若想“灭寒复夏”，就必须先把寒浇除掉。寒浞和他的两个儿子在夺权时，采取的就是各个击破的方式。如今，自己若想灭掉寒浞父子，也必须要各个击破。特别是寒浇，因为寒浇是寒浞的臂膀，一旦杀了寒浇，寒浞就会像那失去了翅膀的苍鹰，再怎么厉害也飞不上天了。

可要想除掉寒浇，又谈何容易？

3

女艾被选定做刺客，很是偶然。

女艾原是甘肃天水人，出生日期不详。她能来姒少康身边做侍女，是因为她的父亲。女艾的父亲曾是姒少康的部下。不过在她年少时，父母就先后去世了，姒少康的夫人看她可怜，便收留了她。因而，她先是做了姒少康夫人身边的侍女，后来因机灵懂事，又被派到了姒少康的身边。

虽然身份低微，但女艾因为常年侍奉在姒少康身边而知道了很多事。主人为了复国的事整日愁眉不展，女艾全看在了眼里。她也想替姒少康分担烦恼，因为他不仅体恤士卒，还深受纶邑百姓的爱戴。

幼时的经历让姒少康很体恤民间疾苦，他对部下很好，不仅时常和部下一起习武、狩猎，还时常给他们宣讲祖先禹的功德。因而部下们都很拥戴他，很支持他“复夏”。

姒少康每次宣讲禹的功德时，女艾都听得聚精会神，她也希望自己有朝一日，能为少康的“复夏”出一份力。可自己毕竟只是一个奴仆，又能为“复夏”做点什么呢？

不过，世界上的事情就是这样，看似不可能的事，很快就变成了可能。

有一天，女艾在为姒少康献茶时，听到姒少康和伯靡在谈论寒浇。伯靡说，刺杀寒浇看来是不可能的事，因为寒浇不仅武功盖世，而且极其警觉，根本无法近身。他派出去的那些刺客，不是被杀，就是刚到过邑便被对方察觉。

那天，姒少康和伯靡谈了很久，而女艾在旁边也倾听了很久。当晚，她做了个梦，梦到自己去刺杀寒浇了。

醒来后的女艾吓了一跳，看到窗外明月高悬，她辗转反侧无法入睡，竟鬼使神差地去了花园，在花园里遇到了正为除掉寒浇而夜不能眠的姒少康。

女艾当时并不知道，这个月明之夜，会成为她一生中最关键的转折。她更不会知道，这一刻，不仅改变了她的命运，而且改变了历史，让她成了历史上第一个女间谍。

女艾没想到，当她朝主人走去的时候，姒少康正无助地仰头向明月求助，要明月赐给他一个除掉寒浇的好办法。

女艾就这么悄无声息地出现在了姒少康的身后。

女艾突然出现，先是让姒少康一惊，接着便是一喜。他觉得女艾既然能悄悄地走到他的身边而他竟毫无察觉，那么如果女艾手持利刃刺向他的话，他很可能会被刺中，甚至可能死在她的手中。而如果把他换作寒浇，那么，死的不就是寒浇了吗？

当然，那时候的姒少康一心想的只是派一个女刺客，并未想过派女艾去，毕竟女艾手无缚鸡之力，只是一名侍女。

其实，在当时寻找一名女刺客并不困难，因为那时候，少康的“复国大军”中就有这样的人。

在殷商之前，女性的社会地位和男性差别不大。也就是说，在夏朝，当时的女性不仅承担着生育的职责，而且在必要时还要像男人一样加入行伍。寒浞的妻子姜蠡就经常率兵出征，而她的武艺还远强于寒浞。

遗憾的是，虽然“复国大军”中女兵不少，姒少康和伯靡却发现，“复国大军”中的女兵由于经常舞枪弄棒，像男人一样出征打仗，所以从身形、体态很容易看出破绽。这样的女人做刺客，和男刺客又有什么区别呢？

4

姒少康和伯靡关于女刺客的谈话，被女艾无意中听到了。

原本女艾觉得这件事和自己毫无关系。因为刺客对于一个侍女来说太陌生，陌生得令她害怕。可当她听说，寒浞父子依然没有打消斩草除根的想法，寒浇也依然在派人搜寻少康时，女艾开始关注起了“复国大军”中的女兵。

因为她觉得，身为姒少康身边的侍女，她有责任在主人面临危险时挺身而出。可自己手无缚鸡之力，刺杀主人的刺客来了，她又要如何应对？如何保护主人呢？

抱着这个想法，她向姒少康提出，她要和“复国大军”中的女兵一样参加训练，她要在姒少康遇到危险时，保护他的安全。

姒少康听说她想习武，要和女兵一起训练的原因后，哈哈大笑起来，说他身边有的是侍卫，用不着她保护。但几天后，他不仅答应她习武，而且告诉她，她不必和那些女兵学，他会亲自教她。

自己的主人教自己学武，女艾自然受宠若惊，但同时又有些疑惑，虽然姒少康平素对她们这些下人都不错，可他们毕竟是主仆有别。当然，更让她疑惑的是，姒少康称此事不能和任何人提起。

这是秘密！少康说。至于为什么是秘密，姒少康没有说，女艾也没有问。

不该说的一句都不能说，不该问的一句也不能问。这是做仆人最起码的要求。因而，虽然满腹疑团，女艾还是保守着这个秘密。表面上，她依然是那个对主人忠贞不贰的侍女，可私底下，她还是主人姒少康的徒弟。

姒少康亲自教女艾习武，是想将她训练成刺客。

因为看起来手无缚鸡之力的女艾，当她接近寒浇时，寒浇肯定不会防备。

当然，女艾只能是看起来手无缚鸡之力，而实际上，她不仅要会舞刀弄剑，而且要懂得隐藏自己。

姒少康觉得，男刺客可以不用隐藏自己，直接对目标雷霆出击，可女刺客不同，女刺客一定要先学会隐藏自己，取得被刺杀对象的信任，然后再瞅准机会出击。因而，他必须教会女艾如何隐藏自己，而若想很好的隐藏自己，就必须让她掌握各种技能。

为了隐藏自己而不断学习，这是姒少康在为了躲避寒浞父子的追杀而不断变换身份、隐藏自己的过程中总结出来的经验教训。

此后，白天他会在约定的时间教女艾读书、识字。晚上又会在约定时间教她舞刀弄枪……不仅如此，姒少康还会教她烹饪和医术。

女艾没有问过为什么要学这些，她只知道，姒少康教的，她就要学，而且一定要学好。至于学会以后会派她去做什么并不重要，因为对她来说，她只需听候主人的安排。

第二章　间谍女艾

5

中国第一部兵书，即姜子牙的《六韬》中，有这么一句话："游士八人，主伺奸候变，开阖人情，观敌之意，以为间谍。"意思是说，战争开始前，选派八名"游士"到敌人那里去侦察、搜集政情咨询和社会舆情，了解敌人真实意图，进行间谍活动。

从《六韬》一书中可看出，间谍活动在战争中的重要性。姜子牙是周朝人，但中国历史记载最早的间谍活动发生在少康复国时期，而最早的间谍就是女艾。

姒少康最初培训女艾时，只是想让她刺杀寒浇，也就是说，是当作刺客来进行训练的。不过，在训练过程中，女艾的聪明和机警让姒少康对她又抱有特别的期待，那就是从寒浇那里探听一些消息。

搜集敌人的军力部署以及当地的社会舆情，是少康复国大计里非常重要的一环。姒少康原本是将刺杀寒浇和探听敌方信息分开策划的，计划分别派不同的人去执行。只是女艾的出现，让姒少康突然决定，对于女艾的训练，不仅仅是让她成为一名刺客，还要让她肩负起探听敌人情报的重任。或者说，对于刺杀寒浇，姒少康也不知道成功的把握有多大，如果无法刺杀寒浇，那么能探听到寒浇的重要军事情报也未尝不可。因而，姒少康开始有针对性地对女艾进行全面训练，以便让她在具备探听情报的能力的同时，在有绝佳机会时，具备刺杀寒浇的能力。

也就是说，姒少康想要让女艾成为刺向寒浇心脏的一把尖刀。

当然，姒少康的这些想法，女艾并不知道，她只是努力地跟着姒少康习武，教她什么就学什么。时间久了，女艾开始逐渐意识到，姒少康并不是仅仅将她当作一个侍卫来培训。

对于学成之后的计划，女艾曾几次想开口询问，可最终还是没有问。直到三年训练结束，姒少康觉得她已经具备了刺探情报、刺杀寒浇的能力后才告诉她将要执行的任务：潜伏在过邑，刺杀寒浇并探听过邑各方面的情报。

如果这些话姒少康在三年前对女艾说起，女艾肯定会吓得魂飞魄散，并忙不迭地拒绝。而这种拒绝。原因不是她怕死，而是她觉得这件事责任重大，她根本无法完成。此时，女艾听姒少康说完，虽然略感吃惊，却爽快地答应了。因为这时候的她，已经不再是姒少康身边的侍女，而是变成了一名战士。但是，和复国大军中那些女兵不同的是，她的战场在过邑。

三年的训练，让女艾有了脱胎换骨的变化。

虽然她看起来依然和过去一样温顺，可她眼神里多了一丝凌厉和机警。当然，这种凌厉和机警，稍纵即逝。

6

百姓是水，统治者是舟，水能载舟，亦能覆舟。对于统治者来说，获得百姓的支持很重要。因而，对于社会舆情的了解，成为判断一个国家是否气数已尽的重要手段。对于刺杀寒浇，虽然女艾觉得那就像上天摘明月一样遥不可及，可她依然留在了过邑。

能留在过邑已不容易，城门处对于进入过邑的外来者盘查很严。幸而女艾柔弱的外表和女性身份，让她能以逃难为借口进入城内。

探听寒浇的情况并不难，因为寒浇经常和普通百姓一起去打猎、耕种、捕鱼，所以见过寒浇，甚至和寒浇接触过的人并不少，而且对于这个和他们一起开凿人工运河，建百里防海大堤的过邑之主，百姓似乎都很拥戴。

攻打一个深受百姓爱戴的统治者，自然比攻打一个让百姓怨声载道的统治者困难得多，女艾再次感觉到了压力。

如果女艾没有受过专门的训练，没有将助少康"复夏"视为人生使命，她一定会放弃这个任务，甚至说服少康打消"复夏"的念头，因为过邑国富民强，百姓安居乐业。

但是"复夏"不仅是少康的使命，也是她的使命，因而，当得知寒浇深受过邑百姓拥戴时，她首先想的是，刺杀寒浇虽然困难，但太重要了，对"复夏"太关键了。

虽然见到寒浇并不困难，可难的是如何接近他。不仅因为寒浇外出时，身边侍从众多，还因为寒浇身材魁梧，且武艺高强。

寒浇身形高大，走起路来，甚至让周围的人感觉地动山摇。对于这样的人，女艾一个身材柔弱的女子，即便能靠近他，又如何刺杀得了？

即便如此，女艾依然没有放弃刺杀计划。她决定先偷偷潜入寒浇府中。她几次以乞讨者的身份试图接近过王府，可在距离过王府还很远时就被赶走，看来她的这个计划不可能成功了。

转眼间，女艾来过邑已经快一个月了，她决定改变策略，先进过王府做奴仆。可过王府里的奴仆，大多是寒浇的族人。

最终，女艾采用迂回的方式，先接近过王府奴仆的家人，用自己悲惨的遭遇博得奴仆家人的同情，然后买通过王府的管家，最终如愿进入了过王府。

女艾本想做寒浇的侍女，这样就有了更多刺杀的机会，可她未能如愿。别说她做寒浇的侍女了，就是想做寒浇妻子、小妾的侍女，也都难以如愿。

过王府里的侍女都需要经过严格的筛选，对于自己身边的侍女，寒浇筛查得更严。因而，女艾虽然进入了过王府，却也只能做一名洗衣工。

过王府里的奴仆等级森严。一开始，女艾只是过王府里等级最低的奴仆。因此，即便进了过王府，她依然没有接近寒浇的机会，就是寒浇的住处她也只能望而却步。

这样的日子眨眼间过去了三个月，女艾依然找不到接近寒浇的机会。

任务毫无进展，但危险始终存在，这种危险来自晚上。

白天，女艾还可以镇定自若，因为她能控制自己的喜怒哀乐，注意自己的言行举止，但晚上她无法控制自己在梦中刺杀寒浇。这样的梦做多了，女艾逐渐意识到，自己在过王府里多待一天，就多一分危险。

女艾不怕死！从离开纶邑开始，她已经把自己从生死簿上划掉了，她觉得自己就是一个死士。

可在寒浇没死之前，她不能死，也没资格死。她必须活着，如果她死了，别说她的使命，就是少康的复国使命也很可能落空。而如少康若不能完成他的复国使命，那些日日夜夜盼望重回家园的人们，也就只能四处流亡了。

当然，还有那介绍她进来的老奴仆一家人，他们的性命也都掌握在她的手里。

女艾突然意识到，自己的命已经不是自己的了，而是很多人的。为了他们，她要活着，直到寒浇死去。

可该如何保全自己呢？

女艾只能用忘掉使命的方法，忘记刺客使命！就像不曾有过使命一样！

为了使命而来的女艾，为了使命，却又不得不忘记使命！女艾觉得很可笑，可人世间的很多事就是这样，有时候为了进，就一定要先退。

7

有心栽花花不开，无心插柳柳成荫。

女艾当初想方设法让自己进入过王府做奴仆，除了想接近寒浇，便于刺杀外，还希望能从寒浇那里探听军事情报。

然而，进入过王府之后，她根本没有机会接近寒浇，所以也就把搜集情报和刺杀寒浇之事暂时放下了，静静等待，伺机而动。

可她万万没想到，虽然无法接近寒浇，但一个探听情报的机会来了。

那是在她进过王府四个多月后的一天，她得到了进入寒浇军营的机会——给士兵们洗衣服。

不过，虽然每周有一次进入军营取士兵脏衣服的机会，可女艾并没有搜集到什么情报。除了从她进入军营开始一直有士兵跟随外，还因为她不敢贸然行动，担心这是寒浇在考验自己。

女艾之所以会有这样的担心，全是因为对未知的恐惧。虽然她来到了过邑，也进了过王府，可她始终没有机会见到寒浇。再加上在纶邑时，很多人说起寒浇都吓得脸色苍白，这些都加深了她内心对寒浇的恐惧。

这种恐惧让她有些缩手缩脚，直到有一次遇到寒浇，看到寒浇那不可一世的眼神后，她内心的恐惧反而减轻了。

寒浇眼中的不可一世，让女艾意识到，她可以大胆一点，找机会向士兵甚至将领打听些什么了。因为她知道，寒浇很自负，也很骄傲，自负骄傲到绝对不会怀疑一个进入军营收脏衣服的柔弱女子。

当然，这还不是最重要的，更令她兴奋的是，女艾觉得她找到了寒浇的软肋。

再强大的人也是有软肋的。若能找到一个人的软肋，并对症下药，那么想除掉他就不是没有机会了。可一想到寒浇那如铁塔似的身形，她知道，杀死他的可能性很小。寒浇虽然不是豹头狼眼，也没有虎背熊腰，但在女艾看来，这样的人，即便自己拿刀砍在他的身上，最多也只能让他受伤，根本不可能置他于死地。

8

女艾十分珍惜每一次进入寒浇军营的机会。

一旦进入军营，她就会迅速拿出不同的方式应对不同的人。遇到士兵，她就是个什么都不懂、什么都好奇的小女孩，不断地向军营里的士兵们问东问西，逗得士兵们哈哈大笑；遇到将领，她又变成了风情万种的女人，让那些将领神魂颠倒，然后套出一些话来……她经常需要贿赂的是那些守卫，她时常会以各种名目，给他们一些小恩小惠。

女艾做得很巧妙，她很快就成了军营里最受欢迎的人。时间一长，她还能趁收脏衣服的机会，让跟随她的士兵带她去军营各处转转。

每次从军营回来，女艾都会用文字加蹩脚的图画，向纶邑的少康传递情报。

此后，女艾又开始设法接近寒浇的妻妾。

刺杀寒浇就要接近寒浇，可女艾知道，自己很难接近他。既然无法接近寒浇，那就只能先设法接近他身边的人。无疑，没有比寒浇的妻妾更好的选择了。

学会的技艺越多，机会也就越多。这是少康告诉她的。确实如此，做过庖正的少康曾教她做美食，这给了她接近寒浇妻子的机会。

女艾的美食做得不错，很快就让寒浇的妻子倍生好感。慢慢地，女艾有了进入寒浇妻子住所的机会。

女艾通过对寒浇妻子居所的观察以及和寒浇妻子闲聊，了解到寒浇的一些生活习惯。而正是这些发现，对她最后的刺杀行动提供了很大帮助。有一次，女艾还从寒浇的妻子与一侍从的对话里，听说了寒浇准备攻打有虞氏部落的事，并在一个深夜，潜入营地，探听到了寒浇和几名将领针对有虞氏部落所做的兵力部署。

那是女艾来到过邑后，给姒少康提供的最有价值的情报。也正是因为她的那份情报，让有虞氏部落避免了灭族之灾。

随后，女艾又将各种各样的情报，源源不断地传递给姒少康。自此，原本处于死局状态的复夏大计，因为有了女艾的情报而重新复活了。

第三章　刺客女艾

9

在获悉了寒浇的兵力部署且又做了一番安排后，姒少康便率领他的“复国大军”悄悄出发了。

在姒少康前往过邑的那段时间，女艾很是焦虑。一方面，她为即将到来的“复国大战”而激动不已；另一方面，她又为自己是否能刺杀成功而忐忑不安。

这个有着重大历史意义的一天终于来了。好像上天也在眷顾姒少康，这天夜里，过邑风雨交加。

漆黑的夜色中，过邑的城墙外隐藏着姒少康的精锐部队。城墙内的过王府中，女艾则一身黑衣，消失在黑夜中。她要趁寒浇熟睡之时去刺杀寒浇。

寒浇清醒时，女艾是无论如何都接近不了他的，只有等他熟睡时才能下手。

这已经是女艾第二次实施刺杀寒浇的计划了。几个月前的一个深夜，女艾就曾潜入寒浇的卧室，由于室内异常黑暗，女艾只能凭借寒浇发出的打鼾声判断他的方位。当时，女艾用尽了平生力气的一剑，最终只让寒浇受了些轻伤。

寒浇没想到刺客会是个女人，所以在搜遍了整个过王府，没找到嫌疑人后，便以为刺客已经逃了出去。

之后，过邑城门的搜查更严格了，而寒浇睡觉时也穿上了铠甲。

那次刺杀失败，女艾虽有遗憾，却也不是没有思想准备，但少康对刺杀寒浇的计划已经失去了信心。他指示女艾，放弃刺杀计划，作为内应，协助复国大军攻城。

少康的计划是，既然无法刺杀寒浇，那就在他熟睡时，趁着夜色攻城。

女艾答应了，却并不甘心，她决定在复国大军攻城前再次刺杀寒浇。如果刺杀成功，她就发信号给城门外埋伏的复国大军；如果刺杀不成功，她就借寒浇搜查刺客时，尽量拖住寒浇，协助复国大军攻城。

总之，不管女艾刺杀寒浇成功与否，这天夜里都要攻城。

虽然姒少康对刺杀寒浇已经不再抱有期望，但女艾还是希望自己能够完成这个使命，即使献出自己的生命。

为了刺杀成功，女艾总结了上次刺杀失败的教训，通过反复推敲和模拟，设计出了另一套刺杀计划。

对付非常之人，必须用非常之手段。要杀寒浇，女艾需要另辟蹊径。

10

姒少康率领的复国大军精锐部队到达过邑城外并隐藏起来时，女艾也从寒浇的妻子那里得知，寒浇去了女歧的住处。

女歧原是寒浇的嫂子，长得很漂亮。在寒浇的哥哥去世后，寒浇便经常以让女歧给自己缝补衣服为由去找女歧，天长日久，两个人便有了私情。

女艾进入女歧的住所并不困难，因为有风雨的掩护，所以她很快就潜入了寒浇和女歧的室内。借着一道闪电的亮光，女艾举刀朝着寒浇的腿部砍去。

寒浇自上次遭遇刺杀后，睡觉时也会穿铠甲，所以女艾决定砍他没有保护的腿部。寒浇力气很大，且善于奔跑，如果想要让他失去奔跑的能力，就必须砍上至少两刀，这样即便不能杀死寒浇，也能让他难以逃脱。

可很多时候，再好的计划，也有失算的时候。就在女艾准备砍下第二刀时，疼痛难忍的寒浇从床上翻身跃起，转身逃出了屋子。

女艾挥刀杀死了失声惊叫的女歧后，也转身追了出去，最终在一片树林里发现了倒在地上的寒浇，并砍下了他的头颅。

当然，女艾能顺利砍下寒浇的头，是因为她还有个好帮手。

那是一条猎犬，是女艾对付寒浇的“非常手段”，是她亲自驯养的猎犬。

驯养猎犬那段时间，女艾有种感觉，觉得自己变成了姒少康，而猎犬变成了自己。为了复国，姒少康悉心训练她，让她变成了刺向敌人心脏的尖刀；为了刺杀寒浇，她又驯养了猎犬，让猎犬成为刺向敌人咽喉的利刃。

猎犬没有让她失望，如同之前训练的那样，将腿部受伤的寒浇扑倒在了树林里，并拼命撕咬着，这才让女艾赶上了寒浇。她毫不犹豫一刀砍向了寒浇的颈项。

那刀是女艾精心打磨过的，异常锋利，寒浇就这样丢掉了性命。

刺杀寒浇的过程，女艾在之后的日子里反复回想。她想，自己并不是一名出色的刺客，虽然她成功地刺杀了寒浇，但促成她这次成功的因素有很多。除了猎犬外，还因为那天的天气。如果不是风雨交加，她很可能会失败，因为寒浇受伤跑出去后，曾大喊“有刺客”，可因为风雨声，他的叫喊声被淹没了。

当然，寒浇的自负也为自己埋下了祸根。

正是因为寒浇的自负，让他在遭遇了第一次刺杀后，依然没有在门外安排守卫。

女艾砍下寒浇的头颅后，先是点燃寒浇的一处房子为城外的姒少康发出攻城信号，随后提着寒浇的头颅冲向了城门口。

在风雨的掩饰下，守城的士兵被姒少康的复国大军打了个措手不及。最终，在忙乱中反抗的守城士兵见到女艾手里提着还在滴血的寒浇头颅时，不免大惊失色，随后纷纷放弃了抵抗。

姒少康在占领过邑后，又派长子杼领兵攻打了寒浞另一个儿子寒豷的封地戈邑。

由于过邑失守，寒浇被杀，所以寒豷和驻守戈邑的士兵们很快就失去了继续抵抗下去的信心，没多久就败下阵来。戈邑被杼占领后，寒豷也被剁成了肉酱。

见两个儿子先后惨死，年老体衰的寒浞只好放弃了反抗，躲在深宫闭门不出。

见大势已去，寒浞的部下纷纷倒戈。为了戴罪立功，一些叛逃的将领抓住了寒浞，把他交给了姒少康。很快，寒浞被凌迟处死。

寒浞父子被杀身亡，让控制中原近百年的东夷有穷氏部落彻底覆灭，有穷氏部落的覆灭，标志着历史上四十年“无王时期”的结束……

第四章　少康复国

11

姒少康复夏，都城设在纶邑。

夏朝，本在姒相时就灭亡了，可因为神奇的女艾，姒相的儿子姒少康让中断了四十年的夏朝恢复了……

做了夏朝国君的姒少康，重赏“复国之战”中的有功将士，女艾位列其中。姒少康赐官给女艾，但她拒绝了。

之后，女艾就离开了，至于她去了哪里，则没有人知道。而她“刺杀寒浇”的故事，也随着时间的流逝，随着“少康中兴”时代的到来，如一缕轻烟，消失不见了。

不过，像“少康复国”如此重大的历史事件，还是被历史记载了下来，被人们代代传诵。然而，对于女艾，《左传·哀公元年》里，仅用了“使女艾谍浇”五个字一笔带过，且连那五个字，也只是为了彰显少康在“复夏”之战中的谋略。

虽然时间会淡化女艾在少康复国之战中的功绩，但她临危受命，将生死置之度外，深入虎穴刺杀寒浇、搜集情报的义举，以及她在那场复国之战中所发挥的巨大作用，还是毋庸置疑的。

其实，对于女艾的身份，历史上有两种不同说法，一种是说她是姒少康的侍女；另一种则说她是姒少康麾下的将军。坚持说她是将军的认为，一名侍女无论如何不可能完成那么艰巨的任务。

可实际上，当一名侍女经过训练，特别是经过极具针对性的训练后，自然比女将军更适合潜伏、刺杀及搜集情报等任务。不管女艾之前的身份是什么，有一点是可以确定的，那就是自此之后，人们逐渐意识到间谍战在战争中的作用，因而间谍也就成了之后战争中必不可少的秘密武器。换句话说，正是女艾开启了历史上间谍战的先河。

然而，因为间谍而兴的夏朝，最终却也因为间谍而亡。而推动夏朝亡国的间谍，也是一个女人……

2

有施妺喜　灭夏扶商

当然，此时的妺喜并未意识到，夏桀的奢侈挥霍是她可以加以利用的，直至贤臣关龙逄对夏桀的劝谏，以及夏桀因为关龙逄的劝谏而对其日益反感……

第一章 “贡品”妹喜

1

少康恢复了中断将近四十余年的夏朝，开创了“少康中兴”时代。此后，夏朝进入了一段辉煌的时期，历经十一位帝王，享国300多年。

在这300多年间，虽然从少康复国后的第八位帝王夏孔甲时起，几位帝王都因不思朝政、沉迷狩猎而使国力有所损耗，周边一些部落、小国也趁机崛起，不断撼动着夏朝的统治根基，但夏朝依然屹立不倒，直到最后一位帝王夏桀的出现。

夏朝第十六位君主夏发去世，他的儿子夏桀继位。夏桀文武兼备，理应成为一位好国君，但他却整日痴迷于淫乐，不理朝政，导致百姓怨声载道，国内矛盾日趋尖锐。

面对这种情况，生性残暴的夏桀开始对内实施镇压，而他的镇压，不仅没有缓和矛盾，反而加剧了百姓对他的痛恨。百姓的日益不满，让周边那些曾经称臣纳贡的部落发觉了夏朝的衰落，开始寻找各种理由拒绝纳贡。为了转移内部矛盾，同时压制周边部落，夏桀开始不断对外征伐。

当然，大多数情况下，他只要叫嚣着要出兵，那些部落便会忙不迭地俯首称臣，匆匆献上贡品。可凡事都有例外，东夷的有施部落（今山东省滕州市），在他叫嚣着出兵时，依旧没有及时献上贡品，这让夏桀大怒不已，于是下令出兵攻打有施部落。

有施部落是“喜”姓族人，部众不多，就拒绝纳贡一事，其中有些曲折。几年间，夏朝无论丰年还是灾年，都会照例增加他们的贡赋。老酋长健在时，族人们虽然常有怨言，但碍于他的威望，只好忍气吞声。老酋长死后，新任酋长年轻气盛，对夏朝久已不满，当听说其他部落已经拒绝向夏朝纳贡的消息后，立即带领族人响应。

新酋长的做法，无疑是为了笼络人心。中国远古、上古时期的部落首领，都是通过博施利民来收拢人心，登上首领之位的。也就是说，要想地位稳定，首领们就要不断布施恩泽，惠及民众。有施部落的新酋长因为资历较浅，为了获取族人的支持，便想借拒绝纳贡来笼络人心，结果惹祸上身，面临被灭族的危险。

不过，新酋长虽然年轻，却也明白和敌人硬拼，无异于鸡蛋碰石头。他知道自己承担不了灭族的后果。

为了避免战争，新酋长主动向夏桀求和。夏桀却不为所动，称若要避祸，除了答应每年缴纳两倍的贡赋外，还要把他的头砍下来谢罪。

如果只是索要双倍的贡赋，为了保住宗族，新酋长尚能考虑妥协，可夏桀执意要杀他泄愤，显然是打定了主意要灭掉有施部落。其实，并非夏朝和有施部落有难以化解的仇怨，而是随着越来越多的部落开始不断反抗夏朝的暴政，夏桀决定杀鸡骇猴。无疑，势单力薄的有施部落是最佳选择。

正当新酋长不知所措时，有人向他建议说，夏朝君主好色，也许献上几个美女可以改变他的想法。

不过，当新酋长将有施部落的四位美女献出时，夏桀却连正眼都没有看一下。

就在有施部落的新酋长和族人陷入绝望之际，有个美丽的身影走上前来，说她有信心说服夏桀退兵……

这个人就是妺喜。

2

妺喜是有施部落里最美的女子，也是有施部落的公主，新酋长的妹妹。

妺喜有多美，有诗云：“有施妺喜，眉目清兮。妆霓彩衣，袅娜飞兮。晶莹雨露，人之怜兮。”

凡是见到妺喜的人，无不以为是仙女下凡。因而在她到了嫁人的年纪时，有施部落的年轻男子，个个摩拳擦掌，都想要娶她为妻。而新酋长之所以在进献美女时，没有献出自己的妹妹，除了忌惮夏桀好色残暴外，还因为妺喜已经许配了人家。

先秦时期，部落间会通过联姻来实现结盟。有施部落是个小部落，自然也免不了要和其他部落联盟。因而在妺喜的父亲还健在时，便将她许配给了邻近部落一个酋长的儿子，只等秋季迎娶过门。

有施部落被重兵围困，她未来夫婿的部落也派兵来援助，无奈两个都是小部落，仍然无法与夏朝抗衡。

虽然即将面临被灭族，可当妺喜主动提出将自己进献给夏桀时，不管是她的哥哥还是她未来的夫婿，都坚决反对。特别是她未来的夫婿，认为自己即将过门的美丽妻子，怎么能去做昏君的玩物？

妺喜未来的夫婿说，他愿意和有施部落的族人一起，与夏桀同归于尽，却被妺喜阻止了。妺喜称，如果他去拼命，两个部落的族人都将难以幸免。即便族人都不怕死，情愿和敌人去拼命，但除非自己自杀，不然最后依然会被掳去，沦为夏桀的玩物。既然如此，还不如主动将自己献出去，这样不仅可以保全两个部落，还可以让有施部落以后尽量少受夏朝的欺凌。

不管怎样，都要保全族人！妹喜说的时候，完全不似一个柔弱的公主，倒更像是一名赴死的勇士。

妹喜在族人面临生死存亡的关键时刻所做的选择，让有施部落的所有人为之震惊，当然，更多的是钦佩。

就这样，妹喜被当成“贡品”，献给了夏桀。

妹喜的出现，让原本打定主意要血洗有施部落的夏桀，瞬间改变了想法。妹喜的美貌，让夏桀宫中的美女们黯然失色。至此，有施部落的灾难终于化解了，夏桀主动减少了有施部落的贡赋，理由是有施部落进献美人有功。

就这样，有施部落的公主妹喜离开了她的部落，跟着夏桀去了斟鄩（今河南洛阳二里头，孔甲执政期间，将都城搬到了斟鄩）。

妹喜没有告诉哥哥和族人，她主动将自己献给敌人，其实是想趁机杀了昏君夏桀。

妹喜痛恨夏桀，不仅因为夏桀使她失去了如意郎君，让她背井离乡，与亲人分离，更是因为一直以来，夏朝对有施部落的欺凌。

妹喜杀夏桀的想法已经存在很久了。在有施部落被不断加重贡赋时，妹喜就产生了这个想法。而当夏桀率兵围困有施部落时，妹喜这种想法也就更加强烈了。虽然她的力量和武艺与夏桀相差悬殊，但她觉得自己一定能找到刺杀机会。

换句话说，妹喜是带着复仇之心，来到夏桀身边的。

第二章 妹喜魅惑夏桀

3

妹喜很快就成为了夏桀的宠妃。

夏桀自第一眼看到妹喜，便对她着了迷。不过，让夏桀没想到的是，妹喜不仅有着绝世的容貌、超凡脱俗的气质，而且性格与众不同。

妹喜的与众不同首先表现在服饰上，她时而将自己打扮成娇滴滴的美娇娘，美目流盼，风姿绰约；时而又腰佩利剑，头戴宝冠，活脱脱一个俊秀武士。

夏桀宫里的美人不少，他却从未见过这样的百变女郎，顿时被迷得神魂颠倒。

当然，妹喜刚开始佩剑戴冠，扮成武士，并不是刻意为了讨好夏桀，而是真想做一名武士，因为她一心想要刺杀夏桀。而装扮成武士，就可以利用手中的利剑，找机会行刺夏桀。

可很快妹喜就发现自己的打算简直就是痴心妄想。一方面，夏桀身边的侍卫众多；另一方面，夏桀极为谨慎，在她第一次扮成武士时，夏桀就因为担心她被刀剑所伤，让人为她雕刻了木质刀剑。

扮成武士刺杀没有机会，那就等他熟睡时吧。可很快妹喜又发现，想在夏桀熟睡时杀死他，同样难于登天。因为夏桀虽然荒淫无度、暴虐不仁，但武艺超群、力大无比。据说，夏桀还曾赤手空拳打死过虎豹。

妹喜没有见过夏桀赤手空拳打死虎豹，但却亲眼看到他轻松地将一根铜棒一会儿折弯，一会儿拉直。更可怕的是，夏桀睡着时，一只眼睛是睁着的。因而，别说让妹喜在夏桀睡熟后刺杀他，就是看着夏桀，她也会害怕得发抖。

当妹喜意识到自己的计划根本无法实现后，她深受打击，整日心事重重，闷闷不乐。

妹喜的心事夏桀自然不知道，见自己抢来的美人整日郁郁寡欢，便问她为什么不开心。

妹喜随意一指宫殿说，这宫殿太陈旧了，她不喜欢。这原本只是妹喜的一句掩饰之言，却被夏桀当了真，为了讨美人欢心，他大兴土木，建造宫殿。

夏桀建造的宫殿有多豪华呢？据传说，宫殿的琼室瑶台全由珍贵的玉石修筑。宫殿里，仅黄金铸就的柱子就有九根。

当然，此时的妹喜并未意识到，夏桀的奢侈挥霍是她可以加以利用的，直至贤臣关龙逄对夏桀的劝谏，以及夏桀因为关龙逄的劝谏而对其日益反感，妹喜才恍然大悟。

豪华宫殿建成后，夏桀越发不理朝政，他整日与妹喜饮酒作乐。贤臣关龙逄实在忍无可忍，几次上书劝谏。

关龙逄是夏桀的父亲夏发时期的相。夏朝之所以在夏发时期还算强盛，就与关龙逄这位良相有很大关系。

可沉湎于酒色中的夏桀，根本听不进关龙逄的劝谏。无意中，妹喜听说关龙逄在劝谏时对夏桀说，如果他继续宠溺妹喜的话，很可能导致亡国。

让夏朝灭亡，之前妹喜从来没有这么想过，她只是一心想要杀了夏桀，因为夏桀欺凌她的族人，还要血洗她的部落，最后逼得她不得不离开所爱的人，背井离乡。可关龙逢的话让她心里顿时一喜，她想，既然凭自己的力量杀不了夏桀，那何不借他人之手，让他亡国？如果关龙逢的话是真的，那么让夏桀亡国，似乎比杀死夏桀还要容易，因为只需让夏桀继续宠溺她，不理朝政就可以了。

4

妹喜来到夏桀身边的目标，从刺杀夏桀变成了让夏朝灭亡。

为了达到这个目的，妹喜使出浑身解数，让夏桀沉湎于酒色。当然，只让他沉湎于酒色，夏朝的灭亡之路还是太过漫长，她必须让民众对夏桀失望、愤怒。为此，妹喜有一天撒娇说，自己最喜欢听绸缎撕裂的声音，那声音听起来比美妙的音乐还好听。

妹喜边说还边将自己用绸缎做成的衣服撕碎。妹喜撕绸缎的时候，样子虽然任性，却也更显妩媚。夏桀看得神魂颠倒，赶紧命人从国库里搬出了所有绸缎。

妹喜撕累了，夏桀就让宫女们继续撕给妹喜听。

那时候的绸缎制作工艺很复杂，所以是紧缺之物。可为了让妹喜高兴，夏桀不仅将国库里的绸缎都搬了出来，还不断地催促加紧制造，为此，很多人因为日夜操作而累死累病。

夏桀和妹喜的挥霍无度，让百姓怨声载道。

百姓的怨气越大，夏朝灭亡的速度就越快。既然挥霍无度可以加速夏朝的灭亡，那就继续挥霍。而对夏桀来说，只要能让妹喜高兴，哪管百姓有没有怨言。因而，当妹喜告诉他，美酒一杯一杯喝不过瘾时，夏桀就让朝臣出主意，佞臣赵梁说，可以制造一个美酒池塘，再造一只舟，这样夏桀就可以和妹喜坐在舟上，一边在酒里荡舟，一边享用美酒。

妹喜一听，拍手称快。见妹喜高兴，夏桀急忙命人建造大池塘，然后往里面装上了美酒。

闻着酒香，抱着美人，夏桀和妹喜玩得不亦乐乎。

妹喜说只有他们两个人喝不刺激，夏桀就又召集了三千壮士，将那整个池子里的酒喝光。看着醉得东倒西歪的壮士，夏桀和妹喜哈哈大笑。

夏桀和妹喜的荒唐行径引起了朝中一些贤臣的不满。

亲佞臣、远贤臣的君王必定灭亡，妹喜明白这一点，因而她又开始离间夏桀和贤臣的关系，说他们对夏桀不忠，有忤逆之罪。那时候的夏桀，对妹喜可谓言听计从，因而根本不加调查，妹喜说谁有罪，他就治谁的罪。慢慢地，贤臣走的走，死的死，所剩无几。

让夏桀远离贤臣还不够，妹喜又开始极力向夏桀举荐佞臣赵梁。赵梁毫无政治才能，最擅长溜须拍马。对于这样的人，妹喜也不喜欢。可为了迷惑夏桀，她便不断在他面前诉说赵梁如何如何忠诚，如何如何可靠。而那赵梁，见妹喜大力举荐自己，自然也就越发感激妹喜。见妹喜喜欢玩乐，他就挖空心思地寻找各种刺激的游戏。

其中有一个游戏就是在街道上投放饿虎，然后让夏桀和妹喜看路上行人惊慌失措的样子取乐。

惊慌逃窜的行人，饿虎吃人的样子，惹得妹喜惊叫连连，夏桀大叹刺激。

面对恶虎吃人，妹喜心中虽不忍，可她知道，游戏越残忍，越能展现夏桀的凶残暴虐；而夏桀越凶残暴虐，百姓也就会越愤怒；百姓越愤怒，夏朝灭亡就越快。这样导致的结果，就是百姓对妹喜和夏桀日益加深的诅咒和痛骂。

为了惩戒那些日益不满的百姓，夏桀开始疯狂地创制各种酷刑，据传说，其中一种酷刑叫“炮烙”。

“炮烙”就是在熊熊燃烧的炭火上放一根涂满膏油的铜柱，然后让被抓来的百姓赤脚走在铜柱上。铜柱很光滑，根本无法站稳，因而那些百姓很快就会跌入炭火中。

每次看完酷刑，妹喜都会做噩梦。在看过几次后，妹喜也就找各种借口不参加了。

不过，她却提议让关龙逄陪同，说可以借机测试关龙逄对夏桀的忠诚度。夏桀同意了。

夏桀一边兴致勃勃地观看"炮烙"之刑，一边询问关龙逄的看法。

关龙逄说："这是足履薄冰，危在目前。"

关龙逄的"危在目前"，并不仅仅是指那些被施以酷刑的人，也是指夏桀以及整个夏朝。

夏桀冷笑道："你只知别人危在目前，却不知自己危在目前。"

随后，夏桀以"忤逆罪"为由，将关龙逄抓了起来，施以"炮烙"之刑。关龙逄被烧成了灰烬。

其实，夏桀对关龙逄早已不满。因为关龙逄不仅屡屡地在他面前说妹喜祸国，而且还曾言辞严厉地劝谏他，说天子只有谦恭而讲究信义，节俭而又护贤才，天下才能安定，国家才能得以稳固。关龙逄还指责他奢侈无度，嗜杀成性，导致百姓都盼望他早些灭亡。可是，暴虐成性的夏桀对这些忠贞之言丝毫也听不进去。

第三章　妹喜与伊尹联手

5

夏朝名相关龙逄的死，不仅让夏朝的朝臣以及百姓都对夏桀极其失望，而且让那些被迫称臣纳贡的部落蠢蠢欲动，他们都想借机讨伐夏桀，其中就有有施部落。不过，有施部落自知力量薄弱，在经过一番权衡后，觉得无力兴兵讨伐，便选择继续观望，以等待时机。

大部分部落做出了和有施部落一样的选择。不过，有个小国虽然从力量上来说，不足以与夏朝对抗，但却不愿意再等，开始行动了。

这个小国就是商国。商人的始祖是曾经帮着大禹治水的契，因为帮着治水有功而受封，封地在商邑（今河南商丘）。之后，便以“商”为部族的名称。

商部落的君主野心很大，在夏孔甲执政期间，趁着夏孔甲整日沉迷于狩猎，无暇顾及周边国家之际，先后灭掉了几个诸侯国，进而成为了夏国附属国（部落）中实力最强的一个。之后，商部落改为商国。

夏桀时期，商国的君王叫子履（商汤）。商汤因为有名相伊尹的辅佐，商国越发强大。

伊尹的出身很低贱，是商汤娶有莘氏部落酋长的女儿时，陪嫁的奴隶。

中国自夏朝建立，便逐渐进入奴隶社会。曾经的氏族贵族及部落首领，慢慢也就变成了整日只知道享乐的奴隶主。

那时候的奴隶从何而来呢？除了少部分是贫穷的百姓，因为无力偿还债务而被迫卖身为奴仆外，大部分都是战争中，从失败方那里抓来的俘虏。

因为奴隶的构成大多是俘虏，而俘虏的成分又比较复杂，所以很多奴隶素质很高，既有文化也有能力。伊尹便是如此。他先是做了有莘氏部落的酋长家的奴隶，后因擅长烹饪而做了有莘氏部落酋长女儿的陪嫁。

不过，虽然伊尹是奴隶，却喜欢研究历史，颇懂尧舜之道，这一点很快就被爱惜人才的商汤发现了。通过一番攀谈，商汤觉得他有施政才能，于是力排众议，任他为相。

夏桀的暴虐和无道，让商国看到了机会。商汤想要趁机取代夏朝，可夏朝虽然在夏桀时，国力变得越来越弱，但在兵力上，商国依然无法与其抗衡，只好耐心等待。

名相关龙逄死后激起的民怨，让商汤觉得机会难得，便想兴兵征伐夏桀。不过，在征询伊尹的意见时，伊尹却说时机不到，还需等待。商汤问还要等到什么时候，伊尹说，要等到百姓都想让夏朝灭亡时。

商汤又问伊尹，如何才能让夏朝的百姓对夏桀不再抱有幻想，彻底失望。伊尹称，可以与妺喜结盟。

6

伊尹研究妺喜很久了。

商汤一心想要灭夏，伊尹作为国相必然要全力协助商汤。因而，关于夏朝的情报，伊尹很早就开始搜集。在听众人说起夏桀的荒淫和奢靡全是因为妹喜时，伊尹就对妹喜的关注多了起来。

伊尹觉得妹喜可以加以利用，是因为妹喜不再是夏桀最宠爱的妃子了。而且在夏桀有了新宠后，妹喜出于嫉恨，曾多数陷害夏桀的新宠，致使夏桀一怒之下，将妹喜送到了洛河。

伊尹觉得，妹喜在被夏桀抛弃后，一定恨透了夏桀。这样他就可以利用妹喜对夏桀及其新宠的“恨”，让她为自己所用了。

其实，那时候的妹喜，确实很恨夏桀，不过这种恨，不是因为遭到了夏桀的冷落和抛弃，而是在被送到洛河后，见到夏桀的机会少了，她便无法再“祸夏”。妹喜也恨夏桀的新宠，因为她们的出现，打乱了她的“祸国”计划。

夏桀的新宠有两位，一位叫琬，另一位叫琰。琬和琰的命运和妹喜差不多，也是作为贡品，被献给夏桀的。

琬和琰是岷山部落的人。岷山部落和当年的有施部落一样势单力薄，面对夏桀率领的夏军的围攻，为了保住部落，讨好夏桀，他们献出了岷山部落最美丽的两名女子。

琬和琰虽然没有夏桀当初看到妹喜时的惊艳，但因为喜新厌旧，他便冷落了妹喜。

妹喜自然不甘心就这样被冷落，她的“灭夏”“除昏君”的任务还没完成，因而，她用种种手段对付琬、琰，最后惹怒了夏桀，将她安置在了洛河的宫殿中。

虽然身在洛河，但妹喜始终关注着夏朝的情况，她四处探听，当然也听说了各部落、诸侯国的蠢蠢欲动。

妹喜在夏朝朝臣以及百姓的眼中，是个只知魅惑君主的女人，但实际上，她一直有着“灭夏”的志愿，经常以各种借口了解局势，因而对于商国的野心，她也早已有所耳闻。

妹喜知道，商国是所有想要讨伐夏桀的部落和小国中最有实力的一个，妹喜也听说过商国的名相伊尹。当她听说，伊尹作为商国的使臣来给夏朝朝贡，被夏桀强行留下，并予以重用时，妹喜隐隐感觉到了事情的不寻常。因而，当伊尹被派来洛河办事，说要拜见她时，她稍做犹豫便同意了。

妹喜在见伊尹前，已经猜到伊尹见她并不是普通的朝拜，可她还是没有想到，伊尹会找她结盟。

妹喜有一瞬间以为自己暴露了，可当她知道，伊尹是因为觉得她被夏桀抛弃而嫉恨夏桀时，她长长地松了口气。

妹喜想过解释，但又觉得没有必要解释。对妹喜来说，只要能让夏朝灭亡，夏桀死亡，别人怎么误解自己都无所谓。

就这样，妹喜和伊尹就"灭夏"结成了同盟。对此，他们还进行了分工，妹喜主要从事破坏和离间活动，伊尹负责刺探夏朝的兵力部署。

为了方便行使离间和破坏活动，妹喜带信给夏桀，称她知道错了，还说她愿意和琬、琰和平相处。夏桀已经习惯有妹喜，很快就派人将她接回到宫里。

妹喜回宫后不久，夏朝的民间就开始流传一首叫"江水沛沛兮，舟楫败兮。我王废兮，趣归薄兮，薄亦大兮"的民谣。民谣里的"薄"，指的就是商国的都城。大致意思是说，夏朝要灭亡了，取代夏朝的将会是商国，等等。

不用说，这首民谣是伊尹和妹喜命人传播出去的。而在这首民谣从民间传到夏朝的朝臣那里后，有朝臣就将这首民谣唱给了夏桀，希望夏桀能够意识到问题的严重性。可夏桀依旧不为所动，还痛骂朝臣妖言惑众，甚至还说，他是天子，是天上的太阳，若想让他灭亡，除非太阳先消失！

那时候的夏桀，虽然整日陪在身边的已不是妹喜，是琬和琰，但骄奢淫逸的生活却没有丝毫改变。因而，越来越多的朝臣对夏朝的未来不再抱有希望。

眼见夏朝已经日薄西山，而夏桀依然荒淫奢侈。太史令终古再也忍不住了，在经过一番占卜，且卜出凶兆后，他哭着进谏道：“自古帝王，都是勤俭爱惜人民的力量，才能得到人民的爱戴。不能把人民的血汗供给一个人娱乐。这样奢侈，只有亡国。”

终古希望通过自己的哭谏，能让夏桀幡然醒悟，可夏桀依然我行我素。

终古意识到夏朝将亡，便逃到了商国，投奔了商汤。

第四章 夏朝灭亡

7

倒行逆施，亲小人，远君子，刚愎自用，听信谗言的夏桀，民众和朝臣都对他彻底失望了。而终古逃离夏朝，投奔商汤，终于让商汤觉得灭夏的时机成熟了。

伊尹也觉得灭夏的时机终于到了，因为夏朝的百姓已经开始盼望夏朝灭亡了。

夏桀曾将自己比作太阳，说除非太阳灭亡，夏朝才会灭亡。这事被妹喜知道后说给了伊尹，伊尹又将其传到民间，试探百姓的反应，他得到的回答是："时日曷丧，予及汝偕亡！"

伊尹是个行事非常谨慎的人，在了解了夏朝百姓的态度后，他又向商汤提议，试探"九夷之师"对夏桀的态度。

所谓"九夷"，就是夏朝周边九个附属部落、附属国。之所以称其为"夷"，主要是因为这些地方相对偏远、落后，其中含有轻视之意。

按照计划，商汤故意迟迟不向夏朝缴纳贡赋，以便激怒夏桀。夏桀不知是计，大怒，遂"起九夷之师"攻汤。

九夷之师仍然听从夏桀的指挥，伊尹便对商汤说，时机未到，还需等待。于是，商汤向夏桀请罪，表示愿意继续缴纳贡赋。

伊尹等的是九夷之师对夏桀的失望。为了加速这个进程，瓦解夏朝的统治，妹喜开始向各诸侯国传播谣言，说夏桀做了个梦，梦见西方有一个太阳，东方又出现了一个太阳。随后，两个太阳展开生死搏斗，最终，东方的太阳胜利了，西方的太阳陨落了。

那时候的百姓是非常迷信的，商在夏的东方，所以他们便认为这是上天的旨意，夏朝必定会被商朝取代。再加上夏朝已经是“上下相疾，心心积怨”，因而，“九夷之师”也就有了反叛之心。

伊尹再次建议商汤用停止给夏朝纳贡的方式，试探“九夷之师”的忠心。结果当夏桀再次“起九夷之师”攻汤时，各部落无人响应了。

看见天时、地利、人和全都占齐了。伊尹建议商汤实施“剪商”战略，先逐一消灭夏朝的羽翼，然后再消灭与夏朝关系密切的属国，以便孤立夏桀。

就这样，商汤采用蚕食的方式，经过多次战争，在连续征服了葛、韦、顾、昆吾等国后，终于发动了暴动，并在成功灭掉夏朝的三个属国后，率军进入夏朝都城斟鄩。

还没有从美色中醒来的夏桀发现“九夷之师”也已经背叛了自己，知道大势已去，无心恋战。在一片讨伐声中，逃到了鸣条（河南封丘东），并最终被商军抓获。

8

约公元前1600年，商朝取代了夏朝，都城在亳（今河南商丘）。

历经14代，17帝，延续约471年的夏王朝就这么灭亡了。然而，那个在商朝取代夏朝中立下了汗马功劳的妹喜，却与夏桀一起被流放到了南巢（今安徽巢湖）。

这个昏庸无道的暴君，最终"与妹喜及诸嬖妾同舟浮海，奔于南巢之山而死"。

妹喜，这个在有施部落面临灭族之时，主动站出来当"贡品"献给夏桀的女间谍，虽然为部落及扶商灭夏立下奇功，却不仅没有受到任何赏赐，反而被商朝将她与敌人一同流放，并最终和敌人共赴黄泉。

商汤之所以流放妹喜，理由很简单，妹喜过于妖媚，怕自己受不了诱惑而走上夏桀的老路。

多行不义必自毙，夏王朝的灭亡，是它的气数已尽。然而，这位为了部落的命运挺身而出的美丽女子，却在后人的谩骂和误解中，成为了炮灰。

当然，不管妹喜的初衷是什么，她的所作所为加速了夏朝的灭亡却是显而易见的。正因如此，很多人才把夏朝灭亡的原因归结在妹喜身上，说她是"千古第一狐狸精"。其实，这种说法对她并不公平。对于夏朝来说，她确实是"祸水"，但对于有施部落以及商国来说，她却发挥出了英雄的作用。

可见，"祸水"和英雄，也要看站在哪个角度评说。很多时候，所持立场不同，对一个人的评价也会有所不同。不仅不同，有时候甚至还会得出截然相反的结论。

当然，不管妹喜结局如何，也不管她被叫作"祸水"还是"英雄"，暂且抛开她"灭夏扶商"不论，她推动了朝代的更迭却是毋庸置疑的。《国语·晋语一》曾说："昔夏桀伐有施，有施人以妹喜女焉；妹喜有宠，于是乎与伊尹比而亡夏。"

从女艾和妹喜对历史进程的影响来看，她们似乎都是才貌双全、胆识过人，并以此充当潜伏在敌人身边的间谍，巧施美人计，窃取情报，给敌人以致命打击。

那么是否可以就此断定，古代的女性只能借用"女性"的特殊身份，通过影响身边的君王，进而影响朝代更迭、历史发展呢？

事实并非如此。在中国历史上，改变历史进程和发展方向，影响朝代更迭的女性还有很多，其中有一些则是和男性一样，亲自走上战场，并用一场场胜利改写着历史……

3

多面妇好　筑就“武丁中兴”

妇好如流星一般划过先秦的时空，转瞬即逝，璀璨而短暂。之后，在国与国之间、诸侯与诸侯间的战争中，虽然也时常有大量女性参与其中，但大多依然在使用“美人计”……

第一章　王后妇好任祭司

1

在中国历史上，先秦女性在一些特殊时期，比如战争频发时，不仅要承担起照顾家庭的责任，还要肩负起维持生产、前线供给以及军事防御、修筑工事等职责。

她们不分贫民和贵族，即便是王后也是如此，其中最著名的就是商王武丁的王后妇好。

商朝为了维护自己的统治，逐渐建立了以商王为首的贵族统治秩序，以王为主体，由各贵族大家族为旁系。因而，商朝更像是一个大家族的延伸，而商王就是这个大家族的家长，掌握着国家的统治大权。

商王武丁子昭是商朝第二十三任君主，名子昭。武丁时代，商王朝正面临内忧外患。而这种内忧外患，在第二十任君主盘庚时就开始了。当时的商朝处在风雨飘摇中，内忧是贞人祭司集团尾大不掉；外患则是周边各诸侯虎视眈眈。

所谓贞人，就是占卜之人。当时，由于商朝对祭祀和占卜极其看重，任何国家大事都要由占卜决定，因而贞人的权力很大。

贞人集团的强大影响力，从商汤时期就已初现端倪。

当时，商汤成功灭夏建立商朝，国相伊尹作为最大的功臣，被商汤赋予很大权力，随后便逐渐形成了伊尹集团。伊尹集团在商朝的权力体系中地位极高，拥有干政的权力，所以伊尹集团又被称为“相权”。不过，虽然伊尹集团被称为“相权”，真正掌握大权的，却又是伊尹集团里的贞人祭司集团。

商汤去世之后，随着伊尹集团里的贞人祭司集团的权力越来越大，商王的王权被慢慢边缘化。

商朝太甲时期，商王朝第五任君主太甲因为干涉了伊尹的贞人集团，被伊尹废除后囚禁于桐宫，商朝一度由伊尹代王施政，虽然之后伊尹又迎太甲复位，但贞人集团的权力却越来越大，既能“格于皇天”，又能执政，商王变成了傀儡。

除了内忧——贞人集团，商朝周边的一些游牧部落，也时常侵扰边境，当时商王盘庚就因为疲于应对内忧外患，将都城迁往殷（今河南安阳）。此后，商朝又被称为殷商。

不过，虽然盘庚用迁都来躲避游牧民族的骚扰，但那些游牧民族依然常常进犯边境，掳掠粮食和财物。

盘庚去世后，商朝又经历了内忧外患更为严重的小辛、小乙时期。商王小乙去世后，他的儿子武丁继位。

武丁即位后，面对内有贞人集团操持权柄和群臣无可用之人；外有周边各个部落、小国不断向边境渗透的复杂局面，很是无可奈何，颇有一种名为君主实为孤家寡人的感觉。

为此，他索性让冢宰（六卿之首）代政。这一代就是三年，在这三年时间里，商王武丁始终对朝政之事不发一言。商朝的王权旁落，朝臣都已经习以为常，可没有见过商王不在政事上说一句话的，既惊又怕，他们问商王武丁为什么不说话，商王武丁说，他不说话，只是因为如果天下全听他说的，他要说错了怎么办？

其实，商王武丁是想彻底治好商朝久已存在的痼疾，而要想治好痼疾，必须找准病因，进而找到治病方案。商王武丁知道旁观者清的道理，所以他选择暂时跳出权力集团，仔细审视商朝所面对的内忧外患，同时观察朝野动态，寻找治国良策。因而，三年里，他只观察，不说话。

在此期间，陪在商王武丁身边和他一起面对复杂局面，甚至出谋划策的，就是他的王后妇好。

2

妇好原是商王北部一个部落的公主。

商朝时期，商王通常都与部落和诸侯国联姻，以巩固与部落和诸侯国的关系。因而可以说，妇好嫁给商王武丁，是个政治婚姻。虽然是政治婚姻，但两个人却很恩爱。

其实，妇好虽然是商王武丁的王后，却也只是他60多个妻妾中的一个。

商王武丁的妻妾众多，仅王后就有18个，妇好只是其中的一位。虽然商王武丁的王后众多，但却也分接受祭祀和未接受祭祀的。也就是说，虽然都是王后，可接受祭祀的，就是上天知道的，自然比那些未接受祭祀的王后地位要高。

妇好是接受了祭祀的王后，但却不是唯一。因为商王武丁接受了祭祀的王后有三位，分别是“妣戊”“妣辛”（妇好）和“妣癸”。

妇好原本并不姓“好”（音“子”），“好”字，是商王武丁赐给她的夫姓，而“妇”是女子嫁到夫家后的一种称谓。

既是王后，又受到君王的宠爱，妇好本可以像其他王后一样，在深宫里享尽荣华富贵。可拥有远大见识和非凡智慧的她，并不甘心过这样的日子，她想替夫君排忧解难。

因而，商王武丁虽然在三年里，面对朝臣不言政事，但在妇好面前，却没有一日不言政事。最终，他们意识到，要想彻底打破目前内忧外患的局面，就必须先解内忧。而要解内忧，又必须将权力从贞人集团的手里收回来。

然而，让商王武丁和王后妇好为难的是，即便他们顺利收回了权力，可又该如何重振朝堂？因为偌大的商朝，根本就没有贤臣可用。

既然朝中无人可用，那就只能从民间寻找了。当初，祖先商汤能成事，不就是找了个奴隶伊尹做相吗？

达成了先谋贤臣的共识后，商王武丁在沉默了三年后，在第四年里开始召朝臣议事。第一次议政，商王武丁说的是他的梦，他说他做了个梦，梦见一位圣人对他说，商朝若想振兴，必要“说为相”。换句话说，商国的相将会是一位叫“说”的人。

商王武丁不仅说了名字，还描述了这位梦中之人的长相。

朝臣中有没有叫“说”的呢？或者说，有没有长得像“说”的？商王武丁煞有介事地在朝臣中仔细寻找，但并没有找到。

既然是上天的指示，那就一定有这么一个人；既然朝臣中没有，那就只好去民间寻找了。

寻找梦中人，听起来很荒唐，然而，在商朝却是很正常的事。因为商人迷信鬼神，崇尚天命。他们认为，人世间的一切都取决于上天，神灵和祖先。因而，对于寻找君王梦中的“说”，朝臣们都很重视，甚至觉得这是一件关乎国家命运的大事。

最终，那位出现在商王武丁梦中的“说”被找到了。此人和伊尹一样，也是一个奴隶。当时，商王武丁派出寻找的人在看到他时，他正在一个叫傅岩的地方筑路。而当他被带到商王武丁面前时，商王武丁一见他就激动地说，就是他！他就是梦中圣人所说的“说”。

由于他是在“傅岩”找到的，因而商王武丁为他取名“傅说”。就这样，一位筑路的奴隶摇身一变，成为了商朝的相。对于傅说被任命为相，没有人怀疑，更没有人反对。除了因为伊尹曾经也是奴隶外，还因为这是神灵的指示。

当然，除了商王武丁、王后妇好以及傅说之外，没有人知道事情的真相。真相就是，这一切都是他们三个人设计好的。

商王武丁很早就已经认识奴隶傅说了，而之所以他们会认识，和商王武丁幼时的经历有关。

商王武丁从小就被父亲商王小乙送到了民间生活，在此期间，商王武丁结识了很多出身于奴隶的人，其中就有傅说。傅说和伊尹有很多相似之处，他们都是奴隶，且虽为奴隶却懂治国理政，通晓尧舜之道。

商王武丁在和王后妇好说起朝中没有可用之人，需要去民间寻找时，他就想到了傅说。

可任命一个奴隶为相，在“内忧”尚未解除的时候并不容易，必须想一个让朝臣和民众都信服的理由，而这个理由，没有比神灵的指示更有说服力的了。于是，商王武丁编造出了那个梦。

3

傅说被任命为相后，成为商王武丁最信任的重臣，而替商王武丁执政三年的冢宰，也就被慢慢边缘化了。

然而，仅仅让傅说取代冢宰为相，依旧无法解决内忧的问题。因为在商朝，祭祀占卜不仅盛行，而且非常重要，凡是国家大事，祭祀和戎事等等重大活动，都要进行反复的占卜，祈问鬼神。因而，占卜和祈问鬼神的祭司，也就成了极为关键之人。

商朝的占卜为多卜，也就是由多人占卜，然后经占卜之人共同商议出结果后，再呈报给商王。而那些占卜之人，也就逐渐形成了贞人集团。通常凡是由贞人集团占卜得出的结果，商王都会依从。

因为极为重视占卜和祭祀，商朝不仅有占卜的官员，而且还有祭祀的官员。占卜官主要负责祈问鬼神，祭祀官主要负责和鬼神交流。他们在商朝都有着很高的政治地位，可谓是君王的幕僚，也是商朝政治、经济和军事领域的最高指挥官，实际掌控者，拥有很高的权力。

既然拥有如此高的政治地位和权力，那么，那些祭祀和占卜的事务官也就不是谁都能够担任的。通常，这些人都是由巫担任的。

巫，通常比商朝的世俗贵族拥有更为丰富的文化知识，他们博才多学，不管是政治还是军事，都很精通。

商王武丁如果想要把政权从原有的贞人集团手中收回来，就需要拥有自己的贞人集团。可对祭祀、占卜的神职人员要求那么高，又有谁既能忠诚于他，又能担当此任呢？

最终，商王武丁任命他的王后妇好为最高祭司，主管祭祀和占卜。妇好能出任如此重要的职位，完全得益于她广博的学识和贵族身份。

妇好待字闺中时，便对占卜产生了浓厚兴趣。她不仅勤奋学习占卜，还经常为自己及家人占卜，甚至在成为商王武丁的王后后，也经常为自己，甚至商王武丁的其他妻妾占卜，以此来决定一些事情，而她每次占卜的结果，又都很少出差错。

因为拥有这样的经历，之后有一天，妇好在朝臣面前突然神灵附体，用了常人无法理解的语言，说了常人都不知道的事。这件事后，王后妇好能通神的说法，也就慢慢传开了。

不用说，妇好突然的"通灵"，其实也是她和商王武丁设计好的，因为只有这样，她才能顺理成章被任命为主持祭祀和占卜的最高神职人员——祭司。

对于商王武丁来说，没有什么比妇好担任祭司更合适了。而自妇好成为最高神职人员，原来的贞人集团的权力也就被大大削弱了。

至此，商王武丁的统治核心初步成型，即形成了以他为主的三人集团：傅说为相、妇好为祭司。傅说和妇好成为商王武丁的左膀右臂。

就这样，商王武丁不动声色地解决了内部忧患。而妇好也顺利地从商王武丁的王后，一跃成为拥有极高权力的祭司。

在成功解决了内忧之后，商王武丁将注意力转向了外部。那时候，商朝仍处在“殷室中衰，诸夷皆叛”的时期，商王武丁想要解决外患，就必须平定诸夷。

以战止战，这是商王武丁不得不做出的选择。

第二章　妇好临危受命

4

妇好经常与商王武丁、傅说等人商议政事，在商王朝有重大国事时，她又去做祭祀、占卜。当然，私底下，她依然是商王武丁的贤妻。

如果不是北方边境的一次外敌入侵，妇好即便被历史记载，也只会被记载在后妃传中，最多会补充一句：她是武丁时期的最高祭司。

可因为那个夏天的外敌入侵，让妇好成为了中国历史上的第一位女将军。

商朝时期，女性虽然可以参政议政，但妇好身为商王武丁的王后要披甲上阵也实属罕见。由此不难看出，当时外敌入侵的形势是多么危急了。

妇好第一次领兵作战，就是因为形势所迫。当时，商王武丁派兵与入侵的外敌作战，无奈商军久战不胜。

虽然外敌入侵在盘庚时期已经很严重了，但那时候，入侵的大多是商朝周边的一些小国——朔方、土方、羌方、巴方、夷方等游牧民族。但在武丁时期，又多了一个强大的鬼方。

由于这些入侵的外敌大多是以骑兵为主的游牧民族，十分强悍，他们时常在抢掠财物后，如疾风一般扬长而去，因而商朝对他们的做法既愤慨又无奈。

商王武丁之前的其他君王面对这种情况，大多以驱赶了事，可这种消极的做法，导致敌人越发猖狂，频繁入侵。

商王武丁决定一改前几任君王的做法，他要彻底解决这个隐患，将入侵者打怕打服。然而，强悍的游牧民族，又岂能是说打败就能打败的？他们联合起来，几个游牧民族一起入侵商朝边境，以及商朝周边附属国。

商王武丁意识到了问题的严重性，和傅说及妇好商议。经过反复讨论，最终决定采用逐个击破的方式，不给他们结盟的机会。

为此，面对北方边境的又一次外敌入侵，商王武丁迅速派出强兵，想用一场大胜震慑一下敌人。

然而，原本以为很快就能大胜而归，结果却一直僵持不下。

相比那些游牧民族，商军的体力不占优势，因而不适合打持久战，想要取胜，必须速战速决，否则就很可能导致溃败。而一旦溃败，商王武丁制定的对入侵者进行各个击破的计划就可能落空。

也就是说，这是一场非常重要的战争。如果商军不能取胜，不仅对商王武丁是个沉重打击，还会让商军出现畏战情绪。更重要的是，很可能让那些虎视眈眈的外敌，更加肆无忌惮。

正因如此，面对久战不胜的战局，商王武丁忧心如焚。商王武丁的焦躁不安，看在了妇好的眼里，经过反复思考后，她主动请缨领兵出战。

商王武丁坚决不同意。他不忍心让他心爱的王后去冒险。

5

妇好最终还是说服了商王武丁，领兵出征。

妇好主动请缨，除了想为商王武丁分忧解难外，还因为她已经意识到，商军之所以久战不胜，是因为他们在用自己的劣势和敌人的优势比拼。

商军虽然在人数上占优，但由于游牧民族士兵的体力占优，且他们擅长打游击战，所以商军大部分时间，都处在被动应战中，一直被敌人牵着鼻子走，导致陷入了持久战中。因而，如果不改变策略，即便继续增派援军，依然难以克敌制胜。

妇好在将自己的想法告诉商王武丁后，商王武丁虽然颇为认同，却依旧不愿意让她领兵出征，他计划重新派一位将军出战，可妇好坚持要自己去。

妇好的理由是，如今商军因处在身心疲惫、士气不振之时，如果派其他将军去，即便改变了策略，依然改变不了士兵们低落的士气，还是无法取得胜利。可如果派她去，战场上的将士们看到王后亲自领兵出战，肯定会精神大振，到时候，他们便可以一鼓作气，赢得胜利。

妇好的一番话，让商王武丁再次她刮目相看，然而，他还是拒绝了妇好领兵出征的建议，因为即便朝中真的再无人可派，毕竟还有他这个王。

话虽如此，可商王武丁知道，此时他不能亲自领兵出征。因为一旦他出征，敌人很可能会乘虚而入，攻占都城。

妇好见始终说服不了商王武丁，便去找傅说，让傅说帮着劝谏。

傅说听了妇好领兵出征的理由后，既惊又喜，惊的是王后主动请缨上战场，喜的是王后竟然还有如此高超的军事才能。

然而，从傅说的个人立场来说，他也不愿意让妇好上战场，毕竟妇好是王后，战场上会发生什么很难说。不过，从国家的立场上来看，妇好的出征，又很可能真的可以出奇制胜。

傅说的心事，妇好明白。她说，傅说身为商朝的相，就要一切以商朝的利益为重。

傅说被说动了，他去拜见商王武丁。商王武丁听完傅说的劝谏，还是有些犹豫。傅说说，既然大王如此不放心，就由占卜决定吧！

商王武丁答应了。

此次占卜，妇好及其他十几个占卜师用的是经过了特殊处理的龟甲：将龟甲烧炙后，通过龟甲上的纹路来判断吉凶。

占卜结束后，妇好呈上的占卜结果是：妇好领兵出征大吉。

既然占卜结果是大吉，也就是说，这是神灵的安排。既然是神灵的安排，商王武丁还有什么理由违背神灵的意志呢？

就这样，商王后、占卜师、祭司官妇好换上戎装，带领战士出发了。

换上了戎装的妇好，英姿飒爽，威风凛凛。当她身背弓箭，手持斧钺走上战场时，商军无不为此感动，士气大振。在妇好的指挥下，商军改变了战法，不再和敌军硬碰硬，他们以静制动，稳扎稳打，步步为营，最终敌军弹尽粮绝，溃不成军，四散而逃。

原本就要溃败的战争，转败为胜。商军兴奋不已，欢呼雀跃，一心盼望收兵回去领赏。结果，妇好却命令他们要乘胜追击。

妇好说，如果只是击溃了敌军，而没有将他们的主力歼灭，那么我们班师回营，他们定会再次侵扰。可如果我们乘胜追击，彻底打垮他们，令他们一听到商军就胆战心惊，心存恐惧，我们便能一劳永逸，解除边患。

将士们一听，敬佩不已。就这样，妇好又率商军追赶敌人。

不过，妇好并没有让商军大张旗鼓地追击，而是先佯装收兵，让溃逃的敌人放松警惕，然后悄悄派出一支劲旅迂回追击，最后将敌军一举歼灭。

最终，这场战争在妇好的指挥下，商军不仅大胜，还俘虏了敌军的将领。

得胜归来后，商王武丁既惊又喜，他没有想到，温柔美丽的妻子，竟然还有如此胆识和能力，能够在战场上运筹帷幄，决胜于千里，于是立刻封她为将军。

当然，战场上，妇好骁勇善战，巾帼不让须眉，可一脱下戎装，换上绫罗绸缎，她又变成了商王武丁的小娇妻。

第三章　女将军妇好

6

妇好自第一次率兵出征，击败了入侵者后，便开启了她的率兵征讨之路，成为一个出将入相的女英雄。“出将”是指她外出领兵打仗，“入相”则是指她的祭司身份。也就是说，领兵出征时，她是众望所归的将军；祭祀和占卜时，她又成了商朝的祭司。

不管是将军还是祭司，妇好都表现极为出色。尤其是她数次担任统帅，经过东征西讨，先后打败周围20多个方国，其功绩可谓无人可以企及。

不过，妇好能有如此骄人的战绩，虽然说明她有卓越的军事才能，同时又说明，商朝当时的外患实在太多了。而在所有外患中，入侵商朝边境最频繁的是游牧民族土方。

土方曾令商王武丁头疼不已，为了彻底将土方打服，商王武丁也曾派多位将军，但都未能如愿。最后，商王武丁不得不派妇好率兵出征。

妇好率领商军，不仅将土方打得再也不敢入侵商朝边境，还自愿臣服，彻底被划入商朝的版图。

妇好的作战能力很强，即便商王武丁麾下已经有了战功累累的禽和羽等爱将，她还是因超群的治军能力，从他们中脱颖而出，成为率领禽和羽的女将军。妇好的成功，除了她作战勇猛外，还因为她在战场上，极其擅长使用计谋。

妇好知道，打仗需要谋略，更要知己知彼，扬长避短。因而，每次率兵出战前，她都会花大量时间去了解敌方，了解敌军之前与商军的作战情况。在充分了解了敌方的情况后，她还会派人去摸清敌方首领的个性和嗜好，因为对她而言，一个首领的个性和嗜好，影响着他们的排兵布阵。

通常，只有等所有的情况都了如指掌，妇好才会针对性地做出一些战术安排。因而，每场战争，妇好所用战术都不一样。

妇好多变的打法，经常会打得敌人措手不及，进而失去先机，狼狈而逃。而一旦敌人落荒而逃，妇好又会派人乘胜追击，直打得敌方首领投降她才肯罢休。

妇好名声在外，久而久之，不管是那些与她交过手的边境入侵者，还是没有与她正面交锋的敌人，也都逐渐断了入侵商朝的念头。

不过，虽然商朝边境的入侵者越来越少，可曾经臣服于商朝的一些小国，随着自身实力的不断增长，却不愿再服从于商朝的管辖，开始生出一些反抗念头来。

针对这种情况，商王武丁和傅说，以及妇好商议后决定，主动出击，将他们反抗的念头扼杀在摇篮里。在这些生出反抗念头的小国里，实力最强的是巴方。

巴方是南方巴人建立的国家，巴人包括巴氏、樊氏、相氏、郑氏等部族。由于生活在山水之地（今湖北西南），自然环境优越，巴方的国力在迅速增长。在众多方国中，越做越大的巴方，慢慢生出了不臣之心。

商王武丁决定拿巴方开刀。因为他觉得，只有把巴方制服，其他小国才会断了反抗的念头。

于是，公元前约十三世纪，商王朝发动了一场历史上有名的战役。

7

约公元前十三世纪的这场战役，堪称中国历史上的一场经典之战。之所以经典，是因为在这场战役中，商军首次运用了一种战术——“伏击战”。

如今听到“伏击战”觉得没什么大不了，可那却是历史上最早的“伏击战”。而“伏击战”的构想，就是在战争中擅长运用战术的妇好率先提出的。

当时，商王武丁在决定征讨巴方后，派出了常胜将军妇好，让她率领大将沚和诸伯侯前去攻打。

妇好和之前的每次出征一样，先对巴方进行深入了解。在得知巴方擅长打防御战，且营垒修得很是坚固，易守难攻后，妇好觉得，强攻不可取，而想要取胜，就必须引他们出防守区。

为此，妇好决定引蛇出洞，她先是派沚做前锋，引诱敌军出战。然而，巴方在得知攻打他们的领兵将领是妇好后，完全龟缩起来，只全力加强防守，坚守不出。

一时之间，双方僵持不下。商王武丁得知战况后，很是着急，匆忙率兵前来支援。在和妇好经过一番商议后，依然决定采用“引蛇出洞”，只不过这次引蛇出洞的“诱饵”换成了商王武丁。

之所以要这样，是因为商王武丁和妇好觉得，巴方本就想推翻商朝取而代之，而若想推翻商朝，没有比杀掉商王武丁更便捷的了。之前想杀商王武丁没有机会，如今他主动送上门来，他们定会倾巢出动。

按照商王武丁的想法，在他做诱饵将巴军引出堡垒后，商军再与巴方展开决战。可妇好却认为，这么做虽然商军能赢，但伤亡较大，因为巴方肯定会拼尽全力抵抗，殊死搏斗。

妇好率兵作战，一直以来追求的，不仅仅是打赢，还要将商军伤亡降到最低。

商王武丁一听，频频点头，问妇好如何减少伤亡。妇好说，可以兵分三路，一路是精锐部队，由商王武丁率领，从东边发动突然袭击；另一路由沚和诸伯侯率领，从正面进攻；第三路由她率领，在西边埋伏。

妇好说，据她分析，巴方在得知商军兵分两路后，肯定会倾巢出动，且也会将兵力分成两路。一路应对商王武丁；另一路对付沚和诸伯侯。而这样的话，西边就有了空档，她可以提前率兵埋伏在那里，到时候从西边突然杀出，一定会打巴方一个措手不及。

商王武丁一听，连连称绝。

果然，一切就如妇好所料，当商王武丁率领的精锐部队出击时，巴方瞬间倾巢出动，排出了包围商王武丁的阵仗。这时候，正面又出现了沚和伯侯率领的商军。巴方早有准备，即刻变换阵形。

不过，等他们重新排好兵，布好阵，并与商军展开厮杀时，妇好率领的西路军突然出现了，他们来势汹汹，顷刻间，巴方落在了商军的包围圈中。

此时，面对商军的三路兵马，巴方想要再重新排兵布阵，已经来不及了，很快就乱成一团。一切都在商王武丁和妇好的计划中，商军如愿将巴方围歼。这场战争，非常精彩，因而不仅成为历史上的经典之战，而且还成就了妇好“常胜将军”的美名。

第四章 妇好称王

8

“辛巳卜，登妇好三千，登旅万，呼伐羌。”这是甲骨文中记载的商朝在武丁时代，出兵最多的一场战争，而这场战争的最高统帅就是妇好。

羌族生活在如今的内蒙古河套一带，他们时常骚扰商朝的西北边境。商朝也曾派兵征讨，但总是无法取胜。

在妇好领兵作战陆续征服了20多个周边小国后，商王武丁决定将“伐羌”这个光荣而艰巨的任务交给她。那一次，妇好率领商朝一半的兵力（一万三千人）前去伐羌。

从商王武丁出动一半兵力，且决定让妇好率兵出征就能看出，这场战役有多么重要。当时，在商王武丁决定派妇好领兵作战时，曾问她需要多少兵力，妇好说只需三千，不过，妇好又说，这三千士兵需要通过招募的形式，亲自募得。

商王武丁答应了。然而，当妇好招募来三千士兵，即将启程时，商王武丁却为妇好担心起来。因为羌是商朝的劲敌，实力强悍。虽然妇好率兵作战的能力很强，可区区三千士兵，且都是新招募来的，面对羌这样的强敌，如何能够取胜？

其实，妇好之所以只带招募来的三千士兵，是因为还有一个更厉害的敌人——鬼方等着商朝去讨伐。

妇好知道商王武丁极其重视这场战争，可为了这一战，如果自己把兵力都带走去伐羌，万一鬼方乘虚而入，商王武丁又要如何派兵？

商王武丁和妇好，各自为对方担心，为对方着想。但最终，商王武丁还是说服了妇好，增加兵力。

商王武丁说，若要讨伐鬼方也需要妇好领兵作战，所以妇好一定要在伐羌时大胜而归，且要速战速决。而若想要速战速决，大获全胜，就必须增加兵力。

妇好拗不过商王武丁，只好听从他的安排，又增加了一万兵力。

妇好率领商朝整个兵力的一半去伐羌时，她只有一个心愿：速战速决，大获全胜。

为了尽快取得胜利，身先士卒，无所畏惧。战场上，她一会儿搭弓射箭，一会儿手持斧钺，很是英勇。

身为商王的王后，竟然能将生死置之度外，与敌军拼杀。商军将士们颇为震动，他们也将生死置之度外，奋不顾身地英勇杀敌。

羌族将士早就听说过妇好，再一见她在战场上的样子，很快就丢盔弃甲。

三军用命，顺利击溃了羌军。

总之，本就有勇有谋，再加上兵力强盛，妇好这一仗打得非常漂亮。不管是排兵布阵还是调兵遣将，都让羌军吃尽了苦头。对此，史书上称，“自彼氐羌，莫敢不来王”，也就是说，自妇好打败了羌族，四方夷族，没有不臣服的。而这场战争，在整个商朝，甚至中华历史上，都具有伟大的划时代意义。

9

妇好为商朝开疆拓土立下不朽战功的同时，也让商朝的西部边境得以安定，终于解决了商朝一直以来都挥之不去的外患痼疾。也正因如此，妇好成为了商朝的“诸侯”之一，拥有和其他诸侯一样的地位和身份。

诸侯都有封地，妇好自然也有。不过，虽然她是王后，商王武丁却并没有把她区别对待，对她特别照顾，在让她拥有了诸侯的地位的同时，也要她和其他诸侯一样，按规矩向商王武丁交纳一定的贡赋。

妇好治理封地的能力非常强，她的封地在她的管理下，百姓安居乐业，很是富裕。而妇好不仅拥有富庶的封地，还拥有独立的三千人的嫡系部队。由此可见，当时的妇好，既经济独立，人格独立，还精神独立。由于她是功勋之臣，为了表彰她，商王武丁还授予象征她王者“内行刀锯，外用甲兵”的权杖——钺。

然而，正因为她拥有封地，她便要长期驻守封地，为封地上的百姓负责。所以，她虽然是商王武丁的妻子，却时常和商王武丁处于“分居”状态，不能时常见面。

其实，虽然妇好有封地，是王，是大将军，还是祭司、占卜官，但她毕竟是女人，因而，只要不是在工作状态，妇好都会恢复她的小女人样，她穿各种华服，戴各种首饰，而每到这时，妇好就显得格外妩媚。

妇好为“大国”而战，为“小家”而爱的个性，让商王武丁对她既爱慕又敬重。

每当妇好出征时，商王武丁都会不断地求神问卜，问神明妇好什么时候回来，祈求神明保佑妇好等等；而每当她凯旋，商王武丁都会亲自出城去迎接，有时为了迎接她，他甚至会走几十里路。

对于那时的商王武丁来说，他去迎接的，不仅是凯旋的将军，还是他日思夜想的妻子。

10

《左传》上说："国之大事在祀与戎。"

"祀是祭祀，""戎是军事。"这句话似乎是在说妇好。

既主持祭祀，又率兵打仗，还是国家大事的参与者和主导者，妇好因此成为了中国历史上有记录的，最早的女政治家和军事家。

妇好是中国历史上有据可查的女性军事统帅之一。在甲骨文献里，一万余片的甲骨，提及她的就有200多次。然而，正是因为她不断上战场，积劳成疾，才让她在三十三岁时，因旧病复发而去世。

妇好的死，让商王武丁悲痛欲绝，为了寄托哀思，商王武丁给妇好修建了规模宏大的陵墓。陵墓不仅大，而且还是独葬，且有1928件各种材质的随葬品，这些随葬品，大多以青铜器和玉器为主。不仅如此，妇好死后，商王武丁还为其举办了很多次隆重的拜祭仪式，这在商王朝时期都是极其少见的，也可见其地位的显赫。

对于商王武丁的这种做法，很多人无法理解。实际上，对于商王武丁来说，妇好的贡献已经完全超出了作为他妻子的范畴。也就是说，妇好不是他一个人的，是整个商朝的，甚至可以说，她不是普通的女人，她是神灵，是商朝的保护神。既然是神灵，就需要供奉。

商朝崇尚祖先崇拜，对他们来说，祖先既是宗祖神，也是天神。而天神是天帝，地神（地下的君王）是地帝。妇好死后，谥号为"辛"。因此，商朝的后人尊称她为"母辛""后母辛"。

这位以杀伐决断、战绩彪炳而著称的中国历史上的第一位女将军，用她不断在征伐中取得的胜利，让商王武丁成为了历史上有名的雄主，让商朝的版图扩大了数倍，势力扩张到了商代最高峰。因此，商王武丁在位期间，才被称为“武丁中兴”。

妇好如流星一般划过先秦的时空，转瞬即逝，璀璨而短暂。之后，在国与国之间、诸侯与诸侯间的战争中，虽然也时常有大量女性参与其中，但大多依然在使用“美人计”……

4

灭殷商　妲己以声色为戈矛

本就带着恨意而来，再加上宫里规矩颇多，无法让她随心所欲，一向任性刁钻的苏妲己，开始为了排解内心的苦闷，无休止地饮酒作乐。

第一章 “战利品”苏妲己

1

墨云秀发，杏脸桃腮，眉如春山浅黛，眼若秋波流转……这是史书里记载的苏妲己。

苏妲己是商朝末代君主商纣王帝辛的妃子。

商纣王帝辛是商王朝第三十任君主帝乙的次子。公元前1076年，随着商王帝乙的去世，帝辛继承了君王位。

商王帝乙有个长子叫子启（微子启）。之所以子启没有继承君王位，皆是因为子启的母亲身份低微，只是帝乙的妾，而帝辛的母亲则是王后。子以母贵，作为嫡子的帝辛也就继承了君王位。

苏妲己做商纣王帝辛的妃，其实也是迫不得已。嫁给商纣王帝辛时，苏妲己只有十多岁，而那时候，商纣王帝辛已经60多岁了。一个青春靓丽，娇颜如花，对未来生活充满期待，对未来夫君有着美好想象的女孩，却要嫁给一个花甲老人，即便他是君王，又有什么快乐可言呢？

可如果她拒绝出嫁，她的族人们就将面临灭顶之灾。这个遭遇和夏朝的妹喜类似。

苏妲己出生在以狐为图腾的有苏氏部落。有苏氏在夏商时期生活于冀州之城。有苏氏的部落不大，部众不多，面对商纣王帝辛的大军，根本没有还手之力。

有苏氏部落对于商纣王帝辛亲自率兵攻打他们，他们也很是费解。一直以来，虽然有苏氏部落对于商朝不断加重的贡赋很是不满，可从来不敢反抗，一直忍气吞声，乖乖就范。

他们不知道，商纣王帝辛之所以要率兵攻打他们，只是为了震慑周边蠢蠢欲动的各路永无休止的袭扰，挽回日益衰落的国势。

商朝在经历了武丁时期的兴盛后，传到第二十四任君主祖庚、第二十五位祖甲的时候，因为他们的不思朝政、淫乱不止，已经逐渐衰落。

商王武丁后期，武丁将都城从亳迁到了沬，帝辛继位后，又将都城沬（河南淇县），改为了朝歌。

商纣王帝辛原本是有着帝王相的，他天资聪颖，文韬武略样样精通。特别值得称道的是，他力大无穷，能与猛兽格斗。然而，随着国内矛盾的日益尖锐，以及诸侯不断的反叛，为了转移内部矛盾，商纣王帝辛开始动用威力对诸侯进行恐吓，同时扩大自己的版图。为此，他发动了一场又一场的战争，经过他的开疆拓土，最后将地域延伸到了淮海流域，使东夷和中原实现了统一。

版图扩大看似好事，可成也战争，败也战争。频繁的战争让商朝的百姓不仅饱受战乱之苦，而且导致国力空虚。同时，因为战俘过多，且没有得到妥善的安置，给整个商朝都造成了极大的隐患。不仅这些，商纣王帝辛虽然是个文武全才，却也刚愎自用，很难听取别人意见，对于朝臣的劝谏，他不为所动，导致与朝臣关系恶化。

公元前1047年，商纣王帝辛率兵攻打一直以来都逆来顺受的有苏氏部落，就是他不顾朝臣反对的意气用事。

2

商纣王帝辛围攻有苏氏部落时，有苏氏部落的酋长惊慌不已，立即召集部落长老商议对策。莫非是嫌我们贡赋的数目不够，抑或是进献的牛羊不肥，马匹不良？为了讨好商纣王帝辛，让他尽快退兵，有苏氏部落的酋长带着他的族人，牵着肥壮的牛羊，赶着最好的马匹，跪伏在商纣王帝辛面前请罪。

商纣王帝辛面对胆战心惊的有苏氏部落酋长及其族人，既不说退兵，也不说降罪，只说再给他们两天时间考虑。

有苏氏的部落的酋长也不敢多问，只好留下牛羊马匹，带着族人忐忑不安地回去，继续猜测商纣王帝辛的心思。

经过一番冥思苦想，他们觉得，商纣王帝辛能给他们两天时间考虑，想必还有挽回族人命运的机会，只是对他们献上去的东西还不满，可到底对什么不满意呢？有苏氏部落里最好的牛羊，最良的马匹已经献出去了呀。

或许……是人？其中一个长老说。

对！商纣王好色！另一个长老说。

有苏氏的部落的酋长顿时恍然大悟，觉得自己真是老糊涂了，怎么能只献牛羊和马匹，不献美女呢？

于是，有苏氏部落的酋长挑选了有苏氏部落里最美的四名女子，陪着笑，再次给商纣王帝辛送了过去。

商纣王帝辛端坐马上，看到那四名美女，脸色稍有缓和，甚至还露出了一丝笑容，不过却依然不说退兵。

有苏氏部落的酋长壮着胆，战战兢兢地问商纣王帝辛，说他们已经把有苏氏部落里最肥的牛羊、最好的马匹以及最美的女子都献出来了，不知道商纣王帝辛还有什么要求。

不等他说完，商纣王帝辛就开始怒斥他，说他撒谎，还说有苏氏部落对商朝，以及对他商王都不敬，把最好的宝贝藏了起来，还说都献出来了。

有苏氏部落的酋长吓得冷汗直冒，不断辩解，说他没有撒谎，不敢隐瞒，所有的宝贝都献出来了。最后，还是商纣王帝辛身边的侍人悄悄告诉酋长，说商纣王帝辛想要的，是他的女儿苏妲己！

其实，并非有苏氏部落的酋长要故意隐瞒，而是因为他的女儿苏妲己已经许配人家了，只等几个月后迎娶，且许配给的，也和有苏氏部落一样的，是一个部落的酋长。

已经许配人家的女人，怎么能献给商王呢？

有苏氏部落的酋长越发忐忑，他将没有献出女儿的原因说了，商纣王帝辛冷笑一声不说话。商纣王帝辛身边的人说，别说还未迎娶，就是迎娶了，大王看上的，你也要赶紧献上。

一听这话，有苏氏部落的酋长，额头冒出的汗就更多了。对他来说，女儿苏妲己根本不是他的宝贝，更不是有苏氏部落的宝贝，她的价值，完全不及那些肥壮的牛羊和马匹。

有苏氏部落的酋长并不喜欢这个女儿，原因是她刁蛮任性，虽然貌若天仙，但自小就乖张顽皮，到处为他惹祸生事，将整个部落闹得乌烟瘴气。他巴不得把女儿赶紧嫁出去，越远越好。如今，商纣王帝辛点名要女儿苏妲己，有苏氏部落的酋长自然求之不得。

然而，当有苏氏部落的酋长兴冲冲地回去，找女儿苏妲己时，却发现她不见了。最后在他发动有苏氏部落的族人，费了好大工夫才找到的。不过，苏妲己一听说要把她献给一个60多岁的老头，不仅不同意还大骂商纣王帝辛。有苏氏部落的酋长这才意识到，女儿苏妲己的这种性格，别说做了商王妃给自己和部落带来好处，能不闯祸就算不错了。

不过，之后会怎么样，有苏氏部落的酋长没有时间考虑，他现在唯一能做的，就是将女儿苏妲己献出去，因为只有这样，商纣王帝辛才会退兵。

为此，有苏氏部落的酋长苦苦哀求女儿，可苏妲己不为所动。

一个比自己的父亲年纪还大的人，怎么能做自己的夫君呢？可最后，苏妲己在母亲跪下来苦苦哀求，父亲又告诉她，说她是商王帝辛看上的，即便她不愿意跟着商王帝辛走，也没人敢娶她后。带着满腔的愤怒和不甘，苏妲己被逼同意了。

就这样，苏妲己带着对父亲，对本要迎娶她的男人，以及对商纣王帝辛的恨意，跟着商纣王帝辛去了朝歌。

一路上，商纣王帝辛带着有苏氏部落献出的牛羊、马匹、美女和苏妲己，志得意满，浩浩荡荡回都城时，怎么都不会想到，他的贪婪好色和无耻，让整个商朝遭了殃。他费尽心机迎娶回来的，将会成为他和整个商朝的掘墓人。

而苏妲己同样不会想到，朝歌会成为她人生的转折点，会让她从一个任性、刁钻的部落酋长的女人，成为一个遭人千古唾骂、祸国殃民罪人。

第二章　纵情于声色犬马

3

妙龄少女苏妲己成为花甲君王帝辛的妃子。

本就带着恨意而来，再加上宫里规矩颇多，无法让她随心所欲，一向任性刁钻的苏妲己，开始为了排解内心的苦闷，无休止地饮酒作乐。

饮酒后的苏妲己，虽然妩媚动人，可完全不似一个贤妃的样子。如果她遇到的是一个有着雄心大志，一心为国，专注于理朝政的君王，想必她很快就会被打入冷宫，甚至很可能被赐死。可苏妲己遇到的是商纣王帝辛，一个已经进入花甲之年，且沉湎于酒色的君王，因而她不仅没有被打入冷宫，而且不断得到封赏，享尽了恩宠。对商纣王帝辛来说，他终于遇到了一个与他兴趣相投的女人。

苏妲己未进宫时，商纣王帝辛虽然也时常与妃嫔们饮酒作乐，可因为她们是逢场作戏，不仅没有给他带来快乐，反而让他很扫兴。因而，苏妲己的出现，让他觉得遇到了知音。

苏妲己喜欢靡靡之音，商纣王帝辛就令乐师涓做淫乐，然后两个人在淫乐的伴奏下，饮酒欢唱，醉生梦死。经常在一个地方饮酒作乐，时间久了也会厌烦。在苏妲己的提议下，商纣王帝辛令人在朝歌与邯郸之间，每隔五里建一所离宫，每隔十里建一座别馆，专门供他和苏妲己寻欢作乐之用。

为了修建离宫和别馆，商纣王帝辛不断加重税赋，搜刮百姓。而自有了离宫和别馆，商纣王帝辛也就更加无心政事了，他整日与苏妲己同乘逍遥车，白天在车上戏谑，夜里在离宫或别馆张灯结彩，逍遥淫乐。

原本饱受战争之苦的百姓，已经对商纣王帝辛的连年征伐牢骚不断，如今见他为了和爱妃寻欢作乐，大肆修建淫乐的离宫和别馆来加重税赋，也就更加不满了。

沉重的税赋逼得百姓卖儿鬻女，再遇灾荒年，甚至还有易子而食现象。百姓的不满和怨气一日甚是一日。

百姓的不满传到了商纣王帝辛的耳朵里后，面对民怨沸腾，他不仅没有反思过错，加以收敛，反而为了阻止他们表达不满，将那些公开表达不满的人抓了起来，而这种做法，激起了更多人的不满。

人越抓越多。一些忠臣看不下去了，他们不断以兢兢业业的明君为例，对商纣王帝辛进行劝谏。当然，劝谏时，他们还免不了提一些因为沉迷于美色而亡国的昏君，以便提醒商纣王帝辛，以史为鉴，远离苏妲己。

这些话很快就传到了苏妲己的耳中。苏妲己怒火中烧，对商纣王帝辛说，群臣这么说是在轻侮大王的尊严。而之所以他们敢这么说，就是因为商纣王帝辛对他们太宽容了，让他们有恃无恐。还说依她之见，就应该将这些人抓起来，然后对他们施以重刑，只有这样，才能让他们产生畏惧之心，再也不敢说这些叛逆的话。

当商纣王帝辛问她用什么刑罚时，苏妲己咬牙切齿道，可以铸一个空心的铜柱，在里面烧上火，在外面涂上油脂，然后让逆臣裸身抱着柱子，直烧得他们皮肉朽烂、筋骨粉碎。

这便是“炮烙”之刑。

对于如此凶残狠毒的做法，商纣王帝辛不仅没有反对，反而大加赞赏，当即下令开始实施。因为苏妲己的狠毒，正好迎合了他的残暴。

劝谏的忠臣被烧得肉焦骨碎、化为灰烬，谁还敢再劝谏？而没有了忠臣们的“打扰”，商纣王帝辛和苏妲己也就更加恣意妄为，荒淫无度了。

商纣王帝辛越发宠爱苏妲己，他们整日在一起，寸步不离。为了讨苏妲己的欢心，凡是她想要的珍宝，他无论如何都要让人给她取来。然而，虽然想要什么就有什么，可每当夜深人静的时候，苏妲己还是会感到深深的失落和寂寞。

苏妲己想起了在有苏氏部落时，自由自在、无忧无虑的日子。

商纣王帝辛得知后，为了解苏妲己的思乡之情，他花重金为她建造了一座摘星楼。

自此，摘星楼里便整夜整夜亮起了灯火。苏妲己本就是个贪玩之人，和商纣王帝辛两个人玩腻了，就要众人和他们一起玩。为了满足苏妲己的这个愿望，商纣王帝辛又叫来很多人陪他们。

于是，每到深夜，摘星楼里少则几十，多则上千的男男女女裸体混杂其间，他们追逐戏谑，穷奢极欲、荒淫无度。

4

商纣王帝辛和苏妲己朝朝宴乐、夜夜欢娱，沉湎于苏妲己美色中的他，根本没有心思再理朝政。他的荒淫无耻，让朝臣们忧心，让姜王后愤怒不已。

姜王后觉得苏妲己是始作俑者，将她狠狠的斥责了一番。

一直生活在宠溺中的苏妲己，哪里受过这种委屈，她马上向商纣王帝辛哭诉，说姜王后嫉恨她被宠爱，还说姜王后称商纣王帝辛之所以只知寻欢作乐，全是因为受到了她的媚惑。苏妲己梨花带雨哭诉完，假意要去寻死。

商纣王帝辛心疼不已，他想痛骂姜王后一番，但一想到姜王后身份特殊，只好作罢。

姜王后是当时三公之一的东伯侯姜桓楚的女儿。当时，商朝有四大诸侯，他们是东伯侯姜桓楚、南伯侯鄂崇禹、西伯侯姬昌、北伯侯崇侯虎。而在这四大诸侯里，前三位又被称为"三公"。

当苏妲己得知商纣王帝辛因为忌惮东伯侯姜桓楚，没有给她出气后，她心生一计，再与商纣王帝辛饮酒作乐，便提议让姜王后一起参加。

苏妲己这么做十分歹毒，她想，你姜皇后不是说君王是受到我的媚惑才整日饮酒作乐吗？那就叫上你也一起，看你还要怎么说。同时，也是为了让商纣王帝辛和姜王后产生摩擦，因为她知道，姜王后喜静不喜闹，且对奢靡之风十分厌恶。

果然，坐在摘星楼里的姜皇后面若冰霜。不仅如此，她还在商纣王帝辛玩得正有兴致时，劝他不要再沉湎于酒色，商纣王帝辛既扫兴又生气。

苏妲己见机，开始火上浇油，她对商纣王帝辛说，姜皇后之所以不将他放在眼里，全是因为仗着他的父亲是东伯侯。还说姜皇后一定知道，商纣王帝辛不敢把她怎么样。

商纣王帝辛个性冲动，一听这话，火冒三丈，当即传令将姜王后赐死。

姜王后的死，不仅震惊了朝野，更激怒了姜王后的父亲姜桓楚。

东伯侯姜桓楚之前也曾因商纣王帝辛整日沉湎于酒色而写劝谏书，称他如果继续这样，商朝就灭亡了。可整日醉心于享乐的商纣王帝辛没有看劝谏书。本已对商纣王帝辛不满的东伯侯姜桓楚，因为女儿的死，对他彻底失望，他决定联络其他二公——南伯侯鄂崇禹和西伯侯姬昌起兵讨伐商纣王帝辛，不过还没行动，商纣王帝辛就提前动了手。

商纣王帝辛一气之下杀了姜王后后，冷静下来的他，感到了害怕。当然，更恐慌和害怕的是苏妲己。她哭哭啼啼道，自己命不久矣，还说自己很快就会被东伯侯姜桓楚杀掉，自己再也见不到商纣王帝辛了等等。

既害怕又心疼苏妲己的商纣王帝辛，索性一不做二不休，命人悄悄杀死了东伯侯姜桓楚。

东伯侯姜桓楚的死，引起更多人的不满。为了阻止不满情绪的蔓延，商纣王帝辛又令人将东伯侯姜桓楚的尸体剁成肉酱，以恐吓群臣。

不过，虽然他的做法令大多数明哲保身的人闭了嘴，但还是有人不怕，他就是南伯侯鄂崇禹。

南伯侯鄂崇禹上书商纣王帝辛，称他不该杀了有功之臣——东伯侯姜桓楚。商纣王帝辛一看，担心事态扩大，引起更多人上书，于是又将南伯侯鄂崇禹也杀了。不仅杀了，还将他的尸体烤成了肉干。

那时的商纣王帝辛已经暴虐到了极点，而他的暴虐，部分又源自于他内心的恐惧。因为那时候，反对他的人越来越多，不知如何改变现状的他，只有选择用酷刑、杀戮来震慑反对者。

然而，酷刑和杀戮依然无法让他心安，反而让他风声鹤唳。当他从北伯侯崇侯虎那里听说，西伯侯姬昌不仅同情东伯侯姜桓楚和南伯侯鄂崇禹，还素来仁德，诸侯皆心向往，对他的统治非常不利后，急忙以谋逆罪为借口，派人将西伯侯姬昌抓了起来，关押在羑里（今河南安阳汤阴县）。

第三章　西伯侯修德

5

西伯侯姬昌的祖先出身于以熊为图腾的姬姓部落，因为重视农业，史称后稷。

姬姓部落因为重视农业，发展很好，在商王武丁时期，成为商的附属国；商王武乙时期，姬姓部落首领季历，也就是姬昌的父亲因为屡立战功，被封为西方诸侯之长；到了商王文丁时期，季历又被封为了伯侯。季历死后，他的儿子姬昌继位，为西伯侯；商纣王帝辛时期，西伯侯姬昌成为了三公之一。

商纣王帝辛在连杀二公——东伯侯姜桓楚和南伯侯鄂崇禹后，又将西伯侯姬昌关了起来，且一关就是三年。不过三年后，商纣王帝辛还是释放了西伯侯姬昌。

商纣王帝辛之所以会释放姬昌，究其原因是他觉得西伯侯姬昌并非百姓所说，是个圣人、贞人。既然不是，那又怎么可能对自己的统治造成威胁呢？不仅不会构成威胁，而且他还是一个对自己极其忠诚的人。

对于西伯侯姬昌贤明仁德的说法，商纣王帝辛很早就听说了，而西伯侯姬昌神奇的占卜术，更是天下皆知。在商朝，会占卜的是贞人，贞人能与鬼神交流，是有天命的人。因而，在将“三公”里的二公诛杀了之后，商纣王帝辛不仅没有心安，反而越发恐惧起来，因为他怕西伯侯姬昌谋反，再加上北伯侯崇虎说西伯侯姬昌“诸侯心向往之”，便将西伯侯姬昌抓了起来。

由于商纣王帝辛没有找到西伯侯姬昌对他不忠的证据，且因为西伯侯姬昌有“贞人”之说，所以也就没有将他像其他“二公”一样杀掉，而是关了起来。可即便将西伯侯姬昌关了起来，商纣王帝辛还是无法心安，甚至更加忐忑不安。这种不安，源于他怕西伯侯姬昌真是“贞人”，而抓“贞人”会得罪了神灵。为此，他彻夜难眠，即便是和苏妲己等人在摘星楼里饮酒作乐，他也没有了以前的兴致。

苏妲己问他何故如此，商纣王帝辛说了。苏妲己一听，顿时兴奋起来，她对商纣王帝辛说，既然大王在为西伯侯姬昌是不是贞人而犯愁，为何不试他一试？

怎么试？商纣王帝辛问。

苏妲己说，很简单，听说圣人不食子，而贞人又会占卜。所以如果把西伯侯姬昌的儿子杀了，煮了肉拿去给他吃，如果他不吃，那就说明他是贞人、圣人；如果他吃了，那么他就既不是圣人，更不是贞人。

商纣王帝辛一听，鼓掌称赞。

而那时候，西伯侯姬昌的长子姬考为了搭救父亲，正在商朝的都城四处奔走。

就这样，商纣王帝辛为了测试姬昌是不是贞人、圣人，派人将姬考抓了起来，杀了他，并从他身上取下一块肉，炖了给西伯侯姬昌端去。

西伯侯姬昌很快就吃了那块从儿子身上割下的肉。商纣王帝辛听说后，既高兴又失望。而他的高兴和失望的，又都是因为姬昌并非贞人、圣人。

当然，商纣王帝辛忘了一点，也许西伯侯姬昌既知道那块肉是儿子身上的，也知道他们要测试自己。因而在儿子既然已死，无法挽回的情况下，用“食子”麻痹敌人。

商纣王帝辛没想到这些，因而当来自西岐的，西伯侯姬昌的幕僚闳夭等人献上诸多商纣王帝辛喜欢的宝贝——有莘氏寻找来的美女、骊戎收集来的彩马、有熊氏找来的三十六匹驾车良马等后，他心动了。

闳夭等人为了寻找这些宝贝，颇费了一些心思。不过，在寻找到这些宝贝后，他们也没有十足的把握将西伯侯姬昌救出来。为了早日救出西伯侯姬昌，他们又去找了一个人。

这个人就是费仲。

费仲是商纣王帝辛身边的佞臣。自苏妲己进宫，成为商纣王帝辛最宠爱的妃子后，他便处处谄媚苏妲己，并很快成为苏妲己身边的红人。

费仲贪财是个趋利而行的小人，为了钱财，他可以去做任何事情。因而当闳夭等人将大量珍宝放在他面前，让他在苏妲己面前给西伯侯姬昌求情时，他没有犹豫就答应了。

商纣王帝辛在用“食子”试探西伯侯姬昌前，曾经决定，如果西伯侯姬昌不食子，那么他就是圣人和贞人。对于这样的人，他既不能放也不能杀，只能关着；而如果西伯侯姬昌食子，那么他就是一个凡人，既然是凡人，他就索性把他杀了，免得他日后谋反。然而，当看到西岐献上的美女、彩马和良马时，他犹豫了。

当晚，商纣王帝辛在苏妲己面前说起了此事，苏妲己说西岐既然献上这么多天下难得的珍奇宝贝，说明他们不但没有谋反之意，反而十分忠诚。还说，既然他们这么忠诚，且西伯侯姬昌只是一个凡人，倒不如做个顺水人情，放了他，这样天下人还会觉得商纣王帝辛是个仁慈之人，而且之后，西岐肯定也会献来更多珍奇异宝。

商纣王帝辛一听，马上高兴道，这些珍宝，仅一件就足以释放姬昌，何况还有这么多宝贝。

其实，苏妲己之所以能给西伯侯姬昌说情，全是因为费仲告诉她，西岐答应，只要释放了姬昌，他们定会献出更多珍宝。

费仲的这句话已经够让苏妲己动心了，更何况费仲还说，西伯侯姬昌被抓，诸侯和坊间都说是因为她苏妲己。如果苏妲己能说服商纣王帝辛放了姬昌，朝臣和百姓肯定会觉得苏妲己仁慈又宽厚。

苏妲己一听，这等好事，何乐而不为呢？

就这样，西伯侯姬昌被商纣王帝辛释放，回到了西岐（今陕西岐山）。

6

西伯侯姬昌在被释放时，还做了一件事，而这件事，让百姓和诸侯就更加拥戴他了。

到底是什么事呢？那就是他向商纣王帝辛求情，说他愿意拿同州的洛西之地，换商纣王帝辛废除“炮烙”之刑。

或许是商纣王帝辛已经厌倦了那种酷刑，也或许对他来说，“炮烙”只是诸多酷刑的一种，如果想要再给犯人施以酷刑，他有的是办法。因而，当西伯侯姬昌请求拿土地换他废除“炮烙”之刑时，他爽快地答应了。不仅如此，他还赐给西伯侯姬昌弓箭大斧，让他征伐那些敢于反抗商朝的小国和部落。

换句话是说，商纣王帝辛赐给西伯侯姬昌了比以前更大的权力。

商纣王帝辛当然不会想到，西伯侯姬昌的顺从和忠诚，都是在演戏给他看。而对于用洛西之地换商纣王帝辛废除“炮烙”酷刑，也并不仅仅是因为这种酷刑太过残忍，还因为西伯侯姬昌要用行动告诉天下人：他是修德行善之人，他和商纣王帝辛完全不同。

西伯侯姬昌在被关进羑里的三年间，已经意识到，商朝气数已尽，很快就要灭亡了，因而，他一直都在悄悄地做着准备。也正因如此，在他得知儿子被商纣王帝辛杀害，且割下肉煮给自己食用后，他强忍悲痛，装作一无所知的样子，吃了那块肉。因为他知道，儿子已死，他必须先保全自己。

西伯侯姬昌回到西岐之后，继续修德行善，实行仁政。

因为他的言行，诸侯们对他也就越来越敬重，甚至诸侯间有了什么矛盾，也都要交由他来裁决。甚至有人还私下里传说，西伯侯姬昌才是真正受有天命的君主。

慢慢地，越来越多对商纣王帝辛失望的人，逃到了西岐。

荒淫无度、残暴不仁的商纣王帝辛在远君子近小人，一点点失去民心的时候，西伯侯姬昌在广施仁政、笼络人心。与此同时，西伯侯姬昌利用商纣王帝辛给他的权力，开始铲除那些忠于商朝的部落。

对于西伯侯姬昌的做法，商纣王帝辛不是不知道，可他并没有放在心上。因为他觉得，西伯侯姬昌不足为患，他才是天选之子，所以也就继续整日沉湎于和苏妲己的寻欢作乐中。

慢慢地，平常的寻欢作乐也已经无法满足商纣王帝辛和苏妲己。在苏妲己的提议下，商纣王帝辛又建造了一座鹿台，并在鹿台下挖了两个坑穴：一个坑穴里装上酒，另一个坑穴里挂上肉。这样，他们在鹿台玩乐时，就能随时舀酒喝，随时取肉吃了。

仅仅这样还不刺激，商纣王帝辛又让妃嫔们赤身裸体在酒池、肉林互相追逐嬉戏。他们过起了“以酒为池，悬肉为林，使男女裸，相逐其间，为长夜之饮”的淫荡生活。

天长日久，商纣王帝辛也就越来越宠爱苏妲己，甚至到了凡是苏妲己称好的就以之为贵，凡是苏妲己憎恶的就加以诛灭的地步。

越来越多的贤臣良将要么被赶走，要么自己失望而逃。见朝中无人可用，在苏妲己的举荐下，商纣王帝辛不断封赏佞臣费仲。

费仲没有丝毫的治国之才，他唯一擅长的就是阿谀奉承。因而，当费仲被重用后，那些还对商纣王帝辛抱有一丝希望的朝臣，也都纷纷逃离。

7

在商纣王帝辛只顾和苏妲己淫乐时，西伯侯姬昌先吞并泾渭平原上的阮、密须部落；再越过黄河，征服黎国。

贤臣祖伊感受到了来自西伯侯姬昌的威胁，向处在浑浑噩噩中的商纣王帝辛进谏，希望他能改弦更张，重振朝纲。祖伊说，如今天下风雨飘摇，不管是靠人预测，还是用龟占卜，都是凶征，看来商朝的国运已经到头了。而之所以会这样，都是因为商纣王帝辛荒淫暴虐，自绝于天，才会被上天抛弃的。他还说，如今情况已经这样，如果商纣王帝辛还是不懂天意，不遵循常法，很可能导致众叛亲离，最终失去天下。

祖伊能说这样的话，是他已经将生死置之度外，是在冒着必死之心劝谏。商纣王帝辛听了，大为震怒。如果是以前，他肯定二话不说，令人将祖伊抓起来治罪。可如今朝中已经没有可用之人了，因而商纣王帝辛虽然很生气，却并未治他的罪，而是说，他乃上天之子，这就是天命，所以商朝绝对不会灭亡，让祖伊不要担心。

祖伊并不甘心，继续劝谏。说商纣王帝辛虽然是君王，却做了太多错事，既不理朝政，又不抚民众，这样的君王，上天是不会护佑他的。

祖伊已经把话说得这么严重，这么直接了，可商纣王帝辛依然无动于衷。祖伊失望之极，回家后对家人说，商纣王帝辛已经无药可救了。

在此期间，西伯侯姬昌又是先伐邪国，再伐崇侯虎，最后将都城从西岐迁往了丰邑（今陕西长安区）。

由于西伯侯姬昌的实力在不断增强，再加上其素有仁德之名，因而黄河以南的虞、芮等部落都纷纷归附。

很明显，西伯侯姬昌是在用蚕食的方式，不断兼并商朝周边区域，渐渐对商朝形成包围之势。

眼见商王朝的大厦将倾，曾先后辅佐过帝乙和帝辛的三朝重臣，商纣王帝辛的王叔——少师比干再也忍不住了，他冒死劝谏。

当然，少师比干在劝谏时，免不了也让商纣王帝辛远离妖妃苏妲己，说她魅惑天子，致商朝行将倾覆。商纣王帝辛虽然生气，但鉴于少师比干的身份，没有多说什么。但比干是当着苏妲己的面劝谏的，这让苏妲己怒火中烧，发誓要除掉比干才肯罢休。

当晚，苏妲己便给商纣王帝辛吹枕边风，说比干依仗自己是王叔，不将大王看在眼里，随意轻侮大王尊严，必定有不臣之心。

商纣王帝辛一听，顿时火冒三丈，当即就要派人去抓比干。

苏妲己又说，人们都说王叔是圣人。不是说圣人有七窍吗？我们为什么不看看王叔是不是真的有七窍？

商纣王帝辛一听，连声称妙，当即就命人将比干开膛摘心。

少师比干被挖心而死，朝臣们惊愕不已，他们纷纷为商纣王帝辛的另一个叔父——太师箕子担心，劝他早日离开。可太师箕子却拒绝了，称他身为臣子，不能因为君王不听劝谏而离他而去。

不过，一想到数百多年的商朝就要断送在商纣王帝辛手里，箕子悲痛欲绝，他既不忍心离去，又不愿意和商纣王帝辛同流合污，因而索性装起了疯癫。

最后，太师箕子被商纣王帝辛先是囚禁起来，后又贬为奴隶。

少师比干死了，太师箕子又被囚禁起来贬为奴隶，主管礼乐的贤臣商容心灰意冷，再次冒死劝谏，结果却又被罢黜。即便被罢黜，商容还想用礼乐教化商纣王帝辛，可依然无济于事。最终，商容失望离开，隐居太行山。

第四章 商朝灭亡

8

商纣王帝辛众叛亲离之际，公元前1056年，西伯侯姬昌去世，他的儿子姬发继位。

商纣王帝辛的哥哥子启见少师比干被挖心，太师箕子被贬为奴隶，贤臣商容又隐居山林……在数次劝谏无用的情况下，他只好逃到了他的封地“微”（今山西潞城）。

见子启也逃去了封地，商朝的太师疵和少师疆抱着乐器，悄悄出了城，逃去西岐。

至此，西伯侯姬发意识到，攻打商纣王帝辛的时候到了。

这是西伯侯姬发一直都在等的机会。之前无数次，众诸侯提议伐商，他都说时机不到，天命未知。而当时之所以会觉得时机不到，天命未知，是因为他觉得商纣王帝辛的身边还有一些贤臣。

对西伯侯姬发来说，只有商纣王帝辛离心离德，人心离散时，才是最好的出击机会。因而，当比干死、箕子被贬为奴、商容隐居、子启逃去封地、大师疵和少师疆投奔西岐时，他知道时机到了。

当然，虽然伐商的时机到了，可作为商的诸侯国，要伐商必须师出有名，如果师出无名，就有谋反之罪。

最终，西伯侯姬发给出的伐商理由是：商纣王帝辛听信妇人言，对祖先的祭祀不闻不问，对同祖兄弟弃之不用，专用佞臣，残害百姓，作乱商邑。不仅如此，他还用淫乐取代典雅音乐，以取悦妖妃……

一句话，对于商纣王帝辛这种自绝于天的做法，他西伯侯姬发不得不奉天命去讨伐。

西伯侯姬发在讨伐商纣王帝辛之前，不仅历数了商纣王帝辛的罪过，还说："古人有话说：'母鸡没有早晨打鸣的；如果母鸡在早晨打鸣，这个人家就会衰落。'"

"母鸡在早晨打鸣"，比喻商纣王帝辛听信妇人之言，这也就是如今的成语"牝鸡司晨"。就这样，苏妲己成为了西伯侯姬发率众诸侯伐商的最好借口。

公元前1046年，当西伯侯姬发率众诸侯浩浩荡荡向朝歌进发时，朝歌里的商纣王帝辛和苏妲己依然没有感觉到危险的降临。他们自觉受命于天，即便有敌人入侵，上天也会助他们打败敌人。何况，西伯侯姬发率领的联军还不到5万人。

因而，在商纣王帝辛派出17万大军后，便又继续沉湎于玩乐了。

可很快，他就接到了他的17万大军在牧野（朝歌郊外）迎战西伯侯姬发率领的诸侯联军时，溃不成军的消息。也直到这时，商纣王帝辛才慌乱起来。因为他无法想象，他的17万大军，会如此不堪一击。

商军溃败如此之快，让商纣王帝辛始料未及。他没有想到，因为他的暴政，商军人心思变，很多人已经不愿意再为他卖命了。甚至有些商军还说，即便打赢了，天下也只是昏君和妖妃淫乐的天下，与其这样，倒不如让具有仁德之心的西伯侯姬发占领朝歌的好。

就这样，商朝的将士们不仅不誓死反抗，反而成了西伯侯姬发的内应。最终，西伯侯姬发率领联军攻入了朝歌。

商王朝因人心离散，纷纷倒戈。

见大势已去，商纣王帝辛身着宝物，登上鹿台，在将宫殿一把火点燃后，投身火海。而苏妲己在商纣王帝辛死后，也自知罪孽深重，难以善终，上吊自杀了。

之后，西伯侯姬发建周朝，为周武王。

周武王姬发并没有对殷商赶尽杀绝，他立商纣王帝辛的儿子武庚为君王，管理商朝旧部。只是，此时的商朝已经沦为了周朝的附属国。

当然，虽然最终殷商仍有延续，但在周武王姬发去世后，武庚因为叛乱而被杀。后来，商纣王帝辛的哥哥子启又被立为了王，只是，这已经不是商，而是宋了。

历经17代，31王，554年的商王朝就这么灭亡了。

对于商朝的灭亡，历史上的记载都将其归罪于苏妲己，称商纣王帝辛是受到了她的魅惑，才变得昏庸暴虐的。也正因为如此，《封神演义》中才会将苏妲己塑造为狐狸精，称她有着一双媚惑的眼睛。

《封神演义》里苏妲己的眼睛，不仅迷惑君王，就连她在断头台上，刽子手都不忍心向她下手，最后还是姜子牙用那照妖镜，才让她露出了本来面目——一只九尾金毛狐狸，刽子手这才手起斧落。

其实，《封神演义》的作者之所以会将苏妲己塑造成狐狸精，除了因为她的美貌易让人“迷惑”外，还因为有苏氏部落的图腾是狐。

当然，商朝的灭亡，原因有很多，将所有罪责归咎于苏妲己，称是她造成的，并不公平。不过，说因为苏妲己的出现，加速了商王朝灭亡的进程则毫不为过。

由此也可以说，苏妲己是在以声色为戈矛，致商朝灭亡。然而，虽然苏妲己以声色为戈矛，加速了商朝的灭亡，让周取代了商。可若干年后，加速周朝灭亡的，也是一位女人，且也是以声色为戈矛……

5

褒姒不笑　幽王为博一笑失西周

直到那次变故后，她终于明白，她必须为了孩子的利益，坐上王后之位，并让儿子伯服坐上太子之位。

第一章　褒姒被立为后

1

公元前1046年，西伯侯姬发灭商建周后，为周武王，都城虽然仍为沣河东岸的丰京（今陕西长安区），但他却又在沣河西岸建立了镐京。此后，丰京和镐京就成了周的都城，史称“丰镐”。

公元前1043年，周武王姬发去世，他的儿子姬诵继位，为周成王。

周成王姬诵在叔父周公（周武王姬发的弟弟姬旦，封为上公，因而又叫周公旦）的辅政下，继承了父亲周武王姬发遗志，为巩固周朝初期的政权打下了基础。

公元前1021年，周成王姬诵去世，他的儿子姬钊继位，为周康王。

周康王姬钊在位期间，继续推行周成王姬诵的政策，并在加强统治的同时，南征北伐，成就了周成王姬和周康王时期的“成康之治”。此后一段时期，周朝政局稳定、百姓安居乐业。

然而，从周康王姬钊的儿子周昭王姬瑕开始，周朝的国力开始衰退。到了第五任继任者周穆王姬满时，因为西征犬戎而使国力受损，经济下滑；到了第十任君主周厉王姬胡，又因为其暴虐侈傲而被百姓唾骂。之后，周厉王姬胡的儿子周宣王姬靖在贤臣召公（周武王姬发的弟弟，同周公同为上公）和周公的辅佐下，励精图治，遏制住了周朝国力下滑的趋势。

公元前781年，周宣王姬靖去世，他的儿子姬宫涅继位，也就是历史有名的周幽王。

周幽王姬宫涅继位后，关中地区接连发生了严重的自然灾害。由于地震、山崩和河水枯竭，灾民越来越多。然而，周幽王姬宫涅不仅不抚恤灾民，还贪图奢侈享乐，导致民怨沸腾。

不仅如此，周幽王姬宫涅还提拔了擅长逢迎拍马，钻营私利的虢石父为卿士，这原本就引起了朝臣的不满，而虢石父对百姓的剥削和欺压，更加重了民众对周朝的不满，一时之间，整个西周处在了混乱和动荡中。

也就在这时，周幽王姬宫涅做出了一个决定立爱妃褒姒为后。

褒姒是公元前779年被带进周幽王姬宫涅的后宫的。那时候，周幽王姬宫涅的王后还是申氏，他们的儿子叫姬宜臼，已经被立为了太子。

不过，褒姒虽然入宫很晚，但一进宫便得到了周幽王姬宫涅的专宠。

其实，褒姒刚进宫时并没有想过要从申氏的手里夺走王后之位，而且对于获得周幽王姬宫涅的宠爱也毫无兴趣，因为她不喜欢宫里的奢华生活，她向往山村乡野的农家生活。可褒姒没有资格选择自己的人生，所以她只能被动地接受命运的安排。

褒姒有了当王后想法，是在她怀孕之后。

怀孕后的褒姒，有一次在宫里散步时，看到了正在独自玩耍的太子姬宜臼。当时，太子姬宜臼还不到10岁。褒姒非常喜欢小孩，便随口叫了一声姬宜臼的名字。结果姬宜臼看到她后，先是眼露恨意，然后快步冲到她面前，将她推了一把。褒姒险些摔倒，惊吓不已的她，连忙把经过告诉了周幽王姬宫湦。

周幽王姬宫湦一听褒姒的话，便大声痛骂姬宜臼的母亲申王后，说姬宜臼的所作所为，一定是受到了申王后的教唆，还说是申王后定是怕褒姒生下儿子后，姬宜臼的太子位不保。

周幽王姬宫湦的这句话，点醒了一直处在懵懂状态的褒姒，让她不得不开始为她肚子里的孩子做打算。

2

姬宜臼并没有受母亲申王后的教唆。他想推倒褒姒，只是因为心中有嫉恨，嫉恨褒姒夺走了原本属于他的爱。

原来，褒姒还未进宫时，周幽王姬宫湦对姬宜臼还是非常疼爱的，而且与申王后的关系也十分融洽。可自从褒姒进了宫，周幽王姬宫湦就不仅冷淡申王后，而且对姬宜臼也不闻不问，每天只和褒姒在一起。

得不到父爱的姬宜臼，自然便将心中的怨恨之火对准了褒姒。

而褒姒在经历了被姬宜臼差点推倒的险情后，她开始后怕起来，整日担心腹中胎儿的安危。她想，姬宜臼既然能推她一次，就可能推她第二次、第三次……即便孩子顺利降生，姬宜臼已经受封为太子，一旦周幽王姬宫湦去世，姬宜臼继位，那么，自己的孩子仍然会被他害死。

褒姒越想越害怕，免不了唉声叹气起来。

周幽王姬宫湦看到了，便问她为何事烦恼。褒姒就把自己的担心说了。

周幽王姬宫湦一听，当即就说不要担心，还说申王后如此歹毒，已经不适合再做王后了，等他废了申王后，立她为后就行了。

对于自己是否能够当上王后，褒姒并不在意，她在意的是腹中的胎儿。因而她又说，即便自己做了王后又如何？姬宜臼依然是太子。

周幽王姬宫湦哈哈大笑说，只要褒姒生下的是儿子，他就废了姬宜臼，立褒姒的儿子为太子。褒姒一听，这才松了一口气。

周幽王姬宫湦并非只是说说而已。公元前779年，褒姒诞下一子，取名姬伯服。此后，周幽王姬宫湦便屡屡在太史伯阳父面前说伯服如何聪明可爱。

太史伯阳父虽然知道周幽王姬宫湦的心思，但却假装糊涂，并不点破。几次三番后，周幽王姬宫湦在夸奖完姬伯服如何聪明可爱后，突然说道，伯服比宜臼更有天子之相。

既然周幽王姬宫湦已经把话说明了，太史伯阳父也就不能再装聋作哑了。于是他问周幽王姬宫湦，是不是想要废了宜臼，立伯服为太子。

周幽王姬宫湦不仅说是，而且还说，他还要废了申氏，立褒姒为后。

太史伯阳父一听，在心里不禁哀叹：周要亡矣！

算起来，这已经是太史伯阳父第三次发出这样的哀叹了。

第一次是在公元前780年的时候，那时候，周幽王姬宫湦刚刚继位两年。那一年，镐京周边发生了大地震。

太史伯阳父认为，天地之间的阴阳二气有它们的运行秩序，当阴阳二气失调时，就会引发地震。而阴阳二气的失调，又都预示着国运的衰退，因而很是担心。可当他忧心忡忡地向周幽王姬宫湦禀报时，周幽王姬宫湦不仅不以为然道，还称山川地震是常事，不用告诉他。

当时，太史伯阳父就发出了“周要亡矣”的哀叹。因为在国运衰败时，如果国君还不思朝政，不管百姓死活，这样的国家，注定是要灭亡的。

太史伯阳父第二次发出“周要亡矣”的叹息是在周幽王姬宫湦要封虢石父为上卿时。

虢石父是个奸佞之人，平素最擅长的就是阿谀奉承。周幽王姬宫湦继位后，因为昏庸无能，贪婪自私，时常不理政事。朝中的贤能之士免不了要提醒他，但却引起了他的反感。之后，周幽王姬宫湦便对凡事都对他言听计从的虢石父越来越倚重，甚至还将政事全部都交给虢石父来处理。

贤臣被周幽王姬宫湦冷落，佞臣虢石父却被重用。而自被重用，贪财好利的虢石父便为了得到更多财物，拼命压榨百姓，导致百姓怨声载道。

一个“去”直言进谏的君子，“取”与自己苟同的媚官小人，且不体恤民情的君主，一定会失去民心，这样的国家，肯定也不会长久。所以太史伯阳父在那时，发出了第二声“周要亡矣”的叹息。

3

太史伯阳父在第一次、第二次发出“周要亡矣”的叹息后，也曾向周幽王姬宫湦劝谏，希望他向周文王姬昌、周武王姬发学习，以仁德治国，重用贤臣，体恤民情。

周朝初期，崇尚“以德配天”。认为统治者的权力是上天赋予的，统治者也都是接受了天命的人，不施“德政”者，不配接受天命。无德之人，上天就是会收回赋予的权力。因而，太史伯阳父希望周幽王姬宫湦能够广施仁德，体察百姓疾苦，可周幽王姬宫湦完全无动于衷。

太史伯阳父对此非常失望。

不过，虽然周幽王姬宫湦没有改变，但太史伯阳父还是对他抱有一丝期待，希望他能醒悟。可当周幽王姬宫湦要废申后，立褒姒为王后；废宜臼，立伯服为太子时，太史伯阳父也就对他彻底失望了。

当然，或许是他意识到“周亡”是天命难违，是上天所弃，因而在发出了第三声“周要亡矣”的哀叹后，他就不再劝谏，只是冷眼旁观了。

虽然太史伯阳父没有再劝谏，可朝臣在得知周幽王姬宫涅要废申王后，立褒姒为王后；废太子宜臼，立伯服为太子后，全都大惊失色，纷纷劝谏，称万万不能废。

周幽王姬宫涅哪里听得进去？朝臣越劝谏，他废王后、太子的想法就越坚定。甚至不仅要废了他们，还要将他们处死。

周幽王姬宫涅之所以要除掉申王后和太子姬宜臼，是因为他发现，即便褒姒被立为王后，她的儿子伯服被立为太子，她还是忧虑重重，怕申王后报复。褒姒能有这样的顾虑，皆是因为她的出身无法和申氏相提并论。

申氏是申侯的女儿，而她只是一个战败国献给战胜国君主的礼物，是个交易品。

褒姒原是褒国（今陕西汉中）人，在被当作礼品献给周幽王姬宫涅时，她虽然并不情愿，却毫无办法，因为她的一生，一直都操纵在别人的手里。

褒姒被当作贡品献给周幽王姬宫涅，是在公元前779年，周幽王姬宫涅率兵攻打褒国时。褒国是个小国，根本没有实力与周朝对抗，因而很快就认输了。

作为战败国，褒国需要向商朝献出他们的宝物，可褒国拥有的所谓宝物，也只能是牛马和美女。

虽然在中国历史上，夏朝的妹喜和商朝的苏妲己，都是在面对强大的敌人时，为了保住部落和宗族，被当成贡品献给了敌人。可当时，妹喜是有施部落酋长的妹妹，苏妲己是有苏氏部落酋长的女儿，她们可以说是为了族人，也可以说是为了巩固家族在部落中的统治地位而牺牲了自己。可褒姒不同，她出身低微，只是平民百姓人家的女儿。而她之所以被牺牲，完全是因为她的美貌。

褒姒有着如花似月之容，倾城倾国之貌。她，眉清目秀，唇红齿白，发挽乌云，指排削玉。

当时，和她一起被当成贡品献给周幽王姬宫湦的，还有其他姐妹。有些很高兴，她们盼望自己有朝一日能够得到周幽王姬宫湦的专宠，这样便能有享不尽的荣华富贵了。可褒姒并不高兴，不是她不喜欢享受荣华富贵，而是她在褒国早有意中人了。

褒姒有个青梅竹马的意中人，少年时便已经私订终身。可不等她的意中人上门迎娶她，她先是被褒国的国君看中。接着，她又被当成贡品献给了周幽王姬宫湦。

褒姒在被献出去前，她的父母就对她说，她可能生来就是个富贵命。

褒姒的父母之所以这么说，是因为褒姒是他们捡来的。既然是捡来的，褒姒的幸福他们也就毫不在乎了，他们只在意褒姒是嫁给褒国国君他们得到的好处多，还是献给周幽王姬宫湦后，他们得到的封赏多。

但是，褒姒既不愿意嫁给褒国的国君，也不愿意嫁给周朝的天子，她只想嫁给她的意中人。所以在被褒国的君主看中时，她就曾想以死来抗争，可最终她发现，她没有权力死，因为她的命是养父母救回来的。

既然自己的生命不属于自己，那就当自己在被遗弃时，已经死了吧！就这样，褒姒不再抗争。可不等她嫁给褒国的国君，就又被献给了周幽王姬宫湦。

其实，褒国国君并不想把她献出去，毕竟褒姒是他看中的，可褒姒的美，已经传出去了，传到了周幽王姬宫湦的耳朵里，褒国国君不敢不献出去。当然，在不能嫁给她的意中人时，褒姒的心已经死了，所以不管是嫁给褒国国君，还是被献给周幽王姬宫湦，对褒姒来说，都已经不重要了。因而对于自己是否得宠，是否会成为周幽王姬宫湦的王后，在没有怀孕前，她也完全没有想过。

直到那次变故后，她终于明白，她必须为了孩子的利益，坐上王后之位，并让儿子伯服坐上太子之位。而若想要儿子坐稳太子之位，在宫里仅有周幽王姬宫湦这一棵大树倚靠的她，也就只能狠心让申王后和太子姬宜臼死了。

4

褒姒为了自己的儿子，开始筹划铲除申王后和太子姬宜臼。

此后，她开始时不时地在周幽王姬宫湦面前沉默不语，抑或无精打采、郁郁寡欢。而每到这时，她那原本那冷若冰霜的脸，也就更有寒意了。

周幽五姬宫湦一旦察觉到褒姒身上的寒意，便会主动询问。通常，褒姒并不会马上回答，而是在周幽王姬宫湦反复询问之下才会说。她知道，一旦她说了，周幽王姬宫湦必定会毫不犹豫地满足她。

因为对周幽王姬宫湦来说，若能博得美人一笑，付出任何代价都是值得的。所以当褒姒说，即便她被立为了王后，伯服被立为了太子。可那被废的王后申氏和她的儿子姬宜臼也一定会报复他们。到了那时候，即便她是王后，儿子伯服是太子，又能怎么样呢？她和儿子伯服在宫里无权无势，可申氏的父亲却是申侯……

褒姒说着说着，竟然流下泪来。

周幽王姬宫湦哪里见过美人如此伤心过？顿时心疼不已，他即刻令人去杀申氏和姬宜臼。

然而，虽然申氏被顺利杀了，可那杀手在杀姬宜臼时却犹豫了。虽然杀姬宜臼是周幽王姬宫湦的命令，可那姬宜臼毕竟是周幽王姬宫湦的儿子啊，虎毒还不食子呢，如果周幽王姬宫湦后悔了呢？何况，姬宜臼还是申侯的外孙。

杀手的犹豫被机灵的姬宜臼捕捉到了，他急忙跪下哀求杀手放过自己，还说如果杀手能够把他带到申国的外祖父那里，他一定会让外祖父重重赏赐他的。

杀手听后，犹豫再三还是答应了。他想，他可以暂时骗过周幽王姬宫涅，说他已经杀了姬宜臼，然后再悄悄带着姬宜臼去申国的申侯那里领赏金。到时候即便周幽王姬宫涅后悔了，他还可以辩解说他不仅没有杀姬宜臼，还保护了他，说不定到时候，他又能得到更多赏赐。

就这样，姬宜臼被杀手悄悄送去了申国，交给了申侯。

申侯在得知自己的女儿被杀，外孙也险些丧命后，气愤不已，当即就要发兵丰镐，杀了周幽王姬宫涅和褒姒，替死去的女儿和侥幸逃脱的外孙报仇。不过却被身边的幕僚及时劝住了。

幕僚称，凭着申国的兵力攻打丰镐，不仅杀不了周幽王姬宫涅，报不了仇，而且还可能招致灭国之祸。

申侯冷静下来一想，确实如此，却又不甘心就这么算了。幕僚就又给他出主意，说可以和犬戎联手攻打丰镐。

犬戎是活跃于陕、甘一带，以犬和狼为图腾的部族。曾经，周朝在鼎盛时期与犬戎有过交锋，且将他们覆灭。不过，这个部族的人极为顽强，很快就又死灰复燃，重新强盛起来，可以说是周朝的宿敌。

犬戎一直在寻找机会报仇雪恨。申侯的幕僚对他说，如果申国和犬戎联手，再加上周军没有诸侯国的支援，攻破丰镐也就易如反掌了。

申侯的幕僚之所以断言说没有诸侯国去支援周军，也是有原因的。因而当幕僚的话一出口，申侯便拍手称快。

诸侯国不会去支援周军，是因为周幽王姬宫涅曾经为了博美人一笑，烽火戏诸侯……

第二章　幽王昏聩用佞臣

5

褒姒不爱笑，自她进宫，便从未笑过。至于她为什么不笑，在她刚进宫时，周幽王姬宫涅就曾问过她，可褒姒却说，她生来就不笑。

对于一个天生都不笑的人来说，让她展颜一笑确实不容易。

当然，褒姒虽然不爱笑，但却也并非像她说的，她生来就不笑。在她还在褒国时，只有与青梅竹马的恋人在一起，她才会笑。到了镐京，做了周幽王姬宫涅的妃子后，她一想到自己的坎坷身世，以及像笼中鸟一样被“囚禁”在宫里，她就笑不出来了。

不过，对于这些，褒姒并没有和周幽王姬宫涅提起过。

周幽王姬宫涅刚开始听褒姒说她生来不笑时，虽然觉得奇怪，却也因为即便褒姒冷若冰霜，却依然美的惊心，依然让他动心，所以也就没有在意。甚至可以说，见惯了其他妃子在他面前那刻意、虚伪的笑，他反而觉得不笑的褒姒更美。

当然，这是他在没有见过褒姒笑前的想法，而一旦他见过一次褒姒笑，便再也忘不掉了，他挖空心思想博她一笑。因为褒姒的笑太惊艳了。

褒姒曾在一次宴会上笑过。当时，周幽王姬宫涅和褒姒正一边欣赏音乐、舞蹈，一边品尝美食，畅饮美酒。突然，一个正表演节目的舞女因为那拖曳的裙摆被另一个舞女踩到，摔了一跤。

而随着那舞女的倒地，音乐声戛然而止，所有人都惊惧不安地看着倒地的舞女。

周幽王姬宫涅大怒，随即抽出剑来，准备向那倒地的舞女刺去，谁料却看到了身边正掩嘴一笑的褒姒。

褒姒掩嘴一笑时，还不忘睃了周幽王姬宫涅一眼。只那一眼，便让周幽王姬宫涅有了一种“一笑有百二十种媚”的感觉。

顿时，周幽王姬宫涅手里的剑就掉在了地上。

虽然褒姒在那轻轻一笑后，瞬间又恢复了平时的冷若冰霜，但对周幽王姬宫涅来说，那一瞬间的笑，美得惊心，媚得惊艳，让他终生难忘。

原来，他的爱妃并非天生不笑。周幽王姬宫涅为此兴奋不已，那天，他不仅没有杀死摔倒在地的舞女，而且还给了她不少赏赐。

当然，他也曾试图让那舞女重复她的摔倒动作，以便能重现褒姒的笑，但都没有成功。甚至看到那舞女一遍一遍地倒地时，褒姒还紧锁起了眉头，脸上露出了不悦。

周幽王姬宫涅只得作罢，但从那天起，只要和褒姒在一起，他就千方百计地想要再见一次她笑，可惜一直未能如愿。

褒姒越是不笑，周幽王姬宫涅就越是想方设法让她笑，为了能博褒姒一笑，他就更加无心政事了。

周幽王姬宫涅的心思，被善于奉迎的上卿虢石父知道了，他建议周幽王姬宫涅，不妨从民间寻找能够让褒姒笑的人。

周幽王姬宫涅一听，觉得言之有理，于是发出了悬赏令：凡是能献计或让爱妃笑的，赏金两万两。

悬赏令发出去之后，毛遂自荐者、被荐者络绎不绝，有为了两万赏金而来的，也有为了巴结、讨好褒姒而来的。总之，很多人都将这当成了升官发财的好机会。然而，虽然众人出谋划策，甚至亲自上阵表演节目，可褒姒好像失去了笑肌，一丝笑容都没有。

周幽王姬宫湦依旧不甘心，他严令上卿虢石父，必须献出能够让他爱妃笑的计策来。

虢石父叫苦不迭，因为他知道，如果自己献不出能让褒姒笑的计策，别说自己成为周幽王姬宫湦的宠臣，就是上卿这个职位都有可能保不住。

怎样才能让一个不爱笑的人笑呢？虢石父为此寝食难忘，终于有一天，当他深夜看到屋内的灯火随风摇曳时，忽然计上心来。

第三章　幽王烽火戏诸侯

6

虢石父向周幽王姬宫湼献计，说点燃骊山的烽火台就可以让褒姒笑。

虢石父说，烽火台已经很长时间没有用过了，不如带娘娘去点燃的烽火台。还说一旦点燃了烽火台，周边各诸侯看到熊熊燃烧的烽火后，一定会匆匆带着兵马赶来救援。而一旦他们赶来，却没有发现敌军，肯定又会垂头丧气地离开。这样的场面，肯定比那正跳舞的舞女被踩着裙裾后摔倒还要滑稽。

点燃烽火台却只为博美人一笑。如果英明的君主听到了这句话，肯定会下令将献策之人拉出去斩了，因为周朝的烽火台，相当于报警系统，是召唤救兵用的，只有当外敌入侵时才能点燃。也就是说，只有当丰镐遇到外敌入侵时，才能点燃烽火台，以召唤诸侯救援。这是关系到国家生死存亡的军机大事，怎么能当儿戏？

可对昏聩的周幽王姬宫湼来说，什么军机大事都不重要，只要能够博美人一笑，戏耍戏耍诸侯，又有什么不可以的？

周幽王姬宫湼即刻让虢石父去安排。

其实，对于自己的这个计策，虢石父并没有十足的把握可以博褒姒一笑，只是无计可施之下，权做应付。不过，这个计策对周幽王姬宫涅来说，却是一个好计策，因为太出乎意料了。他很期待，期待看到褒姒脸上那有着“百二十种媚”的笑。

就这样，为了这次“烽火戏诸侯”，上卿虢石父专门找人在骊山烽火台的不远处，修建了一座豪华的观烽火楼。

豪华的观烽火楼建好后，在一个晴空万里，四周一片明朗的下午，周幽王姬宫涅兴致勃勃地携带无精打采的褒姒去了骊山，登上了观烽火楼。

当然，登上观烽火楼的不仅有周幽王姬宫涅和褒姒，还有周幽王姬宫涅的亲信和一些朝中大臣。而在随行的朝臣中，除了虢石父，没有人知道此行的目的。

有些朝臣甚至以为长期不理政的周幽王姬宫涅终于要理政，要巡视烽火台了，所以心中暗暗高兴。可是当周幽王携褒姒登上观烽火楼，下令点燃骊山那二十多座烽火台时，朝臣们惊呆了，有反应快的，急忙加以劝阻，可哪里劝得住正在兴头上的周幽王姬宫涅？

朝臣又让上卿虢石父劝阻周幽王姬宫涅，可虢石父却说只是点燃长久不用的烽火台玩玩而已，不用大惊小怪。

就这样，二十多座烽火台被点燃了。

一时之间，战鼓齐鸣，狼烟四起。听着战鼓声，看着滚滚狼烟腾空而起，周幽王姬宫涅兴奋不已，可褒姒却微微皱起眉头，掩上了鼻子。

爱妃，等着吧！会有好戏看的！周幽王姬宫涅说。

于是，他们在观烽火楼上摆上了酒宴，一边饮酒吃肉，一边等等诸侯率领援兵到来。

那四方的诸侯，见到狼烟，听到战鼓声后，以为丰镐遭到了敌军的偷袭，纷纷点兵遣将，连夜赶到。结果却不见一个敌军的身影。当听说周幽王姬宫涅在骊山后，他们虽然有些疑惑，却也来不及思考，匆匆赶了过去。

看到各路诸侯率领兵马到来，观烽火楼上的周幽王姬宫涅冲他们挥挥手说，没有敌人，你们都回去吧！

而这时，那些长途奔袭而来的兵马，在接到又要返回的命令后，全都像无头苍蝇一般，乱成一团。同时，各诸侯那不同颜色的旗帜及军服在乱哄哄的骊山下交错混杂，不停变换位置，十分滑稽可笑。

一直冷着脸旁观的褒姒，这时终于“扑哧”一声笑了。

爱妃笑了！爱妃笑了！一直观察着褒姒表情的周幽王姬宫涅兴奋不已，冲众朝臣及那些诸侯激动地大喊。

虢石父长长地松了一口气，而各个诸侯这才明白，周幽王姬宫涅点燃烽火，只是为了给褒姒取乐。想到自己和手下的军队受到戏弄，诸侯们个个愤怒不已。

因为第一次点燃烽火戏诸侯让褒姒笑了，为了能多看几次褒姒的笑，周幽王姬宫涅又命令点了几次烽火。

当然，随着点燃烽火的次数越来越多，带领兵马赶来的诸侯也就越来越少。申侯想要利用的，就是这个千载难逢的好机会，他要趁机和犬戎联手，一举攻破丰镐。

第四章 西周灭亡

7

公元前771年，申侯联合犬戎讨伐周幽王姬宫湦，已经快要杀到骊山时，周幽王姬宫湦还在和褒姒纵情淫乐。甚至在朝臣向他禀报战况紧急时，他还不相信。直到听说他和申氏的儿子姬宜臼还活着，且已经逃到了申国时，他这才大吃一惊。他急忙一边下令点燃烽火台，向诸侯求援，一边带着太子姬伯服和虢石父率兵堵截。

然而，一切都如申侯所料，由于各诸侯多次受到"烽火"戏弄，再看到狼烟四起时，便以为又是周幽王姬宫湦在博褒姒一笑，因而无人发兵救援。

最终，孤军奋战的周幽王姬宫湦和儿子姬伯服、虢石父在骊山与犬戎军相遇。周幽王姬宫湦、姬伯服、虢石父被杀，而那褒姒，最后也被杀进镐京的犬戎掳走，至于掳去了哪里，无人知晓。

周幽王姬宫湦死后，虽然诸侯率兵赶到救援，赶走了犬戎，并拥姬宜臼为王。但在那场战争中，西周自周武王以来，200余年里累积的各种珍奇异宝，悉数被犬戎抢掠而去，只留下一座破败的空城……

之后，姬宜臼将都城东迁洛邑（今河南洛阳），史称东周。虽然仍然是"周"，却已经衰败到连一个诸侯国都不如了。而在此期间，齐、楚、秦、晋开始不断扩张势力范围，中国历史上的春秋时代开始了。

对于周幽王烽火戏诸侯的故事，太史公司马迁曾在《史记》中说："褒姒不好笑，幽王欲其笑，万方故不笑。"意思是说，褒姒不爱笑，周幽王为了让她笑，一下子让天下老百姓都笑不起来了。

因而，历史上也用"幽王烽火戏诸侯，千金一笑周朝亡"来评价这段历史。

由此可见，西周的灭亡，历史上是将其归罪于褒姒的。这从《史记》里的"周之兴也以姜原及大任，而幽王之禽也淫于褒姒。故易基乾坤，诗始关雎，书美釐降，春秋讥不亲迎"就能看出。

不仅是《史记》，就连《诗经》中也说："赫赫宗周，褒姒灭之。"

当然，《史记》和《诗经》中，虽然都将西周的灭亡归罪于褒姒，但至少说她还是一个人，可在《列女传》里，她却被刻画成了一个妖。

《列女传》中说起她时说："褒神龙变，寔生褒姒，兴配幽王，废后太子，举烽致兵，笑寇不至，申侯伐周，果灭其祀。"

意思是说，褒姒原本不是人，是龙的唾液化作玄鼋附在一个宫女身上，进而制造出的一个妖孽。而这个妖孽，也就像商朝的苏妲己一样，美艳动人，只要被她迷上，注定会带来灭亡。

当然，将褒姒说成是妖孽，也和把苏妲己说成是九尾狐一样，都只是一种虚构和想象。

其实，西周灭亡的原因还有很多，甚至可以说在周穆王姬满、周厉王姬胡时期已经渐露亡相，但加速了西周灭亡的，褒姒无疑脱不了干系。除了因为周幽王姬宫涅一直沉浸在为了博她一笑，不理朝政外，还因为她的出现，让周幽王姬宫湦废、杀了申侯的女儿申氏，废了申侯的外孙宜臼，最终导致申侯为了报仇，联手犬戎，攻破丰镐……

不过，虽然褒姒的出现加速了西周的灭亡，但一定程度上，她也是无辜的，因为她连自己的命运都无法掌控，只能像片羽毛一样随风飘散，哪里会有“祸国”的故意？可不管她是故意还是无意，她还是应了那句“我不杀伯仁，伯仁却因我而死”，成了改变西周命运的女人。

西周灭亡后，东周接过了西周的衣钵。之后，随着东周的没落及各诸侯的强大，东周从原来的天子统帅诸侯，变成了权力旁落诸侯。

周王朝的没落，让中国进入春秋时期……

6

息妫引三战　灭两国

息妫的出现确实改变了历史，而这一切皆是源于她的美貌。然而，不管是蔡国还是息国的灭亡，以及芈子元的被杀，又有哪一件是息妫主动挑起的呢？

第一章 息妫被非礼

1

春秋时期，诸侯割据，大大小小的国家多达一百多个，而从西周到东周，所封诸侯国里，影响最大的是鲁、齐、晋、秦、楚、宋、卫、陈、蔡、曹、郑、燕。史称“十二诸侯”。

诸侯国之间，经常互相攻伐、兼并。特别是一些小国，为了生存，他们时常为一些小事反目成仇，生死相搏。

在那个弱肉强食的时代，每个国家存亡都在一瞬间。为了不被消灭，国家与国家之间经常互相结盟，而这种结盟，往往又都是通过通婚的方式。

陈国和蔡国、息国通婚，便是如此。

陈国是舜的后代。公元前1046年，周武王姬发灭商后，封其为诸侯，赐姓妫，并将当时陈国的国君满封为“公”。

周王朝所封诸侯的国君爵位，依次是公、侯、伯、子、男。陈国国君能被封为“公”，可见陈国及陈国国君在当时的地位之高。其实，在西周，有影响的十二诸侯中，陈国是最早受封的。

陈国的第一任国君妫满又名陈公满。由于始建于株野（今河南柘城胡襄），因而人称胡公满。

然而，虽然陈国在西周时的地位很高，但随着西周的灭亡，其他诸侯的崛起，陈国也开始衰落。东周时，陈国迁都宛丘（今河南淮阳）。

在十二诸侯里，陈国和蔡国走得最近。

蔡国和陈国受封的时间差不多，也是在周武王灭商后受封的，第一任君主是周武王姬发的弟弟姬叔度，建都于蔡（今河南驻马店上蔡县）。

陈国和蔡国之所以走得近，主要是因为地理位置靠近，因此，两国之间通婚，旨在应对大国欺凌时，相互之间能够支援。当年，陈厉公妫跃就是因为他的母亲是蔡国人，所以才因获得蔡国大力支持而坐上君主之位。自此，两个国家相互通婚也就成为了惯例。

陈国第十四任国君陈庄公时期，陈庄公妫林将两个貌若天仙的女儿，一个嫁给了蔡国国君蔡哀侯姬献舞，另一个嫁给了息国国君息侯。

息国很小，不在十二诸侯之列，所以对于息国的国君，除了知道他也姓姬外，历史上并没有记载他的名字，只称其为息侯。而息国之所以能和陈国通婚，就是因为蔡国。

息国虽然很小，却因为和蔡国是邻居而关系紧密，当然，还有更深层的原因是，他们都姓姬。

在陈庄公妫林的两个女儿中，嫁给蔡哀侯姬献舞的是他的大女儿，对于她，历史上并没有多少记载。不过对于嫁给息国国君息侯的二女儿息妫，历史上的记载的却不少，史称“桃花夫人”。

当然，息妫并非她的本名，而是因为她嫁给了息国的国君，且由于她的父亲姓妫，所以人们叫她息妫。对于她为什么会被称为“桃花夫人”，则有两种说法，一种说是因为她长得艳若桃花，故而得名；还有一种说法是，她虽然出生在深秋，但在她出生的那天，院子里却开满了桃花。

总之，不管因为什么原因而称她为“桃花夫人”，有一点是肯定的，那就是她长得很美，据说她目如秋水，面若桃花，修短适中，举止优雅，一举一动，很是迷人。

2

息妫嫁给的是一个很小国家的国君，但她和息侯的感情却很好，你侬我侬，很是恩爱。不过，虽然和息侯的感情很好，但息妫有时也会想念家乡，想念父母，想回娘家看看。

息侯也曾想陪同息妫回娘家，但因为国事繁忙走不开，想要息妫推迟归期，息妫又因为太过思念父母而选择独自前往。

息妫没有想到，她的这一决定，会成为她一生的转折点，让她的一生都活在痛苦和愧疚中。

息妫是在息侯派出的侍从的陪同下，前往陈国的。

由于息国和蔡国是邻邦，所以息妫回陈国时，一定要经过蔡国。

息国和蔡国原本就有结盟，再加上两个国家的国君都娶了陈国的公主，所以也就更加亲近了，通常一个国家有事，另一个国家一定会去帮忙。因为这种关系，所以路过蔡国时，息妫便想起了姐姐。

息妫和姐姐未出阁前，感情一直很好。而自姐姐嫁到蔡国，她又嫁到息国后，两姐妹便没有机会见面。息妫一直也想见姐姐，正好路过蔡国，也就前去拜见。这原本只是两个姐妹的见面，不想却惹出事端来。

当时，息妫的姐姐在看到妹妹后，非常高兴，便将息妫介绍给了自己的夫君蔡哀侯姬献舞。

息妫既是自己的妻妹，又是邻邦息国的夫人，蔡哀侯姬献舞免不了要热情接待。

然而，蔡哀侯姬献舞这个人有个毛病，非常好色，所以当他在酒宴上多喝了几杯酒之后，面对漂亮迷人的妻妹息妫，顿时就把持不住了。他先是用言语调戏，接着又趁着敬酒之机，对息妫欲行不轨。

春秋时期，虽然不再像西周初期那样，崇尚“以礼制治天下”，但“礼制”仍然存在，且有很多人还在严格遵守。

“以礼制天下”的思想源于周王朝初期，周公旦提倡的“礼制”，便是将生活的方方面面全都纳入“礼”的范畴，遵守各种礼仪，以规范人的行为。

息妫深受“礼制”影响，觉得堂堂一国之君，竟然对自己的妻妹欲行非礼，是轻佻之举且违背人伦道德的，因而当场决裂，拂袖而去。

蔡哀侯姬献舞从思想上则不受“礼制”约束，所以对于妻妹的反应，虽然有些悻悻然，却也不以为意。

息妫的姐姐作为蔡国夫人，既了解自己的夫君，也了解自己的妹妹，所以一边赶紧向妹妹息妫道歉，一边又替夫君蔡哀侯姬献舞说情，说他只是因为多喝了几杯酒，所以才会这么失礼的，让妹妹千万不要介意。

息妫见姐姐已经道歉，看在姐姐的面上，也想要原谅姐夫蔡哀侯姬献舞，但等再见到蔡哀侯姬献舞，发现他一脸的不以为然，便觉得受到了侮辱，不顾姐姐劝阻，愤然离去。

息妫觉得，她的受辱，并不仅仅是她自己的受辱，因为她不仅是蔡国夫人的妹妹，还是息国夫人。所以，蔡哀侯姬献舞的无礼，如果仅仅只是对她个人的侮辱，她还能看在姐姐的面上忍受的话，那么她作为一国之君的夫人，受了如此侮辱，便是对息国的轻视和对夫君——息侯的不尊重了。

对她不尊重，她可以息事宁人，选择原谅。可对息国和她的夫君息侯的不尊重，她不能原谅。于是，气愤中的息妫，没有回娘家陈国，而是返回了息国。

3

息妫不会想到，她的折转回息国，会接连引发几场战争。如果她知道，她即便再觉得受到了侮辱，是种对息国和夫君息侯的不尊重，她也会去容忍。

息妫本是要回娘家的，结果却折返回来了。息侯自然要问其中的缘由，息妫也就直言相告，哭诉自己在蔡国的遭遇。

当一个面若桃花的女人，梨花带雨地向你哭诉她的委屈时，哪个男人会无动于衷？何况还是年轻气盛的息侯。

息侯当时就火冒三丈，拍案而起。

息国和蔡国虽然是盟国，但春秋时期的各国，即便是盟国，关系也并非铁板一块。

息国因与郑国发生矛盾，讨伐郑国。当时，息国就曾向蔡国求援，但蔡国却没有出兵支援。理由很简单，郑国实力强大，蔡国觉得没有必要为了一个小小的息国而得罪郑国，最终不仅导致息国大败，而且息国还被诸侯嘲笑，称其自不量力。

虽然最后，息国和蔡国的盟友关系依然存在，且也都娶了陈国的两位公主，但钩心斗角的事也时常发生。

因而，息侯即刻就想发兵征讨蔡国，但却遭到了臣子的阻拦。臣子告诉他，说凭借息国的军事实力，根本打败不了蔡国。

息侯想起了昔日讨伐郑国，而被郑国打得落花流水的事，只好作罢。可让他忍气吞声，他又不甘心。

于是，他心生一计，而这一计，却让他及息国付出了惨重代价。当然，那时候的息侯没有想到这会是一个昏着，他以为是条妙计。

这是什么样的计策呢？其实就是借刀杀人。

息侯想借楚国这把“刀”，除掉蔡国，杀了蔡哀侯姬献舞，为夫人出气。

那时候的息侯，一门心思只想替息妫出气。他想，蔡国虽然是盟国又能怎么样？他蔡哀侯既然能非礼我的夫人，那我就要让他付出代价。

息侯之所以会选择楚国，是因为楚国当时非常强大，且正谋划挺进中原。

当时，楚国的国君是楚文王芈赀，一直在筹划进军中原。可想要进军中原，就必须先除掉挡在楚军面前的最大姬姓封国，也就是蔡国。

楚国虽然远比蔡国强大，但蔡国周边却有很多像息国一样的小国，而这些小国，又都和蔡国结了盟，一个国家出事，另一个国家就会出兵相助，因而讨伐蔡国并不容易。

也就是说，如果息国愿意给楚国行个方便，那么楚国就能轻取蔡国了。

息国的息侯正是想到了这点，所以才派人给楚国送信，说他可以献出一计，助楚国伐蔡，不过有个条件，那就是必须为息国报仇，把蔡哀侯姬献舞抓起来。

楚文王芈赀自然求之不得。

息侯的计策是什么呢？就是让楚国假意攻打息国，然后他向蔡国求援，而当蔡国出兵救援时，楚国就能趁机去攻打蔡国了。实为引蛇出洞之计。

楚文王芈赀表面上打着应息侯之请，惩罚无礼的蔡哀侯姬献舞的旗号，实际开始实施他的计划。

蔡哀侯姬献舞不知道这是圈套，在接到息侯的求援信后，没有丝毫怀疑，立刻率兵前去支援。

从蔡哀侯姬献舞一接到息侯的求援信就亲自率兵出发来看，他根本就没想到自己对息妫的一场非礼之举，会让息侯如此震怒。

结果，有备而来的楚国军队，在莘地（今河南汝南境内）与完全蒙在鼓里的蔡国军队相遇。楚国原本就兵力强盛，再加上有备而来，蔡国军队很快就溃败了。而蔡哀侯姬献舞也做了俘虏，被带到了楚国的都城郢（湖北荆州）。

蔡哀侯姬献舞在被楚军抓住，带到楚文王芈赀面前，楚文王芈赀细数他的"罪状"时， 蔡哀侯姬献舞这才知道自己被息国的息侯算计了。

蔡哀侯姬献舞既惊讶又气愤，他在心里骂息侯，不就是对你的夫人有所失礼吗？你竟然如此害我，既然你不仁，那也就别怪我不义了。于是，蔡哀侯姬献舞添油加醋地说了他当时为什么要非礼息妫，他说，那件事根本就不能怪他，只怪息侯的夫人太漂亮了。到底有多漂亮呢？她"目如秋水，面若桃花，长短适中，举动生态，世上无有其二"。

蔡哀侯姬献舞说完，还加了一句，像息夫人这样有着倾国倾城之色的女人，本应该做楚文王芈赀的女人，嫁给一个小小的息国国君，实在太可惜了。

楚文王芈赀同样好色，虽然宫里美女众多，但听了蔡哀侯姬献舞的话后，就如着了魔般，一心想要去见息妫。

当然，最开始，他并不是完全想得到息妫，只是想验证国哀侯姬献舞的话，看息妫会不会像他描述的那么美。

第二章　息国灭亡

4

息侯早已忘记了什么是唇亡齿寒，冲动之下只想着替夫人息妫报仇，以为失去了蔡国这个同盟国根本没什么关系，毕竟在那个诸侯争霸的时代，国家与国家之间为了利益，分分合合很正常。当然，息侯能想出助楚灭蔡的计划，也有依附于楚国，背靠大树好乘凉的想法。

春秋时期，不少小国都会依附于大国，小小的息国，当然也想找个强大的国家做依靠。所以对于当时的息侯来说，他做了一件一箭双雕的事。可他没有想到，因为楚国帮了息国，息国就欠了楚国一个人情，因而楚国的楚文王芈赀便可以随意出入息国。

楚文王芈赀来息国，打着巡游、见盟国的旗号。息侯面对帮他出了胸中恶气，且强大无比的楚国国君楚文王芈赀，自然是要热情接待的，所以他举行了盛大的宴会，以答谢楚文王芈赀。

然而，就在那场息侯精心准备的答谢宴会上，楚文王芈赀提出要见息夫人。

息侯在刚刚听到楚文王芈赀说要见息妫时，虽然有些不悦，但转眼一想，出于礼节，夫人息妫也应该来见见盟国的君王，且这个君王还是息国想要依附的。不过，当他看到楚文王芈赀见到夫人息妫时，那魂不守舍的样子，他暗叫一声不好。

息侯知道，自己犯下了引狼入室的大错。

息侯示意夫人息妫，让她拜见过楚文王芈赀后，赶快退下。而息妫也已经感受到了来自楚文王芈赀那火热的眼神，所以在拜见过后，便想匆匆离开。但不等她走出两步，楚文王芈赀便端起酒杯，要息妫陪他喝酒。

息妫左右为难，向息侯求助。

那时的息侯，已经知道楚文王芈赀此次来息国，根本不是巡游，也不是见盟友，而是为了见自己的夫人息妫，顿时脸色煞白。

息妫也意识到楚文王芈赀来者不善。在经过短暂的慌乱后，她镇定下来，既没有屈从于楚文王芈赀，也没有愤然而去，只是不亢不卑地施过礼后，说了句她不会喝酒，然后翩然而去。

那时候的她，希望用自己的拒绝，让楚文王芈赀知道，息国虽小，但她也是一国之君的夫人，希望他能尊重自己。可她没有想到，她不亢不卑的举动，让楚文王芈赀彻底倾心于她。

其实，在楚文王芈赀刚刚见到息妫时，便被迷住了。他觉得宫里所有的妃嫔，没有一个能比得上她。当然，那时候的楚文王芈赀，也只是想让她以色侍人，陪自己喝几杯酒，甚至调戏调戏她，可息妫那不屈从于强权的做法，让他觉得难能可贵，因而决定非要得到她。因为对他来说，如此端庄美丽的女人，只能跟他楚文王，跟一个愚蠢的息侯，实在太可惜了。

楚文王芈赀就此决定灭掉息国。

对楚国来说，息国迟早是要灭亡的，毕竟楚国还要继续扩大版图。只是那时候，灭息国还没有成为迫切之事。可当他决定要把息妫带走时，他有了即刻灭息国、杀息侯的想法。

于是，楚文王芈赀假借息国夫人对他无礼，命令身边的侍卫把息侯抓起来。

息妫在得知息侯被抓后，终于开始后悔自己在被蔡哀侯姬献舞非礼时，没有息事宁人；后悔在息侯想要借楚国灭蔡国替自己报仇时，没有及时阻止，进而酿成了如此大祸。

这一切都是因为我啊！息妫越想越觉得自己对不住息侯，对不起息国，于是便想以死谢罪。

息妫流着泪，奔出门去。她想要投井自杀，她情愿死，也不愿意被楚文王芈赀掳去。

然而，就在她准备投井时，被楚国大将斗丹拦住了。斗丹对她说，她的死，只会让息侯和息国的百姓死得更惨。言外之意就是，如果她死了，楚文王芈赀肯定会杀了息侯，不仅会杀了息侯，而且还会在息国大开杀戒。

息妫冷静下来，问如何才能救下息侯，救下息国的百姓。斗丹告诉她，她可以向楚文王芈赀求情。

既然一切都是自己造成的，那么自己就要为这些事情负责，她要救息侯，救息国百姓，即使牺牲自己。对于那时的息妫来说，屈从于楚文王芈赀，就是在牺牲自己。

于是，息妫向楚文王芈赀求情，称她可以什么都听他的，但有个条件，那就是放过息侯，放过息国的百姓，不要在息国滥杀无辜。

楚文王芈赀当即就答应了。于是，息妫成了楚文王芈赀的妃子，而息侯则被安置在了汝水（今河南汝州）。

就这样，息国被楚国吞并了。

不过，息侯虽然留下了一条命，但失去了夫人，失去国家的痛苦，让他最终愤忿而死。

第三章　楚国灭蔡国

5

息妫从息夫人变成了楚夫人，而蔡哀侯姬献舞也因举荐息妫有功，被释放回国。

息国是个小国，楚国则是个有着称霸野心的大国。因而按理说从一个小国的国君夫人变成一个大国的国君夫人，息妫应该高兴才是，可她却偏偏郁郁寡欢。

对于这位抢夺来的夫人，楚文王芈赀很是疼爱，为了讨她的欢心，他给息妫修建了一座紫金山。因为息妫又被称为“桃花夫人”，因而他又为她开凿了一个桃花洞。桃花洞里，他还为她开辟了一片桃花园。

桃花园里，每到桃花盛开的时候，满园桃花，芳香扑鼻。

然而，不管是楚文王芈赀的疼爱，还是专门为她修建的紫金山、开凿的桃花洞，都无法让息妫开心起来。不仅不开心，息妫还时常一个人坐在一旁默默流泪。

虽然如此，可既然已经是楚国夫人，她就要尽一个妻子的义务。因而，三年里，息妫为楚文王芈赀生下了两个儿子，一个叫芈艰，另一个叫芈恽。

子以母为贵，因为宠爱息妫，楚文王芈赀在芈艰出生不久便立他为太子。

生下两个儿子的息妫，慢慢从悲伤中走了出来。不过，她虽然不再默默落泪，却也时常一言不发。

楚文王芈赀见息妫这样，很是心疼。他曾无数次问她为什么不说话，可息妫要么像没有听到一样，要么就是轻轻摇头。直到有一天，楚文王芈赀说如果她还是不说，他就要杀掉息侯的宗族时，息妫这才流着泪说，她身为一个女人，却侍奉了两个男人，这样的女人，怎么有颜面开口说话？

由此可见，息妫是个极为看重名节的女人。也正因如此，她才会在姐夫蔡哀侯姬献舞对她非礼时，愤然离去。当然，也正因她连别的男人对她非礼都看得如此之重，所以才更无法接受自己再嫁一个男人，且这个男人还是导致她和她爱的男人分离，以及她爱的男人死亡的男人。

息妫很痛苦，她觉得自己是有罪的，甚至活着也是多余的。而这种痛苦，除了因为她深爱的息侯因她而死，息国因她而亡外，更因为楚文王芈赀对她的宠爱。

楚文王芈赀越对她好，她就越觉得对不起息侯。因而，为了惩罚自己，她一言不发。

息妫把深藏在心底很久的话说出来后，又对楚文王芈赀说，她本应该在息侯被抓时就死的，只是为了救夫君息侯和息国百姓，这才苟活人间。

息妫内心的痛苦和挣扎，让楚文王芈赀开始后悔，后悔自己的自私和贪婪，让心爱的人如此痛苦。

当然，后悔过后，楚文王芈赀又痛恨起了蔡哀侯姬献舞，觉得息妫的痛苦，都是他一手造成的。

在将责任都推到蔡哀侯姬献舞身上后，为了博得息妫的欢心，楚庄王芈赀发誓要为息妫，以及息国人报仇。于是，他发动了第三场战争，攻占了蔡国都城蔡邑（今河南驻马店上蔡县），不仅使蔡国变成了楚国的附庸国，还将蔡哀侯姬献舞再次抓了起来。

那个曾经调戏了息妫的蔡哀侯姬献舞，命运丝毫不比息侯好，因为自此他便被囚禁起来，一囚禁就是九年。

公元前675年，蔡哀侯姬献舞在囚禁中去世。

息侯和蔡哀侯姬献舞，因为息妫引发的这几场战争，不仅让他们双双愤忿而死，同时导致息国和蔡国先后被灭。此后，虽然蔡国得以复国，但因亡国带来的灾难和伤痛，却是很难消除的；而息国，则彻底消失在了历史的滚滚洪流中。

第四章　息妫引发“子元之乱”

6

公元前675年，楚文王芈赀去世，他和息妫的长子，6岁的芈艰继位，为楚堵敖。

虽然已经继位，但楚堵敖芈艰的支持者们却一直担心楚堵敖芈艰那4岁的弟弟芈恽。当然，4岁的芈恽肯定不可怕，可怕的是芈恽的支持者们，他们对于王位一直都在虎视眈眈。

于是，楚堵敖芈艰的支持者们给楚堵敖芈艰说，为了守住王位，就要把他的弟弟芈恽杀掉，以绝后患。

楚堵敖芈艰当时仅仅只有6岁，自然只能任由身边的重臣摆布。

然而，不等楚堵敖芈艰的人下手，消息就传到了芈恽的支持者那里。于是，芈恽被即时送出楚国，去了随国。

芈恽去了随国后，次年联合随国，杀回楚国。在成功将楚堵敖芈艰诛杀后，拥5岁的芈恽坐上王位，也就是历史上的楚成王。

楚成王芈恽虽然是君王，但政权却掌握在楚文王芈赀的弟弟——令尹芈子元的手里。

由此可以看出，当初，芈恽的支持者就是芈子元。而芈子元之所以会支持芈恽，就是因为芈恽年幼，这样在芈恽继位后，他就可以随意操纵他了。

对于两个儿子为了王位而兄弟阋墙。息妫很是痛苦，但对她来说，她连她自己的命运都掌握不了，又怎么能决定得了两个儿子的命运？

当然，在见证了两个儿子兄弟相残之后，息妫又面临一个极大的危机，那就是掌握着政权的芈子元，不仅有着政治野心，还有着色心，对她觊觎已久。

芈子元很早就想将息妫占为己有，只是忌惮哥哥楚文王芈赀，所以只能作罢。在将政权掌握在自己手里后，他便开始了夺息妫行动。

当然，芈子元并没有霸王硬上弓，而是采用骚扰和勾引的方法，在息妫的住处旁边修建了一座房子，每天晚上在房子里跳万舞，一边跳还一边摇铃。

万舞在楚国是一种展现力量的舞，通常只有上战场时才跳，旨在鼓舞士气。

息妫是一个将名节看得比生命还重的女人，怎么可能被芈子元勾引？或许是想着自己的儿子——楚成王芈恽年龄尚小，刚开始的时候，她还装作不闻不问。可每晚芈子元都在那里鼓噪不休，让她不胜其烦。

忍无可忍之下，她哭着让侍者传话给芈子元：先王跳此舞，是为了上战场，伐仇敌；你跳此舞，却只是为了吸引一个寡妇的注意，你不觉得羞耻吗？

芈子元听完侍者的话后，羞愧不已，觉得一个女人都知道的道理，自己竟然不知道，所以就将那小屋拆了。

可没过多久，他又动起了色心，且开始公然调戏息妫。对此，楚国大夫斗廉忍不住了，他痛斥芈子元，称他有违礼制，违背道德。芈子元听后，恼羞成怒，令人将斗廉抓了囚禁起来。

斗廉被囚禁后，和斗廉同族、时任申公的斗班很是气愤。在和其他族人经过一番密商后，他们悄悄杀进宫去，除掉了芈子元。

芈子元的死，结束了八年的子元篡权时代，而这个事件，在历史上又被称为“子元之乱”。

7

因为息妫的美貌，蔡国国君蔡哀侯姬献舞调戏她，而息妫的夫君息侯则联手楚文王芈赀算计蔡哀侯姬献舞；因为息妫的美貌，楚文王芈赀灭了息国，将她占为己有；因为息妫的美貌，楚文王芈赀不仅立她为夫人，还为她报仇，将蔡国变为了楚国的附属国；因为息妫的美貌，执掌楚国政权的芈子元，一心觊觎她，最终惹怒朝臣，将他杀了，结束了八年的子元篡权时代……

因为息妫的美貌，两国（息国、蔡国）因她而灭亡，一国（楚国）因她而改变了政治走向……

息妫的出现确实改变了历史，而这一切皆是源于她的美貌。然而，不管是蔡国还是息国的灭亡，以及芈子元的被杀，又有哪一件是息妫主动挑起的呢？

也许正因如此，所以虽然她导致了两国的灭亡，但历史上对她的评价却颇高。不仅没有称她是红颜祸水，反而很多诗人都写诗赞美她、同情她。

王维就曾在《息夫人》中说：“莫以今时宠，难忘旧日恩。看花满眼泪，不共楚王言。”

而杜牧也曾在《题桃花夫人庙》中说：“细腰宫里露桃新，脉脉无言几度春。至竟息亡缘底事，可怜金谷坠楼人。”

或许是人们同情息妫和息侯之间的爱情，所以民间还流传着这样一个故事：息妫在息侯被楚文王芈赀抓住后，为了救下息侯及息国百姓，原本准备跳井自杀的她嫁进了楚宫。而被息妫救下的息侯，自此做了楚国都城郢的守城人。

然而，虽然在楚宫有着享不尽的荣华富贵，但息妫还是深深地爱着息侯。为了缓解相思之苦。一日，息妫在楚文王芈赀外出狩猎时，偷偷逃出宫去见息侯。两个人一见面就抱头痛哭，之后，息妫因不能和息侯长相厮守而选择撞墙自杀。

见息妫亡故，万念俱灰的息侯也撞墙而亡。

楚文王芈赀回宫后，得知息妫和息侯双双殉情而死，大为感动，为了成全他们，将他们合葬在了汉阳城外的桃花山上。之后，又有人在那里建了一座庙，取名“桃花夫人庙”。

虽然这个传说是后人编造的，但从中不难看出，人们对息妫充满了同情、敬重和佩服。同情她不能有情人终成眷属；敬重她不以色侍人；佩服她面对违背人伦的举动，选择了拒绝和反抗。

息妫确实值得人们同情，因为作为一个美貌的女人，她一直是男人争抢的猎物，没有一次能够主宰自己的命运。这是她的悲哀，也是那个时代的悲哀。

值得庆幸的是，息妫虽然因为美貌而导致了两个国家灭亡，可她也成为了历史上唯一一个不仅没有被骂，反而被人称颂的女性。

之所以这么说，是因为春秋时期，还有位美女，也因美貌而导致国家灭亡，不过却被人们称为妖姬……

7

夏姬破陈　兴吴衰楚

当然，夏姬虽然在潜移默化中改变了几国命运，但这一切却又并非她的本意，因为她连自己的命运都改变不了。

第一章　夏姬嫁入陈国

1

楚人是颛顼的后人，生活在长江流域。因辅佐周武王姬发的灭商之战，其部落首领鬻熊被周武王姬发封爵位“子”，成为周王朝的附属国。

公元前1000多年，周成王姬诵封楚人首领熊绎为诸侯，赐芈姓，居丹阳（有今安徽丹阳镇、湖北宜昌丹阳、河南南阳丹阳说），视丹阳为政治、经济、文化中心。不过，由于在周王朝所封诸侯的爵位（公、侯、伯、子、男）中，“子”的地位比较低，因而他们连周王朝的诸侯联盟都没有资格参加。

楚人的野心很大，他们并不满足于丹阳这个弹丸之地，而楚人的历任首领，也都不满足于“子”的爵位。因而，他们一边不断向周边地区扩张，一边向周王朝提出提高他们的爵位。

当然，爵位并未得到提高，但地盘却扩大了很多。

周昭王姬瑕时期，意识到楚人野心的周王朝想要打击楚人，结果未能如愿。而楚人也开始形成他们独特的楚文化，同时以“蛮夷”自称。

周恒王姬林时期，楚人的首领熊通再次向周王朝提出请求，提高他的爵位。再次被拒绝后，熊通索性自立为王，以郢（今湖北荆州）为都城建立楚国。

此后，楚国的实力越来越强，而随着西周的灭亡，东周虽起却日渐衰落。由于楚国实力的大增，很多小国也都开始依附于楚国，称臣纳贡，其中就有陈国。

陈国由于国力孱弱，不得不在当时的几个大国之间摇摆，左右逢源，以求自保。在楚国和晋国双雄并起的时代，陈国只能夹在楚国和晋国之间，求一时苟安。

陈灵公时，陈国因为一个女人的出现，让国君陈灵公妫平国被杀，陈国彻底变成了楚国的附庸。

这个女人就是夏姬。

夏姬是郑国第十一任君主——郑穆公姬兰的女儿。之所以叫夏姬，是因为她姓姬，又嫁给了陈国的司马夏御叔。

夏姬长得极美，蛾眉、杏眼、桃腮……凡是见到她的男人，没有不被她吸引的。然而，如此美丽的女子，且又是郑国君主的女儿，为何没有嫁给其他国家的君主，却嫁给了一个并不算大的国家的司马呢？

原因很简单，夏姬的美，让同父异母的哥哥姬子蛮也没有把持住，在与之私通三年后，因病不治而亡了。

当然，除了名节问题，夏姬嫁给陈国的夏御叔，还有个原因就是郑国的国力日渐衰落。

郑国国君姓姬，是周王室的后代，公元前806年由周厉王姬胡的儿子，周宣王姬靖的弟弟姬友在郑（今陕西华县）建国，为郑桓公。

西周灭亡后，由于东周天子威望扫地，因而郑国便借王室身份，大肆兼并周边小国，并在郑庄公时期，成为春秋第一大国。

郑国君主传到第十任郑穆公姬兰手里时，因为郑穆公姬兰的父亲郑文公在位期间，出现了争夺君主位的大战，因而郑国国力大不如前。同时，因为郑穆公姬兰的君王位，是在晋国的帮助下夺取的，因而郑国也就成了晋国的附属国。

郑穆公姬兰原本打算让漂亮的女儿夏姬嫁给晋国国君的，可夏姬与哥哥姬子蛮的私通，让郑穆公姬兰不得不赶紧将女儿夏姬嫁出去，以免惹出更多是非。

就这样，夏姬被郑穆公姬兰送到了陈国。

夏姬不会想到，她嫁去陈国的那天，会成为她一生的转折点，自此，她踏上了一条辗转于男人之间的道路……

2

夏御叔原名妫御，之所以叫夏御叔，是因为他父亲的字是“子夏”。

夏御叔虽然不是国君，却也有着国君的血统，他是陈宣公妫杵臼的孙子，陈灵公妫平国的堂叔，封地在株邑（今河南柘城）。

夏御叔娶夏姬时，在位的是陈灵公妫平国的父亲陈共公妫朔（夏御叔的堂哥）。郑穆公姬兰之所以会将夏姬嫁给陈国的大夫，就是因为夏御叔刚刚丧妻，能马上迎娶夏姬。

夏姬嫁给夏御叔几个月后，产下了不足月的儿子。

对于没有足月就生下一个孩子，夏御叔不是没有怀疑，不过因为迷恋夏姬的美貌，也就没有追究孩子到底是不是自己的。不仅没有追究，夏御叔对这个儿子还非常疼爱，为他取名夏徵舒。

夏徵舒十二岁那年，夏御叔生病死了。

对于夏御叔的死，有人觉得多半是夏姬的原因，是她长了一副妖媚相才让夏御叔沉湎于性事，进而正值壮年就去世了。

夏御叔死的时候，夏姬已经年过三十，但却依然美艳动人。对于三十多岁的夏姬，历史是这么记载的：云鬟雾鬓、剪水秋眸、肌肤胜雪。

女人的美有很多种，有些美得端庄，有些美得清纯，有些则美得妖艳。夏姬就属于那种美得娇艳的女人。对于她的美，有人形容散发着醉人的迷迭香，令男人逐香而来。

夏御叔死后，夏姬的住处便不断有形形色色的男人出入，且个个身份显赫，有权有势，对于这些男人，夏姬则来者不拒。

夏姬对男人来者不拒，一则是来访之人皆是权贵，她不敢得罪；二则是她年纪尚轻就守寡，耐不住寂寞。在逐香而来的男人中，有两位常客，一位叫孔宁，另一位叫仪行夫，他们都是陈国的要臣。

孔宁和仪行夫在夏御叔还健在时，便见过夏姬，并一直对夏姬念念不忘。夏御叔去世后，他们觉得机会来了，迫不及待地去了株邑，敲开了夏姬的门。

当然，那时候他们都以为自己独占了夏姬，并不知道对方的存在。直到有一天，两个在一起喝酒时，一时兴起，说起了和夏姬的种种，甚至说起了床笫之欢。也直到那时，他们才知道，他们不是夏姬唯一的情人。

起初，他们两个人还有些失落。失落过后，两个人就开始了比较，争谁和夏姬的往来更多、更亲密。

为了分出胜负，谁从夏姬那里出来，便会告诉另一个人。先去的，自然也就多了几分得意。天长日久，他们觉得这种比较十分无聊，便开始琢磨其他，比他们从夏姬那里得到的她的贴身之物。

孔宁说他得到了夏姬的一条锦裆（内裤），仪行夫便要从夏姬那里索要一件碧罗襦（内衣）。当然，对于这两位情人，夏姬更偏爱仪行夫，因而比着比着，孔宁就觉得自己在夏姬那里受到了冷落。

心生嫉恨的孔宁，为了报复，开始在陈国国君陈灵公妫平国的面前夸赞夏姬的美，说她是人间尤物。

陈灵公妫平国本就是个好色之徒，以前虽然也听说过夏姬的美貌，却并没有放在心上。毕竟夏姬已经过了三十。一个年过三十的女人，再漂亮，又能漂亮到哪儿去呢？可当他听完孔宁的话后，兴趣来了，让孔宁带着他去看看。

夏姬见陈灵公妫平国来了，当然不敢怠慢，不仅热情接待，还媚眼乱飞，直飞得陈灵公妫平国心猿意马，魂不守舍，丑态百出，当着孔宁的面就将夏姬揽入怀里……

不理朝政之事，只顾贪恋女色，朝中一个叫泄治的大臣忍无可忍，劝谏陈灵公妫平国说，长此以往，实在不成体统，要是传出去了，百姓会怎么想呢？

泄治的劝谏让好色而昏庸的陈灵公妫平国不高兴了，他指示孔宁和仪行夫，除掉了泄治。

自此，朝堂内外，也就没有人敢劝谏了。

第二章　陈国灭亡

3

公元前599年，夏姬的儿子夏徵舒18岁。

陈灵公妫平国和孔宁、仪行夫与夏姬的荒唐事，朝堂内外虽然没人敢再说什么，但怎么能堵得住悠悠众口？他们在株邑与夏姬的艳事，还是不胫而走，在传到老百姓的耳朵里的同时，传到了夏徵舒的耳朵里。

夏姬与男人来往时，虽然都是背着夏徵舒的，但母亲与一些男人的关系，夏徵舒还是隐隐有所察觉。只是那时候年少，被母亲随便找个借口就能搪塞过去。随着年龄增长，即便再不愿意把母亲想得太过不堪，可听众人私底下说得那么难听，也很气愤，回家后便质问母亲。

夏姬尴尬不已，含糊其词道，陈灵公妫平国确实来过，不过是在商议让他继承父亲夏御叔的职务的事。夏姬说着说着，流起泪来，哭诉她抚养儿子的不易，还说寡妇门前是非多，等等。

夏徵舒虽然将信将疑，但却也没再说什么。

夏徵舒虽然没再说什么，但夏姬却慌乱起来，毕竟儿子大了。于是，再见陈灵公妫平国，她就说起了儿子夏徵舒询问她的事，说到最后，她说为了不至于让儿子怀疑，希望陈灵公妫平国答应儿子夏徵舒继承夏御叔的职务。

陈灵公妫平国只知淫乐，根本不关心政事，因而当夏姬在枕边和他说这些事的时候，他也就欣然同意了。就这样，夏徵舒承袭了夏御叔的司马一职，拥有了兵权。

夏徵舒在承袭了夏御叔的司马一职，且拥有了兵权后，也就完全相信了母亲的话，甚至觉得是自己想多了，毕竟母亲是陈灵公妫平国的堂姊，自己又是陈灵公妫平国的堂弟。为了表达歉意，也为了表示感谢，他在家中设宴，款待陈灵公妫平国。

陈灵公妫平国一听夏徵舒请他去株邑，不仅欣然前往，还约上孔宁和仪行夫一同前去。

当时的陈灵公妫平国误以为，夏徵舒不仅知道了他们和他母亲的关系，还默认了。既然已经默认了，也就不用再顾忌什么了。也或许对陈灵公妫平国来说，自己是一国之君，天下所有的女人都是他的，根本不需要顾忌什么。

因此，在酒宴上，在陈灵公妫平国和孔宁、仪行夫酒酣耳热之际，他竟然一边看着夏徵舒，一边说夏徵舒长得像仪行夫。

仪行夫刚开始的时候还有些愣神，毕竟夏徵舒身高体壮，可见陈灵公妫平国如此戏谑，也就有恃无恐地调笑说，夏徵舒的双眼炯炯有神，更像陈灵公妫平国。

孔宁一听，不甘示弱，看着夏徵舒对陈灵公和仪行夫说，夏徵舒都这么大了，怎么也不可能像他们三人，至于到底像谁，说不定连他母亲都不知道。

陈灵公妫平国和仪行夫一听，哈哈大笑起来。

陈灵公妫平国、孔宁和仪行夫三个人只顾调笑戏谑，完全没有注意夏徵舒已经变了脸色。

夏徵舒怒火中烧，他没有想到，这三个人不仅真的和母亲有私情，而且居然当着自己的面嘲笑母亲，侮辱父亲。

不过，夏徵舒是个很有城府的人，虽然内心愤怒至极，但却没有当场发作，他找了个借口出去了。

4

夏徵舒的离开，并没有让陈灵公妫平国和孔宁及仪行夫察觉出危险，他们依然在酒宴上嬉笑戏谑，污言秽语，不堪入耳，但内室的夏姬意识到了危险。

夏姬知道陈灵公妫平国和孔宁及仪行夫是什么样的人，因而在儿子夏徵舒设宴要招待他们时，便有了不好的感觉，试图让儿子取消这次设宴，但夏徵舒却说，他这么做，都是为了让大家知道，陈灵公妫平国和他母亲是清白的。儿子已经这么说了，夏姬也便不好再说什么。

宴会当天，怕当着儿子的面，陈灵公妫平国和孔宁、仪行夫对她做出什么不雅的事来，所以她在拜见过陈灵公妫平国后便去了内室，再也没有出来。

当然，虽然人在内室，但酒宴上的一切，还是牵动着夏姬的心，她偷偷派侍女去酒宴探听情况。

在听说了陈灵公妫平国和仪行夫、孔宁的戏谑之言后，她暗叫一声不好。而在听说儿子面红耳赤离开后，心里也就更害怕了。

在短暂的惊慌后，她从内室出来找儿子，但等找到儿子，夏徵舒已经身披戎装了。

夏姬知道，自己最担心的事就要发生了，她低声哀求儿子，要儿子放过他们，并保证再也不和他们来往了。其实，夏姬不是在为三个情人说情，而是她知道，一旦儿子冲动杀了他们，儿子的性命也就保不住了。

愤怒的夏徵舒根本不为所动，怕母亲破坏他的计划，他还在出门前将夏姬锁在了室内，并派人看守着。之后，夏徵舒像指挥一场作战一样，先让自己的兵士围住府邸，接着带上十几个人冲进了宴会厅。

夏徵舒首先冲向的就是陈灵公妫平国，可不巧的是，陈灵公妫平国刚好去了茅厕。夏徵舒便让其他人抓孔宁和仪行夫，自己去茅厕亲自抓陈灵公妫平国。

孔宁和仪行夫一看大事不妙，趁侍卫和夏徵舒的人在打斗，悄悄溜了。

酒宴上的喊杀声和救命声，让刚进茅厕的陈灵公妫平国清醒过来。不过，等他慌慌张张地从茅厕出来，跑向马厩，准备骑马逃跑时，却被赶来的夏徵舒一箭射死了。

陈灵公妫平国的儿子——太子妫午得知父亲被射杀后，逃去了晋国。

这是一场没有预谋的政变。

虽然陈灵公妫平国的死，没有在夏徵舒的计划之内，但他既然已经这么做了，就决定一不做二不休，自立为陈国国君。

或许是陈灵公妫平国荒淫无耻，早已让朝臣心生不满，因而，他的死竟然没有朝臣去追究。

不过，那场酒宴上的漏网之鱼不打算就此善罢甘休。逃到楚国的孔宁和仪行夫将陈灵公妫平国被夏徵舒射杀的事说给了当时在位的楚庄王芈侣。

当然，他们说的是夏徵舒为了谋权篡位，杀了陈灵公妫平国。

对于陈灵公妫平国为何被杀，以及杀他的人是谁，楚庄王芈侣根本就不关心，他关心的是陈国是否会成为他的一枚棋子，一枚任楚国摆弄的棋子。

陈国在楚国强大后，虽然每年也会给楚国进贡。但有一年，陈国在与晋国作战时，因为大败便向晋国臣服。自此，陈国就开始在楚国和晋国之间摇摆。楚庄王芈侣对此非常不满，一直想要灭掉陈国，无奈陈国虽然国力不强，兵力不足，但城墙极高，很难攻破，所以一直没有行动。

陈灵公妫平国被臣子谋杀而死，让他有了攻占陈国的“正当”理由。就这样，公元前598年，楚庄王芈侣率兵攻打陈国，理由是维护正义。

或许对陈国的朝臣来说，谁做国君都一样，只要能让他们好好活着就行了。因而，面对强大的楚国，他们不仅大开城门去迎接楚军，还主动将射死陈灵公妫平国的夏徵舒抓起来交给楚庄王芈侣，称都是他一人所为。

于是，仅仅只做了几个月君王的夏徵舒被车裂而死，而夏姬也被陈国的大臣辕颇抓住，送给了楚庄王芈侣，称可以任由他来处置。

楚国攻下陈国后，虽然也将逃到晋国的太子妫午接回来让他继承君主位，为陈成公。但陈国却已经完全成了楚国的附属国。

也就是说，虽然陈国还在延续，但实际上已经灭亡了。因而历史上就将陈灵公妫平国的死视为陈国灭亡的标志，而灭国的罪魁祸首，自然也就成了夏姬。

第三章　群臣争抢夏姬

5

历史上关于夏徵舒被车裂，夏姬有什么反应没有记载。不过，不难想象，唯一儿子的惨死会对夏姬有着什么样的打击。那时候，也许夏姬也曾想过追随儿子共赴黄泉，但她没有死，她被楚庄王芈侣当作战利品，奖赏给了楚国老将连尹襄老。

其实，楚庄王芈侣在见到夏姬后，也曾想过要纳夏姬为妾室。

当时，刚刚经历了丧子之痛的夏姬，在被带到楚国君臣面前时，虽然已经将近四十，但却依然美艳绝伦。憔悴的面容，让她越发显得楚楚可怜。

毫不夸张地说，夏姬一出现在楚国的朝堂之上，从君到臣，个个蠢蠢欲动，都恨不得将这个美人揽入怀中。当时，号称“春秋五霸”之一的楚庄王芈侣，也曾怔怔地看着夏姬，一句话都说不出来。

之后，在楚庄王芈侣想要将夏姬纳入宫中时，大夫巫臣说了，他说大王既然打着诛杀夏徵舒，匡扶正义的名义去攻打陈国，如今若又将祸害陈国的女人纳入宫中，岂不是在告诉世人，大王的所作所为，根本就不是为了匡扶正义，而是为了美色吗？

楚庄王芈侣到底不同于陈灵公妫平国，他是有野心的，因而也就打消了纳夏姬为妃的想法。然而，楚庄王芈侣刚一放弃，他的弟弟——司马芈子反（公子策）又跪下了，请求将夏姬赐给他。

既然自己不能纳夏姬为妃，那就赐给弟弟子反吧！楚庄王芈侣正要答应，大夫巫臣又说了，他说，夏姬是个不祥之人，不仅害了陈国，害了陈灵公妫平国，还害死了她的儿子夏徵舒，甚至于她的丈夫夏御叔，也是因她而死的，这样的女人，身为王族的芈子反，还是不要接近的好。

不祥之人、克夫、克子……这样的女人，即便再美，再想要，也会让人望而却步的。

大夫巫臣的话，让朝堂上的男人们犹豫了，最终，楚庄王芈侣将这个"邪恶"的女人赐给了老贵族连尹（官职，主射）襄老。

在这场历史上有名的君臣争夏姬中，那个既让男人怕，又让男人爱的"战利品"夏姬，始终没有说一句话。因为她没有资格说，那时候的她，不仅只是"战利品"，还是个"不祥的战利品"，因而，不管是别人争抢她也罢，还是把她塞给一个老人，她都只能接受，没有权力拒绝。她是乱世桃花，只能随风飘落。

当然，她在当时的场合里，不发一言，也或许只是儿子的死，让她将自己已经看作了死人。对于一个死人来说，嫁给谁，不重要。

夏姬的命运，从未掌握在自己的手里过，她只能在男人们的手里来回流转。

嫁给连尹襄老，似乎是在验证巫臣的那句她是"不祥"之人。因为没享几天艳福，连尹襄老便战死沙场了。

连尹襄老是在与晋国的战争中死去的，而他死后，他的尸体也被晋国将士带走了。

当然，对于连尹襄老的死，还有一种说法，说他虽然死在战场上，但却不是在与敌人的作战中死去的，而是被活活气死的。

当时，他听到了士兵们议论夏姬跟他儿子黑要偷情的事，又气又急的他，在举起手中的刀向那士兵砍去时，突然倒在地上，死了。

不管连尹襄老是怎么死的，总之他死了。公元前597年，夏姬又成了他连尹襄老的儿子黑要的小妾。

夏姬再次被转手，命运也再次被改写。

6

夏姬做黑要的小妾并没有多长时间，便说要回郑国，要通过郑国向晋国要回丈夫连尹襄老的尸体。

郑国和晋国关系密切，且夏姬又是郑国的公主，因而她的说法获得了黑要的同意。于是，借着迎丧之名，夏姬回到了娘家郑国，而这一回，她就再也没有回过楚国。

从之后夏姬的命运来看，夏姬的郑国之行，很可能就是一场阴谋，而这场阴谋的策划者就是楚国的大夫巫臣。

当时，楚庄王芈侣想要纳夏姬为妃，大夫巫臣极力反对，说他要是纳了夏姬为妃，那么天下便不再认为楚国伐陈是在维护正义，致使楚庄王芈侣打消了纳夏姬为妃的念头；王族——司马芈子反想要娶夏姬为妾时，大夫巫臣又以夏姬是个不祥之人，会克死丈夫为由，吓唬芈子反，致使他放弃了娶夏姬为妾的念头。

巫臣当时这么做的时候，楚国的君臣都以为他是为了楚国好，为了楚国的君臣们好。可实际上，他是喜欢上了夏姬。

当时，朝堂之上，君臣都对夏姬垂涎三尺时，大夫巫臣表面上强装镇定，一脸冷漠，甚至还装出一副厌恶的样子。可实际上，他早就被夏姬那恰似月下梨花、雪中梅蕊的容颜迷醉了。因而，为了之后能够得到夏姬，他说了那番吓唬楚庄王芈侣和司马芈子反的话。毕竟，如果夏姬成了楚庄王芈侣的妃子，抑或是司马芈子反的妾，他是没有机会再拥有夏姬的。

因而，当娶了夏姬的连尹襄老死了后，虽然夏姬又立刻被连尹襄老的儿子黑要纳为妾，可他觉得这是个可乘之机，于是提出让夏姬通过郑国要回连尹襄老的尸体。

夏姬启程回郑国，途中在一个驿馆遇到了以出使齐国为由，在驿馆专门等她的大夫巫臣。一番攀谈之后，两个人结下了秦晋之好。

大夫巫臣让夏姬在郑国等他，说他一定会来郑国娶她。

阅人无数的夏姬，或许从巫臣那里感受到了他的真诚，知道这个男人和她以前遇到的男人不一样，值得托付终身。因而在回到郑国后，既没有再与其他男人来往，也没有再回楚国，而是一直等着巫臣。

这一等就等了近十年。

公元前589年，晋国讨伐齐国，齐国大败后，遂向楚国求救。而此时，在位的是楚共王芈审。楚共王芈审让大夫巫臣前去齐国了解情况。

谋划了近十年的巫臣觉得这是个好机会，于是带着家室和财产，匆匆离开楚国。在齐国完成使命后，他又让副使回楚国复命，然后自己去了郑国接夏姬。最后，他们一起逃往了晋国。

也就是说，为了夏姬，楚国的重臣巫臣不仅背叛了楚国，而且还逃往了楚国的敌国晋国。

巫臣是楚国的重臣，他能来晋国，晋景公姬獳自然不胜欢喜，马上对其委以重任，让他做了邢邑（今河南温县）的大夫。

巫臣与夏姬“私奔”到晋国的事传到楚国后，楚国群臣一片哗然。很多人这才明白过来，巫臣当年阻止君臣娶夏姬的做法，只不过是一场处心积虑、谋划已久的“诡计”。

当然，最愤怒的就是司马芈子反了，他觉得自己被巫臣耍了。为了报复，他对楚共王芈审说，巫臣叛逃到晋国是对楚国的侮辱，楚国应该想尽千方百计，甚至拿重金换回巫臣，然后治以重罪。

那时候的司马芈子反，恨不得将巫臣碎尸万段。

楚共王芈审虽然也觉得巫臣的叛逃让楚国大失颜面，但念及他为楚国所做的贡献，选择了忍让。不过，司马芈子反却咽不下这口气。

既然不能让你死，那就让你的族人死。于是，司马芈子反联手哥哥芈子重，不仅抄了巫臣家族和黑要及其家族的家，还将他们全都杀了。

第四章 兴吴衰楚

7

巫臣被灭族了。

为了夏姬而背叛楚国，巫臣知道楚国不会放过他和他的家人，所以才将家室和财产一起运走，不过他没有想到，他的家族会受到他的连累。

巫臣愤怒不已，他觉得即便他有对不住楚国的事，却也不至于被灭族。于是，他写信给芈子反说，他要报复，他要让芈子反因疲于奔命而死。

巫臣发誓要报仇。那时候，巫臣不仅要报芈子反的灭族之仇，还要为夏姬报仇，为夏姬的儿子夏徵舒被楚国车裂而死的仇。

巫臣的复仇和别人的复仇不同。他不是直接去杀芈子反，抑或是与楚国为敌，而是给楚国树一个对手，而这个对手，巫臣选择了吴国。于是，他向晋景公姬獳建议，联手吴国，共伐楚国。

那时候，晋国和楚国的实力不相上下，晋国也一直想要称霸中原，无奈楚国横在那里，让晋国一直未能如愿。如果能让吴国去遏制，甚至削弱楚国的话，对晋国称霸中原无疑是件好事，晋景公姬獳对此欣然答应。

当然，晋景公姬獳之所以会答应，还因为巫臣曾是楚国声名显赫的重臣，曾参加过楚国大大小小无数战争，对楚国在军事上的优势和劣势了如指掌。因而，他不仅完全同意巫臣的策略，还给予他了很大的物质支持：三十辆战车，两千多人的部队。

不仅如此，为了表达自己的诚意，晋景公姬獳还将自己的附庸国郯，割给了吴国。

由此可见，对于“联吴疲楚”的战略，晋景公姬獳是非常重视的。当然，这种重视还源于巫臣的胸有成竹。

巫臣打定了主意要楚国付出代价，因此，他不仅将儿子留在了吴国，还亲自帮吴国练兵。而经过了巫臣指导的吴国，军事力量越来越强。两年后，吴国开始通过对周边诸侯国的征伐，来检验自己的练兵成果。结果，战无不胜。

之后，吴国又频频侵犯楚国边境，逼得楚军疲于奔命。最终，巫臣兑现了他的承诺，用了五年时间，不仅帮助吴国打败了楚国的司马芈子反，而且还使吴国打到了楚国的都城郢，迫使楚国不得不迁都。

自此，原本在中原称霸的楚国，慢慢衰落下来，而原本默默无闻的吴国开始崛起。

楚国的衰落，虽然源于芈子反得罪了巫臣。可谁又能说，这不是夏姬引起的呢？

同样的，夏姬虽然不是破陈、兴吴的始作俑者，但陈国的灭亡，吴国的兴起，却都因她而起。由此可见，说她改变了陈国、楚国、吴国的命运，并不为过。甚至可以说，是她间接促成了之后的吴越争霸。因为吴越争霸的前提，就是因为楚国衰落，晋国的对手从楚国，变成了兴起的吴国。

当然，夏姬虽然在潜移默化中改变了几国命运，但这一切却又并非她的本意，因为她连自己的命运都改变不了。她只是这历史大棋局中，一颗小小的棋子，每走一步都掌控在当权者的手中。

说夏姬改变了三个国家的命运，着实有些无辜，因为她对政治和权力没有兴趣。可还有个女人，和她一样美丽，说改变了一个国家命运，一点儿都不冤枉……

8

骊姬乱晋　恃宠戏强权

晋献公姬诡诸因为骊姬没有睡在身边而无法安眠，最后，骊姬却让整个晋国都处在动乱中，让朝臣、百姓都无法安眠。

第一章　骊姬入宫

1

公元前663年，骊姬被骊戎部落（今陕西临潼）献给了晋国的国君晋献公姬诡诸。

骊戎部落之所以会将骊姬献给晋献公姬诡诸，是因为晋献公姬诡诸围攻骊戎部落，骊戎部落不得已才这么做的。

晋献公姬诡诸是一位有着雄才大略的君主，自即位起便四处征伐，开疆拓土。公元前669年，晋献公姬诡诸将都城从曲沃迁到了"绛"（今山西绛县），便是为了称霸中原。

而晋国想要称霸中原，就必须先除掉劲敌赤狄（狄人的一支，因为穿红色衣服而得名），于是，晋献公姬诡诸和太子姬申生分别统领上军和下军，消灭了赤狄。不过，虽然赤狄被消灭了，但与赤狄相邻的骊戎部落却仗着自己易守难攻的地理位置，时常骚扰晋国，让晋献公姬诡诸不胜其烦。

于是，晋献公姬诡诸亲自率兵攻打骊戎部落。

骊戎部落的酋长，因为地理优势，放松了警惕，结果没想到晋献公姬诡诸竟然会从侧面攻进部落。最终，不仅骊戎部落被晋国吞并，而且整个族人都差点要被消灭。

为了保住族人及自己的性命，骊戎部落的酋长需要献出部落里的两位美女。骊戎部落有两位绝世美女，其中一位就是骊姬。原来骊姬，骊戎部落的酋长留给了自己；另一位则准备献给赤狄的酋长。

赤狄人非常强悍，且赤狄和骊戎部落相邻，所以两个部落早已结盟。可谁知，强悍的赤狄还是被晋国灭了。赤狄和骊戎是唇齿相依的关系，因而骊戎部落的酋长对于赤狄被灭，很是不安，但又不敢大肆反抗，于是就时不时地骚扰一下晋国边境，想不到却惹怒了晋献公姬诡诸，竟然亲自率兵攻打他们。

为了不被灭族，也为了保命，骊戎部落的酋长只得将自己的所爱骊姬也献出去。

和别的“贡品”不一样，骊姬对于自己被献给晋献公姬诡诸，非常期待。因为对她来说，在一个小小的骊戎部落，简直就是对她美貌的浪费。虽然，以她骊戎部落第一美女的身份，她要么嫁给酋长，要么嫁给其他部落的酋长，甚至其他国家，可那些部落和国家，又有哪个国家能跟越来越强大的晋国比呢？

一个自即位便将晋国的国土扩大到了一两倍的君主，骊姬迫不及待地想要见到他。因而，当骊戎部落的酋长带着不舍，要将她献出去时，她按捺住兴奋，建议骊戎部落的酋长换下另一位准备和她一起献给晋献公诡诸的美女，换上她的妹妹少姬。理由是，那个和她一起要献出的美女，是部落第二美女，应该留给骊戎部落酋长自己。

骊戎部落酋长一想，欣然同意，但又怕晋献公姬诡诸会因为献出的不是第二美女而发怒。

骊戎部落酋长的心思被骊姬看出来了，她胸有成竹地说，晋献公姬诡诸肯定不会说什么，还说她妹妹少姬的样貌虽不及第二美女，却也清秀典雅。

于是，骊姬和少姬就被当成骊戎部落的“贡品”，献给了晋献公姬诡诸。晋献公姬诡诸果然没有说什么，甚至可以说，在他看到骊姬后，便被深深吸引，旁边少姬的样子，他仅仅只是扫了一眼，看都没有仔细看。

骊姬到底有多美？庄周《庄子》里曰："毛嫱丽姬，人之所美也，鱼见之深入，鸟见之高飞，麋鹿见之决骤。"

就这样，骊姬和少姬跟着晋献公姬诡诸离开骊戎，前往晋国的都城绛（今山西绛县）。

对于姐姐骊姬为何要自己和她一起被献给晋献公姬诡诸，妹妹少姬并不是很清楚。少姬甚至都不明白，姐姐为何在背井离乡，被当成贡品献出去时还会难掩兴奋。

骊姬曾试图掩饰这种兴奋，只是还是从她的眼睛里流露了出来，被少姬看到了。

路途中，少姬也曾问骊姬，你难道就不想家吗？

骊姬说，她们的家就在即将到达的绛。少姬还想再问什么的，但却被骊姬阻止住了。

少姬不知道，骊姬之所以要让她和自己一起进宫，是打定主意要在进宫后，做一番大事的。当然，骊姬不会想到，她所要做的大事，之后会在成全她的同时也毁了她。

2

骊姬所要做的大事，就是要做晋献公姬诡诸的夫人。

晋献公姬诡诸曾有位夫人，是太子申生的母亲齐姜。不过齐姜早已去世，夫人的位子却一直空缺着。

其实，不要说晋献公姬诡诸的夫人位空缺，就是没有空缺，骊姬也已经决定，必须将夫人位抢到手。当然，抢"夫人"位并不是她的主要目的，她的主要目的是要让她的儿子继承君王位。

这也就是骊姬为什么要妹妹少姬和她一起进宫的原因。因为她想，如果她未能生下儿子，还有她的妹妹。假如不是因为她们家里只有她们姐妹俩，她一定还会让其他姐妹和她一起进宫的，因为只有这样，才能保证未来的君王有她们的血脉。

不出所料，骊姬被立为夫人。

不过，虽然被立为夫人，但过程并没有骊姬想得那么容易。她曾以为，只要自己用美色迷住了晋献公姬诡诸，夫人之位自然也就会轻而易举地获得。可自她进宫，她虽然把晋献公姬诡诸迷得晕头转向，成为他的专宠。可当晋献公姬诡诸要立她为夫人时，还是遭到了股肱之臣里克的极力反对。

里克之所以反对，是担心骊姬被立为夫人后，一旦生下儿子，将会被立为太子。那样的话，他支持的太子姬申生也就失去了继承权。因而，里克坚决反对，所给出的理由是：骊姬刚进宫，还没有生育。

晋献公姬诡诸在齐姜之前，还有位夫人，叫贾氏。不过，由于贾氏无子，晋献公姬诡诸就废了贾氏，立了生下了儿子姬申生的齐姜为夫人。

如今，虽然齐姜去世，可晋献公如果想要再立夫人的话，完全可以从已经生下两位公子的狐氏姐妹中挑选一个，毕竟狐氏姐妹不仅美丽贤惠，还都为晋献公姬诡诸生了儿子——姬重耳和姬夷吾。

也就是说，晋献公姬诡诸真要立夫人，怎么都轮不到刚刚进宫，且还没有生下公子的骊姬。

如果是其他臣子反对，晋献公姬诡诸完全可以置之不理，但里克的意见，他就不能不慎重考虑了。因为里克是他即位以来，为晋国开疆拓土立下了汗马功劳的最大功臣。

于是，晋献公姬诡诸决定暂缓立夫人之事，等骊姬生下儿子后再做商议。

晋献公姬诡诸愿意等，可骊姬不愿意等，因为她不知道自己什么时候才能生下儿子。同时，对骊姬来说，晚一天被立为夫人，就多了一分变数。因此，骊姬虽然没有在晋献公姬诡诸面前明说，却总是唉声叹气。

晋献公姬诡诸问她原因，她就假装为难，说不忍心让他为自己的事烦心，因为他为了国家大事，已经够操劳了。

骊姬越这么说，晋献公姬诡诸就越觉得她贤惠懂事，知书达理。

在晋献公姬诡诸的反复询问下，骊姬这才一把鼻涕一把泪地说，因为晋献公姬诡诸宠爱她，所以很多人都把她视作眼中钉。还说她听说，以后不管谁坐上了夫人位，都要找个借口把她赶出宫等等诸如此类的话。

骊姬说完后，又假装跪下来请求晋献公姬诡诸将她送出宫，或者送回骊戎，说只有这样别人才不会说她惑君。

晋献公姬诡诸当然不舍得让她离。骊姬又说，不送走她也可以，只是不要再跟臣子们提立她为夫人的事了，如果提了，他们又会觉得是她在逼晋献公姬诡诸，还说她知道晋献公姬诡诸为难。

骊姬的“为难”一说，让晋献公姬诡诸愤怒起来。他想，自己堂堂一个君主，怎么能受制于几个大臣呢？于是他就打定主意，非要立骊姬为夫人不可。不过，他又不想将里克逼走，毕竟里克是要臣，在朝中威望很高。

最后，晋献公姬诡诸决定找个理由堵住里克的嘴。

可找什么理由呢？晋献公姬诡诸思来想去都没有好主意，最后还是骊姬的一句：“君主是上天安排的，那夫人，是不是也是上天安排的？”给了他启发。

于是，第二天，晋献公姬诡诸在朝堂之上，对朝臣们宣布，说如今他要立夫人，可不知立谁合适，还说那就让上天决定！

自然，晋献公姬诡诸最先问的是骊姬是否适合。他先是用龟甲占卜，结果发现不利，就说这次占卜不算，换蓍草占卜。结果还是不利，就说又不算，再换一种占卜方式……

总之，在换了四种占卜方式后，总算占卜出了“利”。晋献公姬诡诸这才高兴地宣布，就以这次占卜的为准。

晋献公姬诡诸的荒唐做法，让朝臣目瞪口呆。当然，大臣们由此也意识到，晋献公姬诡诸是早已决定，非立骊姬为夫人不可。既然这样，他们反对又有什么意义呢？

就这样，骊姬刚进宫不到一年，便被立为了夫人。

第二章 骊姬嫁祸太子

3

骊姬不是个普通的女人，她不仅美艳无比，才艺双绝，而且拥有敏锐的政治头脑，经常为晋献公姬诡诸出谋划策，面对这样一个美人儿，晋献公姬诡诸怎么可能不宠爱？

能宠爱一个给自己出谋划策的女人，可见晋献公姬诡诸并非那些只知淫乐的君主。

拥有非凡政治头脑的骊姬，被立为夫人对她来说，只是她进宫后的第一步，也是她走向政治生涯的第一步。第二步，她要赶快给晋献公姬诡诸生下一个儿子。如果她不能生下一个儿子，就无法取代太子姬申生，那她这个夫人也就变得没有多大意义了。而一旦太子姬申生继位，她的全盘计划都将落空，何况，姬申生会不会除掉她都尚未可知。

让骊姬高兴的是，公元前665年，她如愿为晋献公姬诡诸生下了一个儿子，取名姬奚齐。

别人都是母以子贵，骊姬的儿子姬奚齐却是子以母为贵。姬奚齐出生不久，晋献公姬诡诸便有了废太子申生，立奚齐为太子的想法。

当然，晋献公姬诡诸之所以这么想，除了因为骊姬母子经常在他身边，姬奚齐相比他的其他几个孩子，跟他更亲近外，还因为在他屡次对外用兵时，太子姬申生因为多次领兵获胜而在朝中拥有极高的威望。

公元前661年，晋献公姬诡诸与太子姬申生分别统领上军和下军，先后灭掉了耿（今山西河津东南）、霍（今山西霍县西南）、魏（今山西芮城东北）等诸小国。

此后，晋献公姬诡诸又派太子姬申生率军讨伐东山皋落氏（今山西垣曲东南，系赤狄氏一支），大胜而归。

太子姬申生有能力，且是未来君主，因而朝中渐渐地分成了两派：君主派和太子派。

对于朝中的太子派，晋献公姬诡诸最开始并没有在意，甚至因为太子姬申生在朝野素有贤名而欣慰，毕竟晋国最后是要交到太子姬申生手里的。可慢慢地，当他从骊姬口中得知，太子派的势力已经远超君主派，且朝中重臣很多时候，更偏向于太子姬申生时，他对太子姬申生便先是心生不满，进而变成了忌惮，担心姬申生篡权。

晋献公姬诡诸将自己想要废姬申生，立姬奚齐的想法说给骊姬后，骊姬假装连连摇手说不妥，还说如果他废了姬申生而立姬奚齐的话，她宁可自杀。

晋献公姬诡诸非常惊讶，问她为什么这么说。骊姬说，太子姬申生并无过错，现在如果废姬申生而立姬奚齐，朝中大臣肯定会反对，而且还会影响晋献公姬诡诸和太子姬申生的父子感情。

多么善解人意，识大体的女人啊！晋献公姬诡诸听后，既高兴又感动。

骊姬又说，既然他担心太子姬申生谋权，倒不如让他去征伐戎狄，这样就可以避免他与太子派们整日在一起谋划夺权篡位了。

晋献公姬诡诸一听，频频点头，觉得骊姬不仅聪明美丽，还贤惠有智慧。

晋献公姬诡诸哪里知道，骊姬之所以提议让他派太子姬申生去开疆拓土，实际上是想让太子姬申生死在战场上。因为一旦姬申生死在了战场上，那么她的儿子也就顺理成章坐上了太子位，毕竟自己的儿子是嫡子。可如果现在就废姬申生立她儿子姬奚齐，肯定会引起朝臣的不满，这对她和儿子姬奚齐都不利。

不过，骊姬没有想到的是，她的计划彻底失败了。不仅失败了，而且还让太子姬申生的拥趸者更多了。原因很简单，太子姬申生在出征中不仅没有死，反而屡建奇功。

骊姬无法再镇定下去，她觉必须亲自出手了。

当然，骊姬并不会直接派人去杀太子姬申生，她是个工于心计的女人，她找了两个人，这两个人就是晋献公姬诡诸的男宠。

历史上，晋献公姬诡诸是个非常另类的君主，他不仅喜欢女人，还喜欢男人，因而，他不仅有骊姬这样的女宠，还有梁五和东关嬖五这样的男宠。

骊姬是个极富政治野心的女人，对她来说，来到晋献公姬诡诸的身边，拥有他的宠爱，都只不过是她实现其政治野心的手段，她最终想要的是拥有整个晋国。因而，她并不嫉妒晋献公姬诡诸的这些男宠，毕竟这些男宠不能为晋献公姬诡诸生孩子，所以也就侵害不了她的核心利益，对她造成不了威胁。因此，骊姬不仅和晋献公姬诡诸的这些男宠相处得很好，而且还和他们结成了同盟。

于是，从骊姬那里得了好处的梁五和东关嬖五，开始不断说太子姬申生的坏话。而这些坏话，无不是晋献公姬诡诸最担心的篡位问题。

梁五和东关嬖五在说太子姬申生坏话时，骊姬却又假意在晋献公姬诡诸面前替太子姬申生说好话，说太子姬申生毕竟是他的儿子，作为他的夫人，她不愿意看到他们父子不和，甚至还说，她愿意帮助他们父子缓和关系。

晋献公姬诡诸一听，更加感动了。

于是，骊姬又假意请太子姬申生吃饭，并在吃饭时做出一些撩拨动作。之后，她又在晋献公姬诡诸面前哭诉，说太子想要调戏她。

晋献公姬诡诸信以为真，因为太子姬申生的母亲齐姜，就曾是他父亲晋武公姬称的妾。

晋献公姬诡诸一气之下，想要杀了太子姬申生，骊姬却又跪着帮太子姬申生求情，说如果他把太子杀了，太子派肯定会找人来杀了她，甚至杀了她的儿子姬奚齐。

那该怎么办呢？晋献公姬诡诸问骊姬，骊姬说，不如让太子姬申生去曲沃。还说那个地方很重要，是祖庙的所在地，必须派个能力强，信得过的人去驻守。

晋献公姬诡诸一听，连连称好。就这样，太子姬申生被派去了原来的都城曲沃。

4

晋献公姬诡诸派太子姬申生去曲沃，看似是对姬申生委以重任，实际上已经剥夺了姬申生的继承人资格，因为姬申生成了诸侯之一。

当然，被调离都城的并不仅仅只有太子姬申生，还有公子姬重耳和公子姬夷吾。而之所以骊姬连这两个人都不放过，是因为在晋献公姬诡诸的八个儿子里，除了太子姬申生外，公子姬重耳和公子姬夷吾也很出色。

骊姬不愿意将太子姬申生弄走后，好处却给了公子姬重耳和姬夷吾。因而也就建议晋献公姬诡诸，说除了曲沃这个地方比较重要外，蒲城（晋国属地，今陕西渭南蒲城县）和屈城（晋国属地，今山西石楼县）也很重要。而公子重耳和公子夷吾这么出色，就让他们去管理吧！

就这样，公子重耳被调到了蒲城，公子夷吾被调去了屈城。

虽然如此，骊姬还是不放心，毕竟晋献公姬诡诸还没有废掉姬申生的太子位。

公元前656年，骊姬让人带信给在曲沃的太子姬申生，说晋献公姬诡诸梦到了他的母亲齐姜，让他先去曲沃祭祀一番母亲，然后把祭祀用的胙肉献给晋献公姬诡诸。

如果太子姬申生不是在曲沃，他的支持者，特别是里克，一定会提醒他。因为在他被调去曲沃时，里克就曾对他说，说肯定是骊姬在背后搞鬼，还说一定是骊姬想立自己的儿子姬奚齐为太子。太子姬申生不相信，他说曲沃是晋国曾经的都城，非常重要，且自己的祖父晋武公姬称当年就是在曲沃成为晋国君主的，因而父亲晋献公姬诡诸这么做，肯定有他特别的用意。如果真想废了自己，立奚齐，完全不需要派出他去曲沃，直接废除他的太子位就行了。

当然，太子姬申生之所以没有怀疑有诈，还因为骊姬的话让他觉得，父亲晋献公姬诡诸能梦到母亲，说明对母亲还是有感情的。

就这样，太子姬申生在祭祀完母亲后，依骊姬所说，拿着祭祀用的胙肉回到了宫里。他本来想要直接送给父亲，结果晋献公姬诡诸正好出去打猎了，他便听从骊姬的话，将胙肉放在了宫中。

晋献公姬诡诸回来后，骊姬先是暗中派人在里面下了毒，然后令人将胙肉拿给他，说是太子姬申生献上的。而当晋献公姬诡诸要吃时，骊姬又赶紧劝阻说，这胙肉是从曲沃拿过来的，从那么远的地方拿来，为了安全期间，还是不要直接食用的好。

于是，晋献公姬诡诸命人取了块胙肉，给一条狗吃，狗吃后不久就中毒死了。

晋献公姬诡诸顿时大惊失色，而骊姬则先是假装震惊，接着号啕大哭起来，一边哭一边痛骂太子姬申生太狠毒了，连自己的父亲都要害死。最后，骊姬又说，太子姬申生之所以连自己的父亲——君王都敢谋害，肯定是恨自己跟儿子姬奚齐。既然他那么恨他们母子，想必一定会在继位后杀了他们母子。

骊姬说完后，哭着求晋献公姬诡诸先把他们母子杀了，或者送他们去其他国家避难。

晋献公姬诡诸一听，震怒不已，立刻派人去杀太子姬申生。

那时候，太子姬申生还在宫里。得到消息后，太子姬申生大惊，知道被人算计了，连夜逃回了曲沃。

太子姬申生身边的人让他向父亲申辩，说这一切都是骊姬的阴谋。可太子姬申生却拒绝了，说他不愿意这么做，因为父亲年龄大了，离不开骊姬，如果离开的话，他肯定会睡不着的。于是，又有人向他建议，让他逃到其他国家去，可太子姬申生还是拒绝了，说他如今背负的是杀父弑君之名，如果逃跑了，不就更加说明他大逆不道了吗？况且，如今自己的情况，又有哪个国家肯接纳他呢？与其这样，倒不如死了更好。

就这样，公元前656年年底，太子姬申生上吊自缢。

第三章　骊姬逼公子重耳、夷吾外逃

5

太子姬申生的死，并没有让晋献公姬诡诸醒悟，反而认为他是在畏罪自杀。

而在太子姬申生自杀后，骊姬又将矛头转向了姬重耳和姬夷吾。她在晋献公姬诡诸面前说，她听说姬重耳和姬夷吾也参与了太子谋杀晋献公姬诡诸的计划中。

于是，公元前655年，晋献公姬诡诸先是出兵讨伐蒲城，后又在次年的公元前654年，出兵讨伐屈城。不过，公子姬重耳和公子姬夷吾却不像太子姬申生，被冤枉了要以死表清白。他们在太子姬申生死后，已经预感到了自己的结局，因而，在晋献公姬诡诸出兵时，他们便逃往了他们之前就已经联系好的国家。

姬重耳去的是翟国，姬夷吾去的则是梁国。

其实，晋献公诡诸在决定立奚齐为太子时，已经决定要除掉太子位的最有力的竞争者（姬申生、姬重耳、姬夷吾）了，因为于他而言，想要让姬奚齐顺利即位，就必须让他们三个人死，即使他们也是自己的儿子。

为了晋国的君主位，不惜杀戮亲族，致使血流成河。这是晋献公姬诡诸的父亲，晋武公姬称时期就做过的事。

春秋时期，历国国君除了即位的新君外，其他旁支后裔，“公室、公族”等，均出任大夫、卿等职务，也就是说，都是辅佐君主的重臣或幕僚。

晋国在公元前746年之前都是如此。不过，公元前746年，晋昭侯姬伯把曲沃（今山西临汾）封给叔叔姬成师，也就是历史上的曲沃桓叔，改变了一切。

此后，晋国就出现了以翼城的晋侯为正统君主的“大宗”；以及以“曲沃”为“公室”的“小宗”。不过，由于曲沃比晋国都城翼城（山西翼城）还大，因而让曲沃桓叔有了夺权、称君念头，不过始终未能如愿；公元前731年，曲沃桓叔带着遗憾离世，他的儿子姬鳝继位为曲沃庄伯。

曲沃庄伯姬鳝想要完成他父亲曲沃桓叔姬成师的未了心愿，因而屡屡夺权，但都以失败告终。甚至到了公元前725年，曲沃庄伯姬鳝还派人去翼城杀了当时的晋国国君晋孝侯，可由于晋国人马上又拥立了晋孝侯的儿子姬郄继位，为晋鄂侯，因而曲沃庄伯姬鳝依然未能如愿称君，只得再次退回曲沃。

公元前716年，曲沃庄伯姬鳝去世，他的儿子姬称继位，为曲沃武公。

公元前709年，曲沃武公姬称发兵攻打晋国都城翼，并在历经数十年战争后，杀死了晋哀侯姬光、晋小子侯姬小子、晋侯缗姬缗三任晋国国君后，如愿在公元前679年，成为晋国君主，为晋武公，建都“曲沃”。

不过，在夺取政权后，为了防止他人效仿，晋武公姬称将原晋国公族后裔悉数诛灭，以便铺就子孙的君权之路。

然而，晋武公姬称的君主位并没有坐多久就死了，他的儿子姬诡诸继位，为晋献公。

公元前677年，晋献公姬诡诸效仿父亲，将晋武公姬称的旁系子孙，也就是所谓的“桓、庄之族”悉数诛灭。不仅如此，他还废除了原本的公族大夫制度，改用异姓人才士蔿、荀息、里克等人为大夫和卿。

虽然他的做法很残忍，但用异姓人士为大夫和卿这一做法却打破了春秋各国的人才制度。也正因如此，在其他国家依仗公族执政时，晋国才会率先广纳天下人才，使晋国日益强盛。

也就是说，即便晋献公姬诡诸没有受到骊姬的蛊惑，一旦在他死后，他和骊姬的儿子姬奚齐坐上君主位，也很有可能会效仿他的做法，进而杀死姬重耳和姬夷吾。

6

姬申生自杀身亡，姬重耳和姬夷吾纷纷逃离晋国。骊姬的儿子姬奚齐被立为了太子。

按理说，在儿子姬奚齐被立为太子后，骊姬进宫以来的目标也就达到了：先是自己被立为夫人，后又是儿子被立为太子。

可人的欲望是无止境的，骊姬在儿子姬奚齐被立为太子后，又想着怎样才能让儿子继位后，称霸中原。于是，她不断给晋献公姬诡诸吹枕边风，让他开疆拓土，扩大版图。

公元前656年，也就是姬重耳逃亡的当年，晋献公姬诡诸就完成了“假道伐虢”大计，接连吞并劲敌虢国和虞国。

虢国和虞国与晋国相邻，当时，虽然虞国的国君虞公整日只知玩乐，对晋国丝毫构不成威胁，但由于虢国和虞国是同盟国，且虢国的国君虢公喜好征伐，是晋国的劲敌，因而一个国家有事，另一个国家就会支援，所以不管是伐虞国还是虢国，晋国想要灭掉它们，都不是件那么容易的事。

不过，想要称霸中原，就必须吞并这两国。为此，晋国大臣荀息献计称，可以先用离间计，破坏这两个国家的盟约关系，让他们不再互相支持。

为了离间这两个国家，荀息在得知虞公喜欢宝物后，将良马和晋献公姬诡诸最喜欢的垂棘璧送给了虞公，以讨虞公的欢心。随后，晋国又在晋国与虢国的边境上故意制造事端，屡屡进犯虢国边境，在虢国出击时，他们又对虞公说，虢国无道，晋国要主持正义，需要借虞国的道征伐虢国。

虞国大臣宫之奇看穿了晋国的阴谋，劝虞公，说虞国与虢国唇齿相依，一旦虢国灭亡，虞国也就危险了。但虞公因为得到了晋国的好处，且觉得得罪一个和自己差不多的虢国，好过得罪比自己强大的晋国。

结果，晋国通过虞国在灭了虢国后，又在回程途中，将虞国也灭了。

因为“假道伐虢”的成功，晋献公姬诡诸便将荀息视为了亲信，而对那个曾经帮他开疆拓土的大将里克也就逐渐疏远起来。

当然，晋献公姬诡诸之所以疏远里克，重用荀息，还有一个重要原因就是里克是原太子姬申生的坚定支持者。自太子姬申生自杀，里克就对晋献公姬诡诸有了诸多的不满，而这种不满，在经过骊姬的屡屡渲染后，里克便从重臣变成了弃臣。

对于自己为何会成为弃臣，里克心里很清楚，而对于原太子姬申生的死，里克更是耿耿于怀，发誓要替姬申生报仇雪恨。因而，他一直在寻找机会，除掉导致这一切发生的骊姬和姬奚齐。

第四章 晋国大乱

7

人算不如天算！

人世间的很多事都是如此，计划得再好，也会有意外发生。晋献公姬诡诸原本是想趁自己精力还充沛时，先替太子姬奚齐打下一片天地，同时悉心培养他，让他拥有原太子姬申生的能力。

对于这一点，晋献公姬诡诸很自信，自信能够将宠爱的儿子姬奚齐培养成优秀接班人。然而，天不遂人愿，没等姬奚齐长大成人，他就生了重病。

晋献公姬诡诸是在灭掉虢国四年后，在他雄心勃勃，觉得称霸中原已经指日可待时，突然生了重病的。这一病便再也没有起来，并在公元前651年去世。

晋献公姬诡诸死的时候，太子姬奚齐才14岁。而那时，少姬的儿子姬卓才也不过才1岁。

晋献公姬诡诸刚生病时，还以为自己能痊愈，可随着病情的加重，他知道自己时日不多。晋献公姬诡诸开始为太子姬奚齐担心。于是，他将太子姬奚齐托付给了足智多谋的荀息，他相信在荀息的辅佐下，姬奚齐能够成为一个好君主。可他没有想到，荀息虽然既忠诚，也有谋略，但却只是个文臣。文臣有谋略，但却没有兵权。因而，虽然荀息遵从晋献公姬诡诸的遗嘱，将姬奚齐拥上了君主位，但那君主位却始终摇摇欲坠。

新君只有14岁，另两位有能力的公子姬重耳、姬姬夷吾却又逃亡在外，晋国的朝臣们深感不安。这种不安，骊姬也感觉到了。其实在晋献公姬诡诸病危时，骊姬已经开始不安了。她想，自己千算万算都没有算到，不等儿子长大，他们的靠山就倒了。

骊姬后悔极了，后悔自己没有早一点笼络卿大夫——统帅里克。不仅没有笼络他，反而还在原太子姬申生死后，向晋献公姬诡诸吹枕边风，让他疏远里克，导致了里克对他们母子的怨恨。

当然，她更恨自己为什么没有在晋献公姬诡诸健在时就杀了里克。

一直以来，骊姬都只将晋献公姬诡诸当成她和儿子的靠山，确实，在晋献公姬诡诸活着时，里克根本就不足为患，可等晋献公姬诡诸一死，里克也就成了她和儿子姬奚齐强大的敌人。

里克在朝中有一呼百应的能力，而这一呼百应，是带着“武力”的。

骊姬担心的没错，里克一直等待的就是这一天。因而，当晋献公姬诡诸一死，他便开始了行动。

里克痛恨骊姬母子，若非如此，他不会在太子姬申生已经自杀身亡的情况下，非要杀掉已经成为君主的姬奚齐，毕竟他也不愿意有弑君的罪名。可里克太痛恨骊姬母子了，因而，他联合已经自杀的姬申生、逃亡的姬重耳和姬夷吾的余党起兵，同时派杀手进宫杀了姬奚齐。

就这样，年仅14岁的姬奚齐成了这场政变中第一个牺牲品。

骊姬在晋献公姬诡诸病危时，就想到过儿子姬奚齐的结局，所以在晋献公姬诡诸去世，儿子姬奚齐继位后，她一直生活在恐惧中。

她不断地占卜，希望能改变儿子的命运，可儿子还是死于非命。

虽然心中早有准备，可儿子姬奚齐的死，还是让骊姬痛不欲生。

痛苦过后她想，难道就这么认输吗？骊姬显然并不甘心，她从骊戎来晋国，就是为了能让自己的血脉成为晋国的君主，将整个晋国都掌握在自己的手中。

绝望之际，骊姬想到了妹妹少姬和晋献公姬诡诸的儿子姬卓子。

当初，她让妹妹少姬和自己一起进宫，不就是为了今天吗？如今，自己的儿子姬奚齐虽然死了，可妹妹少姬的儿子姬卓子还在呀。虽然姬卓子只有一岁，可只要有荀息辅佐，他照样能当个好君主。

于是，骊姬和荀息商议，拥立姬卓子为君主。

荀息答应了，可等他们把姬卓子拥上君主位，大力士屠岸贾便发动了暴动。这暴动，自然也是里克策划的。

大力士屠岸贾带着军士杀进宫，摔死了什么都不知道的姬卓子。

自己的儿子被暗杀了，妹妹的儿子又被摔死了。没有了任何寄托的骊姬，知道大势已去，于是跳井自尽了。

恨死她的里克怎么可能让她就这么轻易去死？他令人将骊姬的尸体打捞起来，然后屠戮她的尸体泄愤……

8

骊姬虽然死了，可她对晋国政局造成了极为深远的影响。对于这段历史，对骊姬用笔最多的司马迁在《史记》里是这么记载的："乃破骊戎，获骊姬，爱之，竟以乱晋。"

看来，"骊姬乱晋"的罪名是洗脱不了了。而据《国语》记载，骊姬不仅和"二五"（梁五与东关嬖五）狼狈为奸，而且还和一个叫优施的人有私情。甚至有人说，骊姬的很多计谋，其实都是优施替她出的。

不管骊姬和优施有没有私情，但因为她，晋国出现了混乱是实情，而这种混乱，在晋献公姬诡诸死后，变得更严重了。

里克在派人连杀了姬奚齐和姬卓子两个君主后，不仅屠戮了骊姬的尸体，而且还逼死了荀息。

荀息是一代谋臣，但却因为支持骊姬而死，可谓是晋国的一大损失。当然，晋国还有一个损失就是有着文韬武略的原太子姬申生的死。

姬奚齐和姬卓子死后，又要扶谁坐上君王位呢？里克想来想去，接回了逃往梁国的姬夷吾。

公元前651年，姬夷吾被拥为新君，为晋惠公。

然而，由于里克一直以来，都是姬申生的人，因而对于晋惠公姬夷吾来说，自己坐上君主位虽然是因为里克，但里克能连弑两君（姬奚齐和姬卓子），又怎么能保证他不弑杀自己呢？

晋惠公姬夷吾越想越害怕。于是，他先是削弱了里克的军权，接着不断在军政事务里安插上自己的人，后来还是觉得不安全，索性派人将里克的家围起来，逼里克自杀。

就这样，为晋国开疆拓土的统帅里克也死了。虽然他的死，看似是晋惠公姬夷吾逼死的，可又谁说不是因为骊姬呢？

曾经，晋国因有谋臣荀息和统帅里克而让晋国有能力称霸中原。

曾经，晋献公姬诡诸因为有谋臣荀息和统帅里克而让晋国从一个并不起眼的国家，变成了令人忌惮的大国。

曾经，晋国拥有强大的军事能力，强盛的国势，完全具备称霸中原的实力。

曾经，晋献公姬诡诸虽然用血腥和残忍的手段，诛灭公室亲族，但在政治和军事上，能力非凡…………

因为一个骊姬，晋国的这些优势不仅都变成了“曾经”，而且还在晋献公姬诡诸死后，晋国陷入了内乱中。

晋国的内乱，不仅使它与中原霸主之位失之交臂，而且在之后的近十年里，晋国都处在君主位的争夺中，被天下人耻笑。

这种耻笑，从《国语·晋语一》中:“床笫之不安邪？抑骊姬之当存侧邪？”可见一斑。

意思是说，您晚上没睡好？是因为骊姬不在身边吗？

晋献公姬诡诸因为骊姬没有睡在身边而无法安眠，最后，骊姬却让整个晋国都处在动乱中，让朝臣、百姓都无法安眠。

再之后，晋国的内乱，给了韩、赵、魏三个国家机会，他们开始刮分晋国。而在强大的晋国被其他国家瓜分时，原本的中原霸主，春秋五霸之首齐国，也开始了内乱……

当然，幸而有了一个女人，一个历史上有名的丑女人让齐国得以大治……

9

钟无盐称后　齐国大治

或许正是因为她尴尬的身份，才让老百姓对她产生了无限的同情，为了给她鸣不平，民间流传起了“无事夏迎春，有事钟无盐”的传说。

第一章　丑女钟离春

1

春秋时期是中国历史上第一个大混乱时期，处于内乱中的，并不仅仅是晋国，还有春秋四大强国之一，中原霸主齐国。

齐国是周武王姬发赐给姜子牙的封地，都城在营丘（今山东淄博），到了第七任君主齐献公姜山时期，将营丘改为临淄。

齐国刚开始的国君是姜姓吕氏，自建国便富甲一方。传到齐桓公姜小白时，在良相管仲的辅政下，齐国成为了春秋五霸之首。不过，到了齐桓公姜小白晚期，由于良相管仲的去世，齐桓公姜小白开始任用奸佞之人易牙等人，致使齐国开始衰败。

齐桓公姜小白晚年，不仅任用奸佞之人，还重用从陈国流亡到齐国的妫姓田氏田完（陈国公族），为姜姓吕氏的齐国被妫姓田氏取代埋下了隐患。

姜姓吕氏的齐国在传到齐康公姜贷时，由于齐康公姜贷常年沉湎于酒色，将政事交给田完的后人——齐相田和处理，致使田和有了篡位想法，并在公元前391年，先废齐康王姜贷为庶人，然后在公元前386年，将齐康王姜贷流放到临海的海岛后，自立为君。齐国的姜姓吕氏齐国，正式被妫姓田氏齐国取代。

公元前320年，齐威王田因齐去世，儿子田辟疆继位，为齐宣王。

齐宣王田辟疆在位期间，因打败了魏国，一战成就威名。面对各国纷纷朝贺、纳贡，齐宣王田辟疆开始有些飘飘然，日日沉湎于酒色和玩乐。

齐宣王田辟疆的做法，让齐相田忌很是担忧，他几次劝谏，无奈都不起作用。最终，田忌郁郁而终。

田忌死后，齐宣王田辟疆更是夜夜笙歌，身边全是奸佞顽劣、阿谀奉承之人。趁此机会，周边一些国家开始屡屡进犯、骚扰齐国边境，其中就有与齐国无盐邑（今山东东明县）相邻的赵国。

赵国刚开始的时候，还只是试探性骚扰，见齐国没有反应，胆子也就日渐大了起来，他们时不时会进入无盐邑，烧杀抢掠，无恶不作。

不过有一天，当赵国一些散兵游勇抢掠到一个村庄时，却被一个长相丑陋的中年女子打得屁滚尿流，仓皇而逃。

这个长相丑陋的中年女子叫钟离春。

钟离春遇到赵国几个散兵游勇时，正在桑园的一隅练武，而桑园里，还有一些采桑女在一边采桑，一边说笑。

见几个采桑女长相清秀，赵国散兵邪念顿生，扑了上去想实施猥亵。采桑女吓得一边尖叫，一边四散而逃。

采桑女的尖叫声传到了正在练武的钟离春耳朵里，她提着刀就跑了过去。

看到几个赵国散兵正围着两个采桑女，钟离春先是大吼一声，接着冲上去暴打几个赵国散兵。几个赵国散兵死的死，伤的伤，没死没伤的，在看到钟离春的那刻，也大叫一声“妖怪”，逃跑了。

赵国的散兵之所以看到钟离春会大叫“妖怪”，是因为钟离春的样子实在太丑了，她不仅皮肤漆黑，眼睛凹陷，额头高耸，肚子滚圆肥大，还长着一颗硕大的脑袋，甚至比男人还大的喉结……

因为这副长相，钟离春在历史上被称为四大丑女之一。当然，因为她是无盐邑的人，因而又被称为钟无盐。

2

钟离春家境尚可，父亲曾是齐国的地方小军官。虽然自小就长相丑陋，但钟离春的父母还是希望她能学做女红，以便长大后能嫁出去。可钟离春对女红丝毫不感兴趣，她感兴趣的是刀枪棍棒，因而，很小的时候，她便跟着兄弟们去练武。

除了练武，钟离春还喜欢看书，当然，她所看的书，大多也都是与战争、谋略有关的兵书。因而，她不仅武艺高强，而且才智过人。

长相丑陋，又整天舞枪弄棒，钟离春40岁还没有嫁出去。父母见她已然如此，也便只好听之任之。

那天在救下几个采桑女后，钟离春又听说无盐邑的其他地方也遭到了赵国散兵游勇的抢掠，很是气愤，她发誓不将赵国士兵赶出无盐邑决不罢休。

然而，当她回家和父亲说起此事时，父亲却告诉她，凭她一己之力，根本不可能赶走不时来骚扰家乡的赵国人。甚至还说，即便她赶走了无盐邑的赵国人，还有其他国家的人，侵扰齐国的其他地方。

那天晚上，钟离春辗转反侧，难以入眠。她想，齐国也曾是中原霸主，怎么能这样任由其他国家欺侮？

钟离春对政治颇有研究，也时常和父亲、兄弟谈论国事。她知道，齐宣王田辟疆继位后，曾因重用田忌和孙膑，整顿国政而让齐国兴盛一时。也曾在韩国求救时，帮着韩国击败魏国，且杀死了魏国的大将庞涓。

可之后呢？因为战胜了魏国，各诸侯都对齐国产生忌惮之心时，齐宣王田辟疆却整日沉湎于淫乐，不仅在城内建造宴乐宫、雪宫，还整日与美女在雪宫淫乐，甚至在郊外开辟四十里的苑囿来狩猎……

也就是说，正是因为齐宣王田辟疆整日不理朝政，且亲近佞臣，远离忠臣，这才给了其他国家以可乘之机。

钟离春意识到了问题的所在后，心急如焚，第二日便告诉父母兄弟，说她要去都城临淄，要面见齐宣王田辟疆。

齐国已经处在了危险的边缘，我一定要让大王知道局势的严重性！钟离春大声说。

父母及其家人虽然觉得她的话很可笑，可又知道她的脾气性格，知道凡是她决定了的事，便九牛也拉不回来。既然如此，那就让她去临淄碰一鼻子灰吧！

钟离春的父母兄弟没有想到，钟离春的这一走，让她正式踏上了齐国的政治舞台，成了春秋时期齐国赫赫有名的女英雄。因而，钟离春走出家门的那刻，也就成了她一生中最关键的转折点。

3

春秋战国时期，战争此起彼伏，局势变幻莫测，各国的“民本思想”颇为盛行，即使是个平头老百姓，只要有自己的想法，都可以毫无顾忌地求见国君，陈述自己的观点，提出利国利民的方针政策。

这也是颇有政治头脑和远大志向的钟离春，在看到齐国政治腐败、国事昏暗，齐国君主齐宣王田辟疆只知追求享乐，只喜逢迎时，毅然决然地要去见齐宣王田辟疆，救国救民的主要原因。

当然，虽然“民本思想”盛行，平头老百姓也可以提出自己的治国理念，可要想见到齐宣王田辟疆并非易事，而让他知道她的想法，认可她的观点，采纳她的建议，那就更是难上加难的事。

钟离春非常清楚这一点，所以一路上都在琢磨，到了临淄后，她要如何才能见到齐宣王田辟疆，毕竟想要见到他，还需要越过重重关卡。

长相娇艳妩媚的女子，也许可以凭借自己的容貌，求别人给自己行个方便，可自己长相丑陋，别人一看要么厌恶，要么害怕，甚至都不敢让自己靠近……

最终，快要到达临淄时，钟离春想出了一个办法，那就是出奇制胜。

我叫钟离春，来自无盐邑，因为长相丑陋，40岁还未嫁人，如今我要自荐做大王的妻室！

钟离春的这句话，瞬间惊呆了临淄城门的众位守城士兵。

原来，守城的几个士兵看见从远走来的钟离春，正打赌猜测她是男人还是女人。他们觉得，看长相，钟离春像个男人；可看她的穿着，又是个女人。最后他们一致认定，钟离春既不是男人，也不是女人，就是个怪物。

因而，他们高高扬起了手里的武器，准备在钟离春再靠近一些的时候，将她擒获。可不等他们动手，钟离春就说话了。

听完她的话，几个士兵瞠目结舌，惊得差点丢掉手里的武器。他们互相看着对方，面面相觑，完全不敢相信自己的耳朵。

你……刚才说什么？其中一个胆子大点儿的问。

钟离春早就习惯了别人看到她时的样子，并不介意，就把刚才的话又大声重复了一遍。

几个士兵先是互看一眼，然后哈哈大笑起来。

他们之所以大笑，除了钟离春的容貌丑陋，却妄想当君主的妻妾外，还因为他们从来没有听说过，一个女人会向别人自荐要做别人妻妾的。

当然，笑过之后，他们就放钟离春进去了。而放她进去的原因，既是好奇，也是想看笑话。他们想看齐宣王田辟疆见到钟离春，甚至听到钟离春自荐做他的妻妾时，可笑的场面。为此，他们不仅放她进去，还告诉她，齐宣王田辟疆在雪宫。担心钟离春找不到雪宫，他们甚至还煞费苦心地找了个人专门带他去。

而此时，齐宣王田辟疆正在雪宫和几个美女、亲信，一边畅饮，一边欣赏歌舞。

到了雪宫门口，当守卫雪宫的卫士听说钟离春要面见齐宣王田辟疆，且是为了自荐大王妻妾时，反应和守卫城门的士兵一样，他们先是哈哈大笑，然后带着好奇，甚至一种恶作剧心理，放她进去了，不仅放她进去，他们还又专门派人去向齐宣王田辟疆通报。

因为好奇，因为从未见过如此丑陋的人，说如此可笑的话，他们加速了钟离春见到齐宣王田辟疆的进程。当然，这一切都在钟离春的计划中。

那时候，钟离春并非真的想做齐宣王田辟疆的妻妾。这只是她的一个策略。因为她知道，如果按照正常情况，她开门见山说她要劝谏，别说她长得丑陋，就是长得美艳动人，都未必有人会给她通报。即便有人给她通报，齐宣王田辟疆也不一定会听从她的劝谏，可如果她说要做君主的妻妾，那情况就大为不同了。

果然，齐宣王田辟疆在听到侍卫通报，说宫外有个女人要自荐做他的妻妾时，他先是一愣，接着便好奇起来。

这是个什么样的人呢？带着这样的疑惑，齐宣王田辟疆同意面见钟离春。而钟离春，因为一句自荐君主妻妾的话，一步步走到了齐宣王田辟疆的面前。

第二章　钟离春劝谏

4

钟离春进入装饰奢华的雪宫，边走边四处看，越看心里越气。也就是在那时，她动了一定要做齐宣王田辟疆的夫人的念头。

齐宣王田辟疆在等钟离春的时候，既好奇又充满了期待，因为他不知道是个什么样的女人，能够自信到自荐做他的妻妾。

齐宣王田辟疆知道，想做他妻妾的女人很多，但还从未有人自荐过。然而，当他一手执杯，一手搂美人，看着钟离春慢慢向他走来的时候，他震惊地瞪大了眼睛，手里的酒杯也差点掉在地上。

齐宣王田辟疆怔怔地看着越走越近的钟离春，震惊程度，完全超出了城门口的士兵和雪宫门口的卫士，他甚至一度以为自己眼花了。直到他身边的美人看到钟离春的那刻，尖叫一声，往他怀里钻的时候，他才缓过神来。

雪宫里的人先是震惊，接着纷纷掩口偷笑起来。同时，他们还偷瞄齐宣王田辟疆，想看他的反应。

周围人的反应，都在钟离春的预料之中，所以她面不改色心不跳。在行了跪拜礼后，她大声说，民女钟离春，因倾慕大王美德，愿执箕帚，听从差遣！

刚刚还怔在那里的齐宣王田辟疆，因为钟离春的这句话，彻底清醒过来，他哈哈大笑起来，而那些刚刚被吓得花容失色的美女，也都抬起头，看着钟离春，捂着嘴咴咴地笑了起来。当然，那些偷偷笑着的臣子、侍卫、侍女，见齐宣王田辟疆笑，也都哈哈大笑，一边笑还一边朝钟离春指指点点。

整个场面瞬间有些失控。

钟离春的脸上没有丝毫笑容，她就那么静静地看着齐宣王田辟疆。

齐宣王田辟疆笑够了，他看了看身边的美女，又用看小丑的眼神看着钟离春，意思是说，我身边的女人个个国色天香，怎么可能会要你这么丑的女人做妻妾？

那一刻，齐宣王田辟疆，以及身边的美人、亲信，都很兴奋，那种兴奋，如同他们看了一场滑稽表演一样。

钟离春丝毫不理会他们的嘲笑。她先是咳嗽两声，然后做起了一连串动作：抬头瞪眼；张嘴露齿；举起粗壮手臂；双手拍打膝盖。

钟离春在做这一连串动作的时候，动作幅度很大，表情很是夸张。瞬间就吸引了所有的人，原本的笑声和嘈杂声也都消失了，全场鸦雀无声，静静地看着钟离春。

大王知道民女的意思吗？钟离春问齐宣王田辟疆。

齐宣王田辟疆摇摇头，他看看身边的亲信，众亲信也都摇头。

钟离春此时做这四个夸张动作，就是为了引起了齐宣王田辟疆的极大好奇心和注意力。因为，如果他们不专心听她接下来要说的话，那么她进宫见齐宣王田辟疆的目的也就达不到了，因为她知道，她所说的话，很可能孟子都已经向齐宣王田辟疆说过，只是他没有放在心上罢了。

5

齐宣王田辟疆确实被钟离春的奇怪表情，夸张动作吸引住了，他示意钟离春说下去。

钟离春说，可以，但齐宣王田辟疆必须先恕她无罪。

恕你无罪！齐宣王田辟疆说，他急于想知道这个丑女人还会说出什么惊人的话来。

钟离春看看齐宣王田辟疆，又看看他的亲信，再看看他身边的美女们，摇了摇头，连说四声好险！

一听“好险”两个字，齐宣王田辟疆急了，催促钟离春赶快说下去。钟离春说，如今的齐国，正面临四大危险。第一大危险是，如今秦、楚两国对齐国虎视眈眈，但大王您却内政不修，忠奸不辨，太子不立，整日只知道沉湎于声色犬马、温柔之乡；第二大危险是，在齐国百姓并不很富裕的时候，大王您却建筑高耸入云的雪宫，雪宫里不是镶有黄金珠宝，就是装饰着彩缎丝绢，简直就是利令智昏，百姓如今已经怨声载道；第三大危险是，如今，因为大王您亲近佞臣，因而使贤良之士都纷纷退出隐居，没有真正的劝谏者，致使百姓的疾苦您无法知道；第四大危险是，大王您四处征选美女，只知花天酒地，对内不理朝政，对外不修诸侯之礼。

钟离春说的时候，不仅声音铿锵有力，而且还时不时地做一些动作，非常有感染力，因而，她的话不仅让齐宣王田辟疆感到了害怕，就是其他人，也都有种大祸将临的危机感。

见大家都愣愣地看着她，钟离春在稍停片刻后，突然大声对齐宣王田辟疆说，这四大危险，让齐国危机四伏，如果大王您不悬崖勒马，任何一个危险，都可能导致城破国亡。

在场的所有人都吓得脸色突变，他们全都紧张地看着齐宣王田辟疆。

钟离春的这句话，齐宣王田辟疆听后还是有些生气的，因而面有愠色。不过，他到底不算一个昏君，因而虽然有些恼怒，但却也觉得钟离春说得有道理，甚至心中有所触动。

这种触动，让齐宣王田辟疆对钟离春开始刮目相看起来。他仔细打量着钟离春，他没有想到，一个如此丑陋的民间女子，竟然会有这等学识和见解。

那要怎么做才好呢？齐宣王田辟疆沉默片刻后说。这是他第一次在钟离春面前认真请教。

钟离春毫不客气，接着说道，她刚刚的举目瞪眼，是让大王观察风云变化；张口露齿是让大王听听贤臣的劝谏；抬臂挥手，是让大王赶走阿谀奉承之人；双手拍打膝盖是希望大王不要沉湎于酒色，拆除这游乐的雪宫。

齐宣王田辟疆听后，再次面露愠色。

钟离春怕齐宣王田辟疆治自己的罪，让自己没有机会再说，于是继续道，民女听说，“君有诤臣，不亡其国，父有诤子，不亡其家”，如今大王您沉湎于酒色，不纳忠言，整日只让奸佞之人围绕身边，还耗费大量财力、物力、人力，修建如此豪华的玩乐场所，弄得国库空虚，民不聊生，若真有外敌入侵，我们又当如何抵抗呢？民女如今冒死劝谏，只是希望大王能够采纳民女忠言，如果大王采纳了，民女就是死了也心甘情愿。

钟离春说到这里，动起情来，眼含泪光。齐宣王田辟疆脸上的愠色，逐渐变成了愧意。他看看旁边的亲信说，幸好你及时提醒寡人，如若没有人提醒，寡人还蒙在鼓里，你真是寡人的一面镜子啊！

这时候的齐宣王田辟疆，已经对钟离春产生了极大的兴趣，而这种兴趣，是因为他不知道这个极丑的女人，在说出这番令他备感吃惊的话后，还会做出什么令他感到震惊的事来。

由此可见，钟离春虽然丑，却也自信、有勇气、有内涵。而正是她的这些性格特点，才让她在第一次见齐宣王田辟疆时，就能做到不紧张、不慌乱，有条不紊。当然，她的学识和才华，让她说起话来，一针见血、切中时弊，进而才让齐宣王田辟疆有种醍醐灌顶的感觉。

第三章 钟离春强齐

6

齐宣王田辟疆意识到钟离春的不凡后，便想对她予以重用，问她想要做什么官。

钟离春摇摇头说，如果齐宣王田辟疆真的愿意挽留她，那么就让她做齐宣王田辟疆的王后。

齐宣王田辟疆原本是有一个王后的，只是去世了，齐宣王田辟疆也一直想要再立王后，可身边的美人实在太多，他拿不定主意要立哪一位，因而也就让那王后位一直空着。

当然，虽然齐宣王田辟疆知道钟离春有治国之才，且也想要重用她，可他却不想让她做自己的枕边人，毕竟她太丑了，如此丑陋一个女人，怎么能跟她同床共枕呢？

钟离春看出了齐宣王田辟疆的心思，故意夸张地挥挥手说，既然大王宁愿灭国，也不愿意立民女为后，那民女就告辞了。

钟离春说完话，转身大步流星地朝外走。

齐宣王田辟疆看着钟离春那渐渐远去的丑陋的背影，心想，如果国家都没了，别说他身边还有没有美娇娘，就是自己的性命恐怕也难保。况且，即便立她为王后，又能怎么样呢？自己是一国之君，身边照样会有无数美娇娘的。

齐宣王田辟疆想到这里的时候，急忙叫住了钟离春，说他愿意立她为王后。

就这样，丑得没人娶的40岁钟离春，成了齐宣王田辟疆的王后。

其实，对于钟离春来说，当不当齐宣王田辟疆的这个王后，一点儿都不重要。而她之所以一定要做他的王后，只是因为她知道，齐宣王田辟疆的身边，必须有个人时刻督促他、提醒他，只有这样才能让他不至于重蹈覆辙。

也就是说，钟离春这个王后，除了给齐宣王田辟疆出谋划策，做幕僚，就是监督他。

而自钟离春做了齐国的王后后，她先是督促齐宣王田辟疆拆掉雪宫，退去女乐，接着又和他说起了赵国屡屡侵扰无盐邑的事。

对于赵国侵扰无盐邑，齐宣王田辟疆刚听钟离春说时，并不相信，因为他从来没有听到谁向他汇报过。钟离春告诉他说，这是因为他的身边，只有只报喜，不报忧，欺上瞒下，整天只知道谄媚他的佞臣。

事实确实如此，因为那些佞臣的欺瞒，让齐宣王田辟疆以为齐国强盛到周边所有的小国，提起齐国全都胆战心惊的地步，所以根本不敢骚扰齐国。当然，除此而外，他不相信赵国会屡屡进犯齐国，还因为齐国对赵国有恩。

曾经，齐国出兵攻打魏国，就是因为当时赵国向齐国求救，而为了救赵（围魏救赵），齐宣王田辟疆出兵击败魏国，杀了魏国的大将庞涓。

齐国有恩于赵国，赵国却侵扰齐国，齐宣王田辟疆的愤怒可想而知，他先是赶走了报喜不报忧的佞臣邹衍等人，接着又封齐国的功勋之臣田婴（又名妫婴，历史上有名的孟尝君田文之父）为郭靖君，奉孟子为座上宾，然后下令讨伐赵国。

可由谁统帅呢？

钟离春自告奋勇，自荐率兵出征。她说，无盐邑是她的家乡，她熟悉当地地形，且无盐邑还有跟着她一同习武的几百名村民可用。还说如果齐宣王田辟疆能再拨给她一些人的话，她一定会和赵军决一高下的。

先自荐做齐宣王田辟疆的王后，再自荐做出征将军。齐宣王田辟疆虽然见识了钟离春的政治才华，却对她能否带兵打仗有所怀疑。

钟离春说如果齐宣王田辟疆不相信，可以让她和齐国的将领比试一下。结果，钟离春用她高超的武功，打败了对手。

不过，虽然钟离春武功高强，但她毕竟没有率兵打过仗，齐宣王田辟疆还是有些犹豫，直到上卿淳于髡说他愿意做监军，助钟离春伐赵。

最终，钟离春率领齐军，以及无盐邑跟着她习武的村民们，在上卿淳于髡等人的协助下，顺利击败了赵国。

这一战之后，让钟离春除了“无盐娘娘”外，又多了一个称号：无盐君。

而自有了钟离春这个丑王后，齐宣王田辟疆便拆雪宫、罢宴乐、除佞臣、强兵马、强国库、立太子……励精图治后，齐国强盛一时，成了“千乘之国”，与秦国并称天下双雄。

7

公元前314年，曾经是战国七雄（齐、楚、燕、韩、赵、魏、秦）之一的燕国发生了内乱，而之所以内乱，是因为当时的燕王姬哙突然效仿尧舜时期的禅位制，将君主位传给当时燕国的国相姬子之，随着君主位传位给姬子之的，还有军国大权。

如果这是燕王姬哙早就决定的也还罢了，可那时候，燕王姬哙是立有太子的，太子就是燕王姬哙的儿子姬平。见原本属于自己的君主位，成了别人的囊中之物，太子姬平很是生气。于是，他联合麾下的将军市被谋反。

当然，单凭自己和将军市被的兵力，太子姬平自知无法夺回属于自己的君主位，于是选择向齐国求助。

齐宣王田辟疆一听，父位子承是天经地义的事，燕王姬哙怎么能把君主位让给别人呢？我们齐国一定要主持正义，帮太子姬平夺回燕国。

于是，齐宣王田辟疆决定出兵伐燕，而率兵出征的正是钟离春。

钟离春不仅武艺高强，而且兵法娴熟，非常精通用兵之道，因而只用了短短的50天时间便拿下了燕国大片土地，而燕国的首都蓟（今北京），也即将被攻破。

然而，最终因为秦国的插手阻止，以及著名的纵横家、谋略家苏秦在齐宣王田辟疆面前的游说，才让齐国放弃了吞并燕国的计划。

不过，钟离春的军事能力，却也因此战而声名远播。

由于钟离春每次出征都戴头饰巾帼——假发上插珠宝和6支簪，因而“巾帼”也就成了女英雄的代名词。“巾帼不让须眉”的典故就是源于钟离春的传说。

钟离春之所以出征时带“巾帼”头饰，是因为她头发稀少。由此可见，虽然长相丑陋，可钟离春毕竟是女人，她和所有女人一样，也有爱美之心。

当然，钟离春虽然也渴望自己能够拥有美貌，但在没有美貌时也不自卑，甚至可以说，正是因为她那丑陋的外表，才让她有时间去读书、练武、思考问题。而因为学养深厚，才让她有自信和勇气毛遂自荐，并最终在做了齐国的王后后，又做了领兵作战的将军。

钟离春，在用她的学识、智慧和勇气改变自己命运的同时，改变着齐国的命运。也正因如此，历史上才说:“齐国大治，丑女之功也！”而在民间，也流传着一句话:“无盐娘娘生得丑，她为齐国定邦基。”

其实，钟离春虽然名义上是王后，但实际上，她却只是借助于“王后”这个身份，在做齐宣王田辟疆的谋士，做齐国的将军罢了。

或许正是因为她尴尬的身份，才让百姓们对她产生了无限的同情，为了给她鸣不平，民间流传起了“无事夏迎春，有事钟无盐”的传说。

意思是说，齐国只要没什么大事，齐宣王田辟疆的眼里就只有夏迎春，而一旦齐国有事了，齐宣王田辟疆才想起钟无盐，也就是钟离春来。

这位长相娇美，被君主宠爱的“夏迎春”，虽然只是大家虚构出来的一个人物，但齐宣王田辟疆的身边不乏这样的女人，甚至可以说，不是一个，而是有无数个这样的美人。

当然，即便“夏迎春”们很美，齐宣王田辟疆也很宠爱她们，可钟离春的王后位，一直无人能够撼动。原因很简单，除了齐宣王田辟疆心里很明白，“夏迎春”很多，钟离春却只有一个外，还因为他离了“夏迎春”可以，但离了钟离春却是万万不能的。因为对于“夏迎春”式的女人，永远只能供君主消遣，而钟离春式的女人，却是可以定国安邦的！

然而，钟离春虽然让齐国变得强大，但历史上对她的记载却很少，别说她的出生日期、死亡日期，就是出身，也有好几种说法，民间甚至传说，她是鬼谷子的女弟子，和孙膑、庞涓师出同门，学过兵法。

或许之所以有这种说法，只是因为她文韬武略皆非凡人可及吧！

钟离春是什么时候死的，如何死的，历史上也没有明确记载，有说她是年老而死的，有说她是死在战场上的。不管怎样，钟离春对中国历史的发展，有着里程碑式的贡献却是毋庸置疑的。

或许也正因如此，才会在后人再提起她时，除了说她是齐宣王田辟疆的王后外，还会说她是中国历史上的女将军、女政治家。

不过，钟离春虽然令齐国变得强大，但因为丑，她还是被称为了中国古代四大丑女之一（嫫母、钟无盐、孟光、阮氏女）。

既然中国历史上有四大丑女，那就必定有四大美女（王昭君、西施、貂蝉、杨玉环）。她们虽然容貌相差很远，但无不在乱世中留下了自己的足迹。丑女钟无盐改变了一个国家的命运，美女西施则改变了两个国家的发展轨迹……

10

西施惑夫差心　助越灭吴

那些奇耻大辱，自己都能忍受，眼前的这些又都算得了什么呢？何况，这些美人到了吴王姬夫差的身边后，还会变成射向仇人的利箭，刺向吴国的心脏。

第一章　西施遇范蠡

1

越国大夫范蠡来到句无苎萝村（浙江诸暨城南）的西村时，西施正在溪边浣纱。

西施原名施夷光，之所以被人称为西施，是因为苎萝村有东西两村，她家住西村。

西施从小家境贫寒，父亲是樵夫，母亲靠给人浣纱贴补家用。聪明乖巧的西施，因为心疼母亲，很小的时候就陪着母亲到村头的小河里浣纱。长大之后，也和母亲一样浣纱，因而又被人称为“浣纱女”。

范蠡原是楚国人，因为不满楚国政治的黑暗，与一些有志之士投奔越国，得到了越王姒勾践的重用。

公元前494年，越王姒勾践听说吴王姬夫差要攻打越国，便不顾范蠡的劝阻，决定先发制人。而越王姒勾践之所以这样，是因为越国和吴国有世仇。

越国源自“于越部落”，建立者为夏朝君主姒少康的庶子姒无余，是大禹的直系后裔，都城在会稽（今浙江绍兴）。越国自建国起便默默无闻，相比其他诸侯国也比较落后，更少于中原各诸侯往来，这种状况一直持续了一千多年，直到姒允常即位。

姒允常在成为越国的君主后，一改之前的闭关自守，开始不断引进中原的先进技术，发展农业、陶瓷业、纺织业、冶炼业等。慢慢地，越国的国力开始逐步强盛，而随着国力的强盛，他们也开始迈出了向外扩张的步伐。

慢慢地，越国的地盘已经南到句无（今浙江诸暨）、北至御儿（今嘉兴）、东至鄞（今宁波）、西至姑蔑（今龙游）。日益膨胀的野心，让姒允常开始称王，越王由此而起。

随着不断向外扩张，越国和其他国家的摩擦日益频繁，到了越王姒允常执政晚期，就和邻近的吴国有了矛盾。

当时，吴国位于长江下游地区，建立者是周王朝周太生的长子姬太伯，都城在梅里（今江苏无锡）。

吴国曾是春秋诸侯国里最强大的诸侯国之一。然而，随着越国姒允常时期的扩张，已经逐渐威胁到了吴国的势力范围，因而吴越两国时常发生战争，双方互有胜负。

公元前496年，越王姒允常去世，他的儿子姒勾践继位。

吴国的吴王姬阖闾得知姒允常去世，认为良机不可错过，于是亲自率兵攻打越国。越王姒勾践亲自率兵迎战，并在槜李（今浙江嘉兴）悄悄派出了一支精锐的敢死队。

越军敢死队的成员个个勇猛顽强、悍不畏死，让吴军大惊失色，仓皇撤退，军心动摇又导致吴军大败。乱军之中，吴王姬阖闾的脚趾也被越国大夫灵姑浮的戈斩断了。

受伤后的吴王姬阖闾不久后就去世了，去世前，他叮嘱儿子姬夫差，一定要为他报仇！

吴国要复仇，越国则日夜提防，全国上下精神紧绷，军中士卒枕戈待旦。特别是越王姒勾践，眼见吴国实力日渐强盛，日夜练兵，便觉得是在为打越国做准备，因而想要先发制人，打吴国个措手不及。

对于越王姒勾践的先发制人，范蠡不认同。他劝谏越王姒勾践说，既然上一场战役，越国已经赢了，且吴王姬阖闾还在此次战役中受伤而死，那越国就不应该主动出击，这才符合天道。

越王姒勾践不听。他执意要率兵攻打吴国，结果在夫椒（今拖山和马山间）遇到了吴王姬夫差派出的精锐部队，越王大败。

为了避免亡国厄运，范蠡向越王姒勾践提议，向吴王姬夫差求和，向吴国俯首称臣。越王姒勾践见大势已去，只得同意。而吴王姬夫差也答应了他们的求和，但有个条件，战后两年，越王姒勾践和他的夫人雅鱼，都要去吴国为奴。

“坚时如磐石，韧时似皮革，柔时似湍流入溪。”这是范蠡的思想，因而他劝越王姒勾践，答应吴王姬夫差。

最终，在战败两年后的公元前492年，范蠡陪同越王姒勾践与夫人雅鱼一起去吴国为奴，忍辱负重，含悲度日。

三年后，越王姒勾践和夫人雅鱼，以及范蠡得以重新回到越国。对于曾经遭受的屈辱，越王姒勾践念念不忘，时刻提醒自己要励精图治，绝不可懈怠分毫。而在此期间，一个庞大的复仇计划，也早在三年前，已经在他的脑海里酝酿。而在这个复仇计划里，其中重要的一环就是使“美人计”。

2

为了向吴王姬夫差实施“美人计”，越王姒勾践派范蠡四处寻找美女。

苎萝村的浣纱女有很多，但人们却把“浣纱女”的称呼送给了西施，不是因为别的原因，而是因为她的美，撼人心魄。

关于西施的美，历史上有一个典故，说西施在溪边浣纱时，水里的鱼儿因为被她的美貌吸引，探出头来看她，竟然忘记了游水，因而沉入水底。也正因如此，历史上在说起她的美时，会称她有“沉鱼”之美。

还有一个典故，说因为西施的举手投足都优美动人，所以全村的爱美女子都喜欢模仿她。即便是她不舒服时，手抚胸口，皱着眉头的样子，她们也要纷纷去模仿。

不过，美人捧心有种娇柔美，能让人心生怜爱，而一般人捧心则会给人一种矫揉造作之感，让人厌恶。苎萝村东村有位女孩（史称东施）就因学西施捧心皱眉，而有了“东施效颦”的成语。

此故事也被记载在了《庄子·天运》里的：“故西施病心而颦其里，其里之丑人见之而美之，归亦捧心而颦其里。其里之富人见之，坚壁门而不出；贫人见之，挈妻子而去走。彼知颦之美，而不知颦之所以美。”

对于“沉鱼”之美和“东施效颦”的故事，是否真的发生在西施的身上，不得而知，不过，从这些记载里不难看出，西施确实很美，美得恰到好处，美的增一分则腴，减半分则瘦。

如此美人，怎么可能不吸引正四处寻找美女的范蠡？

其实，当时范蠡到苎萝村，只是正巧路过。那时候，范蠡已经搜罗到了不少美女，虽然这些美女，没有一个堪称惊艳，但他还是决定把她们带回去。他相信，通过一系列的秘密培训，这些美女里，一定有几个能够成为越国的“秘密武器”。

不过，就在范蠡骑着马，沿着小路一边朝前走，一边欣赏美景的时候。西施正和往常一样，踏着晨露，和几个浣纱女一起结伴去浣纱。

西施没有想到，这一天会成为她一生中的转折点，也不会想到，她会遇到一个改变她命运的人。当然，她更不可能想到，她会改变许许多多人的命运，甚至几个国家的命运。

因为不知道，所以西施还像往常一样，在河边一边和同伴说笑打闹，一边浣纱。

轻柔的细纱，纯净的溪水，溪水里倒映出的是浣纱女们那青春的容颜。突然，一阵马蹄声远远传来。

村里一旦有马蹄声，便是官家来人了。因而，马蹄声惊扰了除了西施之外的浣纱女们，她们停止说笑，纷纷转头看去。

当时，西施正埋头将柔纱放进水里。她以为，很快那马蹄声就会离开，而随着马蹄声的离开，浣纱女们又会恢复之前的说笑。可时间好像突然凝固了，西施不由自主地转头，而这一转头，她的命运便注定了。

马背上坐着的正是历史上有名的政治家、军事家、思想家，有着“商圣”之称的范蠡。

范蠡看到西施的那刻，不由怔住了。而西施也愣在那里，手里的纱不知何时已经掉落在水里。

两个人就那么四目相对。不知过了多久，在同伴们的调笑声中，西施才意识到自己的失态，而马上的范蠡也是先愣了半晌，随后便有种说不出的感觉。那一刻，范蠡知道，她就是自己一直寻找的“秘密武器”，但同时，他也知道，他喜欢上了她。

第二章 “秘密武器”西施

3

范蠡将西施带回了他的府邸，但不是做他的妻妾。

不管任何时代，男人和女人，对待感情的态度都是不同的。对那时候的西施来说，她在溪水边看到的骑在马背上的男人，就是她想要一生跟随的男人，不论天涯海角。而对范蠡来说，这个女人虽然深深地吸引了他，但他不能拥有她，因为他是越国的大夫，因此，这个女人只能是“秘密武器”。

范蠡不是不想拥有美好的爱情，但相比越王姒勾践的复仇大计，他只能暂时放下这份感情，全力以赴地完成这个计划，即便需要牺牲掉他的爱情。

因此，范蠡压抑住他对西施的感情，决定将西施训练成能够迷惑吴王姬夫差的女人，然后让吴王姬夫差因迷恋美色而荒废朝政，进而败国。也就是说，西施是越国派出吴王姬夫差身边的一个卧底，间谍。

既然西施要成为一个潜伏在吴王姬夫差身边的间谍，那就必须进行严格训练。

最初接受训练的，除了西施之外，还有其他十几个人，都是范蠡从各地挑选来的美女。只是，这些从各地精挑细选来的民间美女，虽然个个相貌出众，但在礼仪和歌舞方面却都有所欠缺，包括西施。

因此，范蠡首先找人对她们进行礼仪、歌舞方面的特别训练。因为据他对吴王姬夫差的了解，他喜欢的美人，除了美貌而外，还要有美好的仪态，高超的歌舞技艺。

就这样，经过第一阶段的训练，范蠡淘汰了数人，随后又对她们进行了第二阶段的训练，第二阶段是教她们歌舞。

不管是第一阶段的训练还是第二阶段的训练，西施都是其中最努力的那一个。其实，西施也不知道范蠡训练她们的目的是什么，或者对她来说，这本身并不重要，她在意的是，范蠡是否满意。因而，虽然出生于苎萝村的西施，从小没有接受过音乐和舞蹈的熏陶，但经过她的努力，她还是从她们中脱颖而出。

再次淘汰掉了几个人之后，范蠡开始对她们进行第三阶段的训练，而此时，包括西施在内，只有四个人了。

第三阶段主要教她们琴棋书画，以便能让她们拥有无与伦比的气质。

虽然她们都是万里挑一的美人，但毕竟是要送到吴王姬夫差身边的，吴王姬夫差身边的美女如云，因而，这些美人必须拥有非凡的能力，而这种能力，仅靠美貌是远远不够的，还需要有足够的智慧。

又经过一段时间的气质培养，范蠡又淘汰掉几个人后，只剩下包括西施在内的三个人了。

这三个人，个个气质超凡脱俗。范蠡知道，她们中的任何一个，都足以成为吴王姬夫差的专宠。然而，她们毕竟又不仅仅是讨好吴王姬夫差的玩物，她们还身兼迷惑吴王姬夫差、颠覆吴国的重任。因此，她们必须足够忠诚，要禁得住一切诱惑。而这，又是最困难，最重要的。

凭借她们的美貌和气质，她们得到吴王姬夫差的宠爱并不算困难，而在得到宠爱后，等待她们的，必定又将是享不尽的荣华富贵。如果她们经受不起诱惑，那么不要说助越灭吴，很有可能还会帮着吴国对付越国。到了那时候，越国的“美人计”，便是偷鸡不成反蚀一把米了。

4

三年后，范蠡觉得实施“美人计”的时机终于成熟了。

根据范蠡的计划，原本是要派两个美人在吴王姬夫差身边的。而之所以要派两个人，除了两个人可以互相配合、互相协助外，还因为一旦一个人出现意外，另一个可以补救，以防计划流产。

范蠡知道，这个计划的实施，不可能一蹴而就，很可能需要很长的时间。因为“伐吴”大计，本来就是个持久战。

范蠡在陪同越王姒勾践和夫人雅鱼在吴国为奴三年，回到越国后，便与谋略家文种商议对策，最后定下了“伐吴九术”。

“伐吴九术”包括:“一曰尊天地，事鬼神；二曰重财币，以遗其君；三曰贵籴粟槁，以空其邦；四曰遗之好美，以为劳其志；五曰遗之巧匠，使起宫室高台，尽其财，疲其力；六曰遗其谀臣，使之易伐；七曰彊其谏臣，使之自杀；八曰邦家富而备器；九曰坚厉甲兵，以承其弊。”

也就是说，“美人计”只是“伐吴九术”计划中的第四术：遗之好美，以为劳其志。也就是所谓的“送美女以惑其心，而乱其谋”。

虽然范蠡训练的三个美人都能做到“惑夫差心”，但经过一番斟酌，他还是选择了西施和郑旦。而在这两个人里，范蠡最看重的便是西施。

范蠡之所以会这么想，是因为他能从西施的眼神和话语里，隐隐觉察出她对自己的感情。而正因为这种感情，他能确定，西施绝对不会背叛他，既然西施不会背叛他，那么也就不会背叛越国。

对一个间谍来说，忠诚比能力更加重要。而西施，不管是从忠诚还是能力，显然又都是最出色的。

范蠡是在决定把西施和郑旦送到吴王姬夫差身边时，才告诉她们，这三年的训练，究竟是为了什么。

西施和郑旦对要送她们去吴国，去吴王姬夫差身边，并不意外。因为聪明如她们，是能从日常对她们的训练中感觉到，自己的未来不会在越王宫。

不过，虽然不意外，但毕竟要离开自己的家乡，她们还是有些伤感。特别是西施，当然，西施的伤感，更多的不是思念家乡，而是舍不得离开范蠡。

虽然不愿意离开，但对西施来说，只要是范蠡要她做的，她都会毫不犹豫地去做，不管干什么。

对于让她们潜伏在吴王姬夫差身边，迷惑他，让他因沉湎于酒色中而荒废朝政，郑旦还是有一丝犹豫的，因为她不知道如此重要的任务，自己是否能够完成。但对西施来说，她必须要完成这个任务，因为她知道这件事对范蠡的重要性。

之后，范蠡将西施和郑旦带到了越王姒勾践面前。越王姒勾践见如此两个美人，却要献给仇人，赵王姒勾践心里异常愤怒。

范蠡看出了越王姒勾践的心思，他悄悄对他说，大王难道忘了那三年，在姬夫差那里忍受的侮辱了吗？

越王姒勾践怎么可能忘记？

三年里，身为越国的君王，因为战败，他却不得不去侍奉吴国的君王姬夫差，给姬夫差铡草喂马。在吴王姬夫差生病时，甚至要尝他的粪便为他诊病。为了试探他们，吴国大臣伍子胥还让他夫人雅鱼侍寝使者……

这一切对越王姒勾践来说，都是一种耻辱，可当时他都忍了，而之所以忍，就是为了日后复仇。

那些奇耻大辱，自己都能忍受，眼前的这些又都算得了什么呢？何况，这些美人到了吴王姬夫差的身边后，还会变成射向仇人的利箭，刺向吴国的心脏。

第三章 西施惑夫差心

5

越王姒勾践派范蠡将西施和郑旦送到吴国，献给了吴王姬夫差。

在没有见到西施和郑旦之前，吴王姬夫差对于越国进献的美女，并不以为然。因为其他小国、部落为了讨好他，都在不断地进献美女，因而，他的宫里美女如云。

所以，当范蠡带着西施和郑旦来到他面前时，他正一边揽着美女，一边喝美酒，眼睛都没有朝她们看。吴王姬夫差之所以这样，除了对所献美女兴趣寥寥外，还因为越国的君主姒勾践和都曾做他过他的养马人、仆人，他又何必对这个也曾在吴国为奴的越国的大夫范蠡客气呢？因而他不仅没有什么礼节，甚至为了表示自己对范蠡，对越国的轻蔑，他故意侧过身去，与身边美女嬉笑。

不过，吴王姬夫差身边的美女，却在看到西施和郑旦时呆住了，随即她们那原本带着媚笑的脸，沉了下来。而周围刚刚还热闹的歌舞，也停了下来。

吴王姬夫差感觉到了异样，他扭身向西施和郑旦看去，瞬间就坐直了身体。

西施和郑旦，美得让他瞬间觉得身边的美女俗不可耐。他想，他的宫里应该没有哪一个能比得上越国进献的这两位美女。

吴王姬夫差瞬间就热情起来，他立刻命人设宴招待范蠡，当然，他的身边的两位美女，也已换上了西施和郑旦。

那场招待范蠡的宴会，也成为了西施和范蠡的告别宴。宴会上，西施和郑旦，一左一右服侍着吴王姬夫差，吴王姬夫差那神魂颠倒的样子，让范蠡五味杂陈。一方面，他为能训练出锋利的“秘密武器”而高兴，因为他知道，吴王姬夫差已经迷上了两位美女；另一方面，看到自己喜欢的女人强颜欢笑，去服侍吴王姬夫差，他又觉得有种说不出的难受。

而此时，西施心中又何尝不是在备受煎熬？

自从西施知道了自己来吴国，是要向吴王姬夫差实施“美人计”后，便既为能助范蠡实施“惑夫差心”灭吴而激动，也为因为要实施“美人计”，不得不委身于吴王姬夫差而痛苦。

西施从离开老家句无苎萝村起，便将心交给了范蠡，因而，对她来说，她对吴王姬夫差的伺候，就是对范蠡的背叛。不过她也很清楚，自己的任务就是想尽办法迷惑吴王姬夫差，可因为范蠡在，她又无法全然放开，因而表现得既拘谨，又有些心事重重。

幸好，西施的美，不受任何状态的影响。因而，就像她因心脏不舒服，皱眉捂心也会让人觉得她有一种别样的美一样，西施在宴会上的拘谨和心事重重，反而让看到她的第一眼就失去心智的吴王姬夫差更加沉迷。

范蠡离开吴国后，西施调整好心态，将所有的心思，全都放在了实施“惑夫差心”的计划上。

你一定要让吴王姬夫因为你们而沉湎酒色、荒废朝政，进而不断削弱吴国。这是西施和郑旦在离开越国，前往吴国的路上，范蠡对她们说的话。

西施不断用这句话提醒自己，让自己不要忘记身负的重任。

其实不用西施多费力去讨好吴王姬夫差，原本就美得恰到好处的西施，经过三年的训练后，已经美得清新脱俗，犹如仙女下凡。因而，她只需出现在吴王姬夫差面前，便能让吴王姬夫差把所有的注意力都集中在她身上。

当然，仅仅只是迷惑住吴王姬夫差还不行，还要让他因沉湎于淫乐而变得生活奢靡，招致朝臣、百姓的怨恨。

为此，西施装作一脸不满的对吴王姬夫差说，吴国是堂堂的千乘大国，可不知为什么，宫殿会如此矮小，如此简陋呢？

吴王姬夫差一听，急忙命人在姑苏建造了一座外部富丽堂皇，内部装修豪华奢侈的春宵宫。不过，等春宵宫建好，吴王姬夫差兴匆匆地带着西施和郑旦去玩乐时，西施又说春宵宫虽然很豪华，但美中不足的是没有湖，不能荡舟。

吴王姬夫差一听，又急忙命人在春宵宫筑了一个大池子。池子的规模很大，大得能在上面荡舟游玩。

自此，西施和郑旦便假装很喜欢春宵宫的样子，一去春宵宫就不愿意回去，她们不断地在吴王姬夫差面前撒娇，让他陪着她们在春宵宫里嬉戏游玩，在池子里荡舟。

就这样，在两位美女的左右夹击下，吴王姬夫差别说没有心思，就是有心思，也没有时间理朝政了，他的时间全都用在了和西施、郑旦的荡舟嬉戏上。

慢慢地，西施对在池子里荡舟也不满意了，她说要是能晚上睡在舟里就好了。就这样，吴王姬夫差又命人造了一座豪华青龙舟，停在池子中央，以便供他和西施在上面玩乐、嬉戏和休息。

自那以后，吴王姬夫差也便几日几夜都不回宫，任奏折堆积如山也不管。

在此期间，一直向吴王姬夫差进谏，不要沉湎于女色的伍子胥被吴王姬夫差冷落，而整日只知道溜须拍马的伯嚭开始得到吴王姬夫差的重用。

当然，伯嚭之所以能得到重用，还和西施在吴王姬夫差面前举荐他有关。因为对西施来说，远贤臣、亲佞臣可以加速完成她的灭吴计划。

6

吴王姬夫差非常喜欢看美女跳舞。于是西施想，即便自己的舞姿再优美动人，可如果总是跳一种舞，也会让吴王姬夫差厌倦的。而一旦他厌倦了自己，重新专注于理政，灭吴计划岂不就遥遥无期了吗？

于是，为了让吴王姬夫差继续沉湎于奢靡淫乐中，西施苦思冥想，发明了一种“响屧舞”，也就是穿着木屐跳舞。

西施在表演“响屧舞”时，不仅会穿着木屐，而且还会在所穿的裙子上系上很多小铃铛，因而，当她穿着木屐，翩翩起舞时，木屐和地面碰撞发出的有节奏声响，以及随着她的舞动，小铃铛发出的清脆声响交织在一起，很是动听。

然而，虽然西施发明的这种“响屧舞”，可以让吴王姬夫差在欣赏到她优美舞姿的同时，听到动听音乐，但有时，因为周围环境的原因，西施跳舞时，木屐与地面发出的声响和小铃铛声中会夹杂一些其他声音，这让在舞蹈和音乐上很挑剔的吴王姬夫差很懊恼。

于是，西施又给他出主意，说如果能有个专门跳“响屧舞”的地方就好了。就这样，吴王姬夫差又命人专门为西施筑了一条“响屧廊”。

自从有了“响屧廊”，每当西施跳舞，吴王姬夫差便有种如醉如痴的感觉，翩翩起舞的西施，便犹如那仙女下凡般，让他沉迷其中。

在“响屧廊”上跳了一段时间后。西施受敲击大缸发出的回音的启发，又对吴王姬夫差说，她要在铺着木板的大缸上跳舞。于是，吴王姬夫差又命人搬来数以百计的大缸供她挑选，然后又在大缸上铺上了由数百位木工辛辛苦苦制作了几个月的木板。

就这样，当西施穿着木屐，裙系小铃铛，站在数以百计、铺着木板的大缸上舞蹈的时候，那铃声和大缸的回响声，“铮铮嗒嗒”地交织在一起，犹如一个庞大的乐队的演奏。

西施发明的“响屐舞”牢牢地抓住了吴王姬夫差的心，他越来越宠爱她，越来越离不开她。而对西施来说，她的任务就是让吴王姬夫差贪恋奢靡享乐，整日和她在一起。为了这个目标，她千方百计地，寻找各种刺激的玩乐方式。

对此，《拾遗记》里记载：“吴处以椒华之房，贯细珠为帘幌，朝下以蔽景，夕卷以待月。二人当轩并坐，理镜靓妆于珠幌之内。窃窥者莫不动心惊魂，谓之神人。吴王妖惑忘政。”

“妖惑忘政”，就是越国献出西施的目的。无疑，西施出色地完成了她的任务。

吴王姬夫差整日与西施在一起，不理政事，这引起了吴国贤臣伍子胥的注意。

因为一直以来，伍子胥都对吴王姬夫差没有杀掉吴王姒勾践，灭掉吴国而深感不安。所以他开始怀疑越国献西施给吴王姬夫差的用意，因而他提议攻打越国，称越国越是看似沉默，就越值得怀疑，还说越国很可能在暗自发展，等待时机报之前越王姒勾践和夫人雅鱼在吴国受辱的仇。

吴王姬夫差听后，有些犹豫，因为那时候，他想攻打的是齐国。

西施在得知情况后，假装在吴王姬夫差面前落泪，说伍子胥一定是恨自己被吴王姬夫差宠爱，所以才要攻打她的国家。

伯嚭一直以来，都嫉妒伍子胥的才能，见西施和伍子胥之间有矛盾。为了巴结西施，也为了除掉政敌，他便诬陷伍子胥，称伍子胥要谋反。

昏聩的吴王姬夫差听信了小人的谗言。公元前484年，伍子胥被吴王姬夫差赐剑逼其自杀。自此，一代忠烈就此身殒。

第四章　西施助越灭吴

7

伍子胥死后，无人再敢劝谏，吴王姬夫差也就更加不理朝政了，他将政事全部交给了伯嚭，自己则通宵达旦与西施、郑旦等人缠绵在一起，纵情声色犬马。

当然，在吴王姬夫差沉湎于淫乐时，越国却暗暗发展生产，提高经济，同时还不忘提升军队战斗力。

为了时刻提醒自己，不要忘了在吴国为奴三年的耻辱，越王姒勾践在屋里挂上了苦胆，每次吃饭前都要先尝尝苦胆。同时，他的床上也只铺稻草，一如他在吴国为奴时的情景。而这也就是历史上有名的“卧薪尝胆”的来历。

不仅如此，为了增强国家凝聚力，越王姒勾践还和百姓一种耕田播种。而越王姒勾践夫人雅鱼则带领宫女们一起采桑养蚕、抽丝织布……

经过10年的累积沉淀，越国逐渐强大起来。

公元前475年，吴王姬夫差率领吴军精锐北方参加诸侯会盟、全力争霸中原，越王姒勾践觉得这是个机会，趁吴国国内兵力空虚之机，率领越军突袭吴国，杀死了吴国的太子。

公元前473年，越王姒勾践再次率越军大破吴军，将吴王姬夫差包围在了姑苏山上。

吴王姬夫差见大势已去，像当初越王姒勾践一样，提出了乞和。越王姒勾践接受了范蠡的建议，果断拒绝与吴王姬夫差的请求，并一举消灭了吴国。

就这样，在范蠡和文种的“伐吴九术”下，越国灭亡了。

对于西施在吴国死亡中所发挥的作用，元代散曲家卢挚在《西施》中说：“建姑苏百尺高台，贪看西施，杏脸桃腮。月暗钱塘，不提防越国兵来。吴王冢残阳暮霭，伍员长文老树苍苔。范蠡贤哉，社稷功成，烟水船开！”

客观地说，西施在吴国的日子，应该是她一生中最得宠，也过得最奢华、最安逸的日子。因为她再也不用每天踏晨露而作、日落而息，而是集万千宠爱于一身。然而，她并没有觉得幸福，因为她的心一直在范蠡身上。

随着吴国的灭亡，西施的最终去向也成了历史之谜。对于她的结局，说法有很多，后汉赵晔说：“吴王后，越浮西施于江，令随鸱夷以终。”

也就是说，西施虽然助越灭吴，但却没有多少人知道她去吴王姬夫差身边，是在做卧底，做间谍，所以因为她是吴王姬夫差的宠妃而将她装入皮囊，沉入水底淹死了。

还有一种说法是，西施被越王姒勾践的夫人雅鱼杀死了。理由是西施太美了，雅鱼怕被越王姒勾践纳入后宫，使越王姒勾践成为下一个吴王姬夫差。

第三种说法是，西施被愤怒的吴国百姓杀死了。因为他们认为吴国的灭亡就是西施这个越国派来的狐狸精导致的，于是他们用锦缎将她层层裹住，沉在了扬子江心。

针对这种说法，北宋文学家苏东坡在《东坡异物志》中说：“扬子江有美人鱼，又称西施鱼，一日数易其色，肉细味美，妇人食之，可增媚态，据云系西施沉江后幻化而成。”

也就是说，西施鱼是西施葬身江底的佐证。

不过，还有一种说法更普遍，而且这种说法，也是很多人都想要看到的，那就是越王姒勾践在灭掉吴国后，范蠡辞去官职，带着西施，驾着扁舟，云游四海去了。

范蠡确实辞去了官职，历史上记载得很清楚。说他请假没有上朝，然后留了一封信给文种后就隐居去了。

在对文种的信里，范蠡是这么说的，他说，越王姒勾践为人阴险，工于心计，是个可以共患难，不能同享乐的人。俗话说，飞鸟射完，就要藏起弓箭；兔子捕完，猎狗就要被煮掉，所以当他们助越王姒勾践灭掉吴国后，就要离开了，不然会有杀身之祸。

对于范蠡辞官的原因，有人说可能就像给文种的信中所说，怕被越王姒勾践用完后杀掉，毕竟文种的命运，确实就像范蠡预言的，被越王姒勾践赐死了。

当然，还有人说，他辞官主要是为了和他心爱的女人西施双宿双飞。

也就是说，西施没有死，她和她爱的范蠡云游四海，过神仙伴侣的生活去了。

当然，不管西施最终的结局是什么，有一点是肯定的，虽然在整个吴越争霸大局中，西施只是一枚小小的棋子，是文种和范蠡“伐吴九术”中的一术，但西施却在实施“美人计”时，却起到了四术“四曰遗之好美，以为劳其志；五曰遗之巧匠，使起宫室高台，尽其财，疲其力；六曰遗其谀臣，使之易伐；七曰疆其谏臣，使之自杀”的作用，因而，吴国的灭亡，西施的作用不可小觑。

（先秦篇　完）

11

芈八子开创太后专权　除西部最大隐患

从芈八子不顾太后身份，让义渠王做了自己31年的情人，最终又将他诱杀来看，她确实是个为了达到自己的目的不择手段的人。

让义渠王做情人，在当时，是她的污点，可当她诱杀义渠王成功后，这个污点，又变成了她对秦国的贡献。

第一章　芈八子和魏王后的战争

1

芈八子来到秦国，嫁给秦惠文王嬴驷为妾时，嬴驷还没有登上王位。和他的父亲秦孝公嬴渠梁一样，被称为“公”。“公”是周朝时对诸侯国国君的尊称。

春秋战国时期，随着周王朝的日渐衰落，周王“天下共主”的地位形同虚设。各诸侯国之间征伐不断，在残酷血腥的战争中，逐渐形成了齐、楚、燕、韩、赵、魏、秦七雄并立的格局。这些强大起来的诸侯国，不愿意再服从周王的辖制，纷纷称霸，自立为王。

远在西北蛮荒之地的秦国，在经过秦孝公时期的商鞅变法后，国力日益强盛。公元前325年，秦惠文王嬴驷效仿东方六国，正式称王。秦惠文王嬴驷也成了秦国历史上，第一位称王的君主。

其实，当初芈八子嫁给秦惠文王嬴驷，只不过是一桩政治联姻。当时，各诸侯国之间，为了结盟，经常采用联姻的方式。

芈八子祖籍楚国丹阳，生于楚国王室之中。虽然出身不俗，但不管是她的出生日期，还是她父母的身份，历史上都没有记载，只知道她祖上姓“芈”。“八子”也并非她的名字，而是她嫁给秦惠文王后，获赐的封号罢了。

据史书记载，当时秦国后宫的妃嫔等级依次为王后、夫人、美人、良人、八子、七子、长使、少使。由此可见，芈八子在秦惠文王嬴驷的后宫中，地位并不高。

和芈八子一样，为了政治利益而被远嫁到秦国，试图赢取秦惠文王嬴驷欢心的，后宫中俯拾皆是，其中最著名的便是秦惠文王嬴驷的王后。

秦惠文王嬴驷的王后名叫魏纾，本是魏国人，生于魏国王室。

对于魏纾，历史上的记载也很少，甚至连她的姓氏都找不到，称其为魏纾，只是因为她原是魏国人。

魏纾是以正妻的身份，嫁给秦惠文王嬴驷的。魏纾嫁给秦惠文王嬴驷时，秦惠文王嬴驷尚未称王，因此她当时被称为魏夫人；秦惠文王嬴驷正式称王后，魏纾也就顺理成章从魏夫人变成了魏王后。

同样是一段强行撮合的政治婚姻，虽然当时的魏国和楚国都十分强大，但是魏纾却成了正妻，而芈八子只能做妾。

初入秦国伊始，芈八子就从未想过安然接受眼前的一切，她时时刻刻都想要寻求改变，提高自己在秦惠文王嬴驷后宫中的地位。

当时的社会崇尚人丁兴旺，重男轻女之风尤其盛行，秦宫之中自然也不会例外。芈八子觉得，只要能给秦惠文王嬴驷多生几个公子，母以子贵，那么自己的地位也就有希望步步高升，甚至王后之位也并非遥不可及。

从此之后，芈八子的生活中开始充满了阳光和希望，她也如愿给秦惠文王嬴驷生下了三个儿子，他们是四公子嬴稷、七公子嬴悝、八公子嬴芾。可岁月流逝，她依然还是原来那个芈八子。

面对残酷的现实，芈八子的心中除了不甘，更是多了些嫉恨。而她的恨意更多集中在魏王后身上。

开始时，芈八子只是嫉恨命运的不公。初入秦宫，魏王后就可以享受王后的荣光，她只能是个八子。而在三公子嬴荡被立为太子后，芈八子的恨意便更多转到了嬴荡身上。

三公子嬴荡之所以能被立为太子，正是因为他是魏王后和秦惠文王嬴驷所生，是秦惠文王嬴驷的嫡子。

魏王后只生了一个儿子，这个孩子就被立为了太子，而芈八子为嬴驷生了三个儿子，四公子嬴稷还被派去燕国做了人质。但数年来，自己的地位毫无改观，儿子们的命运也令她忧心不已。面对老天的不公，芈八子心中愤懑难平。

芈八子嫉恨魏王后，魏王后自然早已知道。芈八子初一进宫，魏王后就已经发现，她将会是自己未来的敌人。

魏王后同样是个心思缜密的人。她并没有利用自己王后的身份而和芈八子正面交锋，而是不动声色，瞅准时机不时地给秦惠文王嬴驷吹枕边风。正因为如此，即便芈八子先后为秦惠文王嬴驷生下了三位公子，但她在后宫之中的地位也没有丝毫变化。

魏王后并不担心自己的王后之位被抢走。虽然她知道芈八子对自己的位子觊觎已久，但理想很丰满，现实却是无比残酷的。想从"八子"晋升为"王后"，中间的距离太过于遥远了，只要自己活着，芈八子就不可能有翻身的机会。不过，魏王后很快就发现自己错了，因为芈八子是个为达目的不择手段的人。魏王后所料不错，芈八子已经将目标转向了嬴荡的储君之位。

芈八子意识到自己与其费尽心思争夺王后之位，不如先笼络近臣、培植亲信，慢慢积蓄力量，待时机一到，便一举夺走嬴荡的储君之位。既然三公子嬴荡能当太子，自己的儿子四公子嬴稷为什么不可以呢？

为了实现自己的野心，芈八子悄悄地做着准备，她在宫中暗中培植自己的势力，千方百计让儿子嬴稷接近朝中重臣樗里疾。樗里疾是秦惠文王嬴驷的异母兄弟，颇受秦惠文王的信任。

身为后宫之主，魏王后在宫中自然也有自己的势力。在得知芈八子暗中拉拢樗里疾支持嬴稷继位后，她先是不动声色，继而便釜底抽薪，说服秦惠文王嬴驷，将嬴稷派去燕国做了人质。

2

战国时期，七国皆雄心勃勃，混战不休。各诸侯国都想一统天下，各国朝秦暮楚，忽战忽和，攻伐不断。连年的战争，导致军费负担日益沉重。为筹措军费，各国不断加重税赋，百姓怨声载道，流离失所。而频繁的战争，又极大的消耗着各国的国力。

既为七雄，自然没有哪个国家是软柿子。于是，为了求得一时的和平，各诸侯国之间便会签署一份和平协议。为了表示友好，同时也为了表达诚意，他们还会让王室子弟去对方的国家做人质。

然而，这些人质并非是什么“安乐侯”，他们随时都有生命危险。因为诸侯国之间战和不定，所谓的和平协议，只是一时的权宜之计，双方随时都可能毁约。那些墨迹未干，便反戈一击的事，人们早已是见怪不怪。而一旦发生战争，首先被杀的就是人质。

眼看着最有希望与嬴荡争夺储君之位的儿子被派去做了人质，芈八子恨得咬牙切齿，却又无可奈何。

公元前311年，秦惠文王嬴驷去世，太子嬴荡继位，为秦武王。

芈八子只好将自己对魏王后的恨意，深深地藏了起来。

从此之后，芈八子在宫里过得小心翼翼，不时嘱咐两个儿子——嬴悝和嬴芾，让他们小心处事，以免被魏纾抓住把柄，借机除掉他们。

芈八子的担心显然是多余的。嬴荡已经坐上了王位，成了秦国的国君，身为秦国国君的母亲，魏纾还会在意当年那个芈八子吗？当时的魏纾完全没有把芈八子放在眼里，她甚至一度还想过，如果芈八子能低声下气来求饶，说不定她会大发慈悲，让儿子把在燕国做人质的嬴稷接回秦国。

当时的魏纾，正是春风得意之时，她无时无刻不在以一种高高在上、胜利者的姿态注视着眼前一败涂地的芈八子。

芈八子显然并不清楚魏纾的想法，如果知道，她一定会去乞求魏纾让自己的儿子回来。

因为芈八子是个能让自己的儿子回来，就会放下身段，去乞求昔日的敌人的。能屈能伸，正是她最大的优点。只是天不遂人愿，随着嬴荡顺利继位，芈八子也只能死心了。

芈八子觉得这场博弈自己已经彻底输了，如今她还选择活下去，只是为了两个尚且年幼的儿子。至于在外做人质的嬴稷，芈八子也只好无奈放弃了。

没有争权夺利之心的芈八子，将对嬴稷的爱，全部都给了身边的两个儿子，特别是最小的儿子——八公子嬴芾。

世间有些事颇值得玩味，看似已经山穷水尽，不料却又峰回路转。

芈八子没有想到，在她已经完全放弃与魏纾的争夺时，她的命运竟迎来了意料之外的转机。

公元前307年8月，秦武王嬴荡死了。

身强力壮、孔武有力的秦武王嬴荡死得既突然，又离奇。

很多时候，人是会栽倒在自己最有信心的东西上的，秦武王嬴荡便是一例。

秦武王嬴荡虽然年幼，却是个野心勃勃的君王，素有问鼎中原之志。他自继位以来，便不断对周边各国发动战争，为秦国开疆拓土。可是最后，他却死于一场离奇的意外——举鼎而亡。

秦武王嬴荡力大过人、武艺高强，因此他也喜欢重用尚武之人，大力士任鄙、乌获、孟贲等都得到重用。自从登上君王之位，除了对外征伐之外，一有闲暇时间，他就和身边的武士们操练武艺。

这一天，秦武王嬴荡忽然心血来潮，来到周王朝的都城洛邑，提出要去太庙看一看九鼎。

九鼎寓意九州，是天下的象征，是周王朝的宝器。那时的“九州”为冀州、兖州、青州、徐州、扬州、荆州、豫州、凉州和雍州。既然早有“问鼎中原”之志，那么面对传说中的九鼎，秦武王嬴荡自然也是觊觎已久。

观看良久，秦武王嬴荡忽然指着九鼎中的“龙文赤鼎”（又名“雍州鼎”）问身边的乌获、孟贲、任鄙等人，你们谁能举起它？

众人皆惊。任鄙绕着沉重的“龙文赤鼎”转了几圈，摇了摇头，面露难色，无奈认输了。

秦武王嬴荡见了，顿时面露不悦。接着，孟贲走上前去，说他要试一试。

孟贲走到“龙文赤鼎”跟前，深吸了一口气，半蹲下来伸出胳膊抱住了“龙文赤鼎”。

孟贲累得面红耳赤、气喘如牛，而“龙文赤鼎”只是离开了地面半尺。

秦武王嬴荡虽贵为一国之君，毕竟年轻好胜。若能举起象征着“雍州”的“龙文赤鼎”，也就意味着能够征服雍州。

想到这里，秦武王嬴荡一把扯下身上的铠甲，大步上前就要举鼎。

身边的臣子见状，大惊失色，纷纷上前劝阻，但秦武王嬴荡自恃天生神力，执意要举鼎。

“龙文赤鼎”终于被慢慢举了起来，众人纷纷鼓掌喝彩。然而，此时的秦武王嬴荡已经是双眼充血，浑身战栗，难以支撑。只见他双臂一软，手一松，“龙文赤鼎”径直落下，重重地砸在了他的腿上。

秦武王嬴荡惨叫一声，胫骨已然折断。众人慌忙上前抢救，但为时已晚。很快，秦武王嬴荡就因为伤重不治，一命呜呼了。

秦武王嬴荡死时只有23岁，没有留下子嗣。

第二章　芈八子为子争王位

3

秦武王嬴荡的死，对魏纾和秦武王嬴荡的王后来说，犹如晴天霹雳，而对于芈八子来说，却是天上掉馅饼的好事。

芈八子没有想到，原本已经输掉的棋，还有重新再下的机会，兴奋之下，她派人找来了同父同母的弟弟芈戎和同母异父的弟弟魏冉。

芈戎和魏冉的各方面能力都不错，特别是魏冉，足智多谋。但由于他们是芈八子的弟弟，也就成了魏纾的对手，因而不管是在秦惠文王时期还是秦武王时期，他们都没有得到重用。

芈戎和魏冉原本以为自己的仕途走到头了，不料迎来转机，兴奋不言而喻。

我们的机会来了！芈戎和魏冉刚一见到芈八子便说。

找你们来，正为此事！芈八子说，国不可一日无君，我们一定要抓住这个机会，你们说，七公子嬴悝和八公子嬴芾，谁更合适？

芈八子寄希望于他们说嬴芾，因为嬴芾是她最宠爱的儿子，且一旦嬴芾继位，作为年幼君王的母亲，她也有机会替他执掌政权。

替儿子执掌政权的想法，芈八子早就有了，但却不能表露出来，毕竟君王的母亲主政，在那时候还没有先例。

七公子最合适！芈戎和魏冉异口同声道。

芈戎和魏冉在当时并不知道芈八子的心思，见芈八子面露失望之色，魏冉也就话锋一转道，八公子嬴芾虽然也很适合当君王，可他年龄太小，只怕朝臣不答应。

芈八子一想，确实如此。虽然她更想嬴芾继位，但目前最重要的是抢在魏纾前面，扶自己的儿子做新君，于是便说，那就公子悝吧！

那时候的芈八子和芈戎、魏冉，都没有想到四公子嬴稷。

嬴稷在燕国，扶新君是迫在眉睫的事，不容他们多想。当然，芈八子想不起嬴稷，还因为从感情上来说，去燕国多年的嬴稷，和她的感情无法与在秦国的两个儿子比。

芈八子和两个弟弟密谋扶新君时，魏纾还没有从失去儿子的悲伤中回过神来，她躺在床上，泪流不止。

魏纾自得知儿子秦武王嬴荡去世，便茶饭不思，哭哭啼啼，好几次晕厥过去，魏纾甚至不想活了，想追随儿子而去。

怕魏纾出现意外，秦武王嬴荡的王后一直守着她。

秦武王嬴荡的王后也很伤心，但她更担心自己的命运。她已经听说，芈八子四处寻找支持者，想要扶公子悝继承王位。

秦武王嬴荡的王后害怕了，她对魏纾说，一旦公子悝成为新君，芈八子定不会放过……

秦武王嬴荡的王后还未说完，魏纾便翻身而起。“芈八子”三个字犹如一声惊雷，让她从悲痛中瞬间清醒过来。

不行！绝对不行！我们绝对不能让她得逞，绝对不能！魏纾喃喃着。

芈八子第一次让魏纾感到了害怕。

秦惠文王时期，魏纾是王后，她可以死死地将只是“八子”的芈八子摁在地上；秦武王时期，魏纾的儿子是君王，只要她愿意，她甚至可以像踩死一只蚂蚁一样，将芈八子踩死。可如今，魏纾的丈夫和唯一的儿子都死了，而芈八子还有三个儿子。

不能！绝对不能让她的儿子继承王位。魏纾的嘴唇颤抖着。

魏纾知道，一旦芈八子的儿子做了君王，首先报复的就是她。

那我们该怎么办？秦武王嬴荡的王后问。她和魏纾是一根绳上的蚂蚱，芈八子报复魏纾，她也逃不掉。

魏纾深吸一口气，深思半晌说，嬴壮！我们还有嬴壮！

嬴壮就是历史上的公子壮，秦惠文王嬴驷的长子。

历史上没有记载嬴壮的母亲是谁，可见他母亲的身份并不显赫。魏纾想，公子壮若是能继承君王位，自己便又能以君王母亲的身份，压芈八子一头了。

魏纾觉得，自己和芈八子的这一仗，又要赢了。

秦武王嬴荡没有子嗣，若要从他的兄弟中挑选一位继承人，按顺序就应该是嬴壮。何况，嬴壮在宫中也有势力。

嬴壮的势力、魏纾的势力和秦武王嬴荡的王后的势力。三股势力相加，绝对强于芈八子、芈戎和魏冉的势力。

然而，本已稳赢的事，却因魏纾的行动晚于芈八子，让嬴壮的继位，出现了波折。

虽然有波折，可不管是芈八子一方还是魏纾一方都很清楚，嬴壮继位的可能性远远大于嬴悝，且时间拖得越长，对魏纾一方越有利。毕竟，那些被芈八子和魏冉临时拉过去的支持者，很可能又会被魏纾和嬴壮拉过来。

难道这次我又要输给她了吗？芈八子不甘，却也只能哀叹命运的不公。

然而，就在她准备放弃时，命运之神再次眷顾了她，在燕国做人质的嬴稷突然回来了。

嬴稷是被赵国、燕国派来的使者送回来的，使者说，他们送嬴稷回来，是为了让他继承秦国的王位。

4

嬴稷的归来，对芈八子一方来说，犹如必败的棋局里，突然窜出一个人，推翻了棋盘。

这棋，又可以接着下了。

本已心灰意冷的芈八子，重新振作起来，她和两个弟弟，以及嬴悝的支持者，转而开始支持嬴稷。

赵国和燕国能大张旗鼓地送嬴稷回来，不遮掩地说要扶他继位，肯定有不可告人的目的，芈八子心里很清楚，但嬴稷是她芈八子的儿子，为了能将魏纾打败，她没有别的选择。

送嬴稷回秦国继承王位，是赵国国君赵武灵王和燕国国君燕昭王的一个阴谋。

赵武灵王赵雍是个野心家，一直想要开疆拓土，无奈受到了魏国的阻拦。赵国和魏国之战，一触即发。

由于魏纾是魏国人，秦武王嬴荡在位期间，秦国和魏国一直是盟友。一旦赵国和魏国发生战争，盟国秦国绝对不会袖手旁观。魏国原本就实力不俗，再加上同样实力不俗的秦国，赵国必败无疑。

识时务者为俊杰。秦武王时期，赵武灵王赵雍不得不按捺住开疆拓土的念头，等待机会，直到秦武王嬴荡去世。

天助我也！赵武灵王赵雍觉得有了可乘之机，他时刻关注着秦国发生的一切。

秦国新君如果是魏纾支持的嬴壮继位，那么秦国和魏国必定还是盟友，自己开疆扩土的计划也就只能继续搁置。

敌人的敌人就是朋友。为了阻止嬴壮继位，赵武灵王赵雍想到了在燕国做人质的嬴稷。

如果能帮嬴稷坐上秦国的君王位，嬴稷肯定会对赵国感恩戴德，不仅不会亲魏国，还能亲赵国，甚至为自己所用，这样一来，自己岂不就是如虎添翼了吗？

赵武灵王赵雍越想越开心，随即与燕国的燕昭王燕职商议。最后，两国在达成共识后，派大将将嬴稷送了回去。

嬴稷的加入，让秦国的君王之争局势发生变化，魏纾一方和芈八子一方，势力处在了胶着状态。

国，不可一日无君。两股国内势力如果继续胶着，分不出胜负，甚至剑拔弩张，将会陷入内耗，而内耗，必定会让别的国家乘虚而入。一直持观望态度的右丞相樗里疾有些急了，他在心里暗暗做比较。

对樗里疾来说，嬴壮和嬴稷在能力上不相上下，谁做君王都行，可嬴稷的背后有赵国和燕国。

如果嬴壮继位，赵国和燕国会不会趁新君即位，政局不稳时攻打秦国呢？此时的秦国经不起一场战争！而如果嬴稷继位，虽然很可能受制于赵国和燕国，可毕竟给了秦国喘息的机会。

经过一番权衡，右丞相樗里疾选择了支持嬴稷。

樗里疾在宫里很有威望，随着他支持嬴稷，原本支持嬴壮的，有些也开始改为支持嬴稷。最终，芈八子一方胜出。

公元前306年，嬴稷继位，为秦昭襄王。

魏纾此次败给芈八子，在芈八子看来，是因为魏纾的“妇人之仁”。

芈八子想，嬴荡继位后，魏纾如果能找借口，把自己和三个儿子杀的杀，流放的流放，自己哪能有机会反败为胜？

为了避免魏纾的悲剧在自己身上重演，就绝对不能有“妇人之仁”，绝对不能给对手喘息的机会，因为，一旦给了对手喘息机会，死的就是自己。

于是，为了不给魏纾等人翻盘的机会，芈八子不仅以叛乱为由，处死了魏纾和嬴壮等人，还把秦武王嬴荡的王后送回了娘家。

在铲除多年强劲对手时，芈八子体会到了权力带来的乐趣。因而，虽然秦昭襄王嬴稷已经20岁，可以独立执政了，但芈八子还是决定执掌政权。

第三章　芈八子专权

5

《史记·秦本纪》曰:“昭王母芈氏，号宣太后。王母于是始以为称……是太后之号，自秦昭王始也。汉袭秦故号，皇帝故亦尊母曰皇太后。”

从这段话可以看出，芈八子之前是没有“太后”一说的。对于之前是如何称呼君王母亲的，不得而知，但自芈八子之后，君王的母亲也就被尊为太后了。

芈八子要“太后”尊称，是为了从幕后转到前台。

芈八子之前，君王的母亲没有资格干涉内政，芈八子在被尊为“太后”后，秦国君王虽为秦昭襄王嬴稷，但掌权的却是太后芈八子。

虽然朝政大权掌握在了自己手里，可芈八子依然不放心，为了控制秦昭襄王嬴稷，她让嬴稷娶楚国的公主为王后。明着是为了与楚国联姻，实则是为了在秦昭襄王嬴稷的身边，安插一个奸细。

芈八子让秦昭襄王的王后，时刻向她汇报秦昭襄王嬴稷的动向。芈八子不放心这个君王儿子，这个儿子离开她太久，她觉得很陌生，她必须提防。

空有君王身份，却无君王权力，秦昭襄王嬴稷觉得自己这个君王做得很窝囊，但又无可奈何。因为他在宫里的势力，比不上母亲的势力。

和秦昭襄王嬴稷一样无奈的，还有费尽心机送嬴稷回来当君王的赵武灵王赵雍和燕昭王燕职。本想让秦昭襄王嬴稷统治下的秦国，听命于他们，结果打错了算盘，让一个女人抢走了政权。

芈八子并不觉得是自己抢走了儿子秦昭襄王嬴稷的政权，芈八子觉得，嬴稷能坐上君王位，全是因为自己不顾生死，与魏纾的殊死一搏。如果没有自己的殊死一搏，坐上君王位的肯定是嬴壮。

因此，自己能给嬴稷一个君王身份，他应该要满足了。何况，把政权交给嬴稷，他会不会被赵国和燕国利用？如果他被利用，与其让他做赵国、燕国的傀儡，倒不如做她芈八子的傀儡。

芈八子在把她的掌权合理化后，做起事来，也就理直气壮了很多。

夺王位一役，让芈八子意识到，拥有自己的势力是多么重要。为此，一掌权，她便一边培植势力，一边为在夺王位一役中立下了汗马功劳的魏冉和芈戎封侯。

魏冉先被封为将军，后又被封为穰侯，封地在即穰和陶邑；芈戎先被封为华阳君，后又改封新城君，封地先是在陕西高陵，后又改在了河南密县。

除了给两个弟弟封侯，芈八子还封儿子——七公子嬴悝为高陵王；八公子嬴芾为泾阳君。

在封赏了两个弟弟和两个儿子后，她又重用娘家人，任母亲的族人——向寿为秦国宰相。在将重要位置上都安插上自己的人后，芈八子在朝中的势力，越来越强。

秦昭襄王嬴稷不甘心做母亲的傀儡，也曾想过要把权力夺回来，但考量一番后发现，自己在宫中势单力薄。

既然夺不回权力，那就只能忍。

秦昭襄王嬴稷做过人质。做人质，最重要的就是忍耐。因而，眼看母亲芈八子的势力越来越强，强到他根本无力反抗，他也就说服自己，听之任之，甚至对母亲言听计从，以便等待时机。

自此，秦国的政权也就彻底掌握在了以芈八子为首的外戚手里。

秦国外戚里，魏冉、芈戎、嬴悝和嬴芾的权力最大，历史上为此还将他们称为秦国"四贵"。

秦国"四贵"的权力到底有多大，据历史记载，大到了只知"四贵"，不知秦王的地步。而在这"四贵"里，权力最大的是魏冉。

不过，魏冉虽然权倾朝野，却也并非名不符实，他善谋略，懂识人，曾因保举白起为将，东向攻城略地，击败了"三晋"和强楚，使天下诸侯稽首而事秦。

对此，司马光评价魏冉说："秦益强大者，穰侯之功也。"

然而，人心不足蛇吞象，虽然已经倾权朝野，可魏冉还是欲壑难平。

公元前284年，当秦、韩、赵、魏、燕五国，合纵破齐，夺取陶邑后，得意扬扬的魏冉，开始忘乎所以，他擅自为自己加封。

魏冉此举，让早就对魏冉不满的朝臣忍不住了，他们纷纷上书秦昭襄王嬴稷。

秦昭襄王嬴稷觉得打压母亲势力的机会来了。

削弱魏冉的权力，相当于削弱母亲芈八子的势力。之前，魏冉权力大、势力强，且有母亲芈八子这个大靠山，秦昭襄王嬴稷也就没敢动。如今，魏冉擅自为自己加封的事，惹怒了朝臣，引起人心不附，他便可以借此动手了。

公元前266年，秦昭襄王嬴稷将魏冉逐出咸阳，逐到了他的封地陶邑。

据历史记载，魏冉在被逐去陶邑时，光辎车就有一千乘，珍奇宝物更是多得数不胜数，超过了王室。

第四章 芈八子诱杀义渠王

6

秦昭襄王嬴稷的忍功一流，虽然声名不如秦国“四贵”，权力又被母亲芈八子牢牢掌握，可他不动声色。

秦昭襄王嬴稷能忍，和他很早就被派去燕国做人质，受尽屈辱有关。

那段经历不堪回首，可也正是那段经历，让秦昭襄王嬴稷不仅为人处世格外谨慎，还学会了忍辱负重。秦昭襄王嬴稷的忍辱负重，换来了母亲芈八子诱杀义渠王，为秦国除去西部最大隐患。

义渠王是义渠人的首领，义渠人又是犬戎的一支。

犬戎是一群生活在西部边陲的游牧民族。西周初期，犬戎曾因西周强大的军事力量，臣服于西周。西周末年，随着周王朝的衰落，犬戎背叛周王朝，联合申侯攻打西周，西周最终在周幽王姬宫湦被斩杀于郦山下后灭亡。

犬戎攻打西周时，义渠国已经建立了。只是，攻打西周的犬戎和建立义渠国的犬戎不是同一支。

义渠国最强大时，地域东到桥山，西到海固草原，北到河套，南到泾水，面积有10万平方公里。

秦国和犬戎有世仇，这个仇是在西周灭亡，东周兴起时结下的。

西周灭亡，东周周平王姬宜臼在迁都洛邑时，秦国的秦襄公嬴开因护驾有功，周平王姬宜臼不仅赐岐山给他，还给了他征讨戎、狄的权力。

自此，秦国和戎、狄之间征战不止。

秦国一直想要称霸西北，但因为义渠国的存在，未能得逞。

公元前624年，为了消灭义渠国，秦穆公嬴任好曾重用一位西戎人为他出谋划策，并在这位西戎人的帮助下，占领了北边的义渠。然而，虽然占领了北边的义渠，但想要完全消灭义渠国却很难。

自此，如何把挡在秦国前进路上的绊脚石搬开，成了秦国历任国君，想尽办法想要做的事。

公元前444年，秦厉公嬴刺派兵攻打义渠国，虽然获胜，却也只是将义渠人打得四散而逃。很快，义渠人聚集起来，他们接受教训，韬光养晦，经过十多年的养精蓄锐，在公元前430年，秦躁公时期，攻打秦国。

这一次，义渠人不仅收复了曾被秦国占领的地域，还将疆域扩大到了20万平方公里，东到陕北，西到陇西，南到渭水，北到河套。

此战让秦国大受打击，和义渠国的仇也就更深了。

公元前331年，趁义渠国发生内乱，秦惠文王嬴驷派兵攻打义渠国大胜，义渠国称臣。

不过，明着称臣，暗地里义渠国却还是对秦国骚扰不断，并寻找机会复仇。

公元前318年，在中原诸侯国混战一片时，义渠国趁机背叛秦国，向魏国称臣。

魏国借机联合赵、韩、燕、楚，联合攻秦，使秦国受到重创。

义渠国是秦国的心腹大患，必须除之而后快。

公元前314年，秦惠文王嬴驷再次调兵遣将，大举进攻义渠国，并先后夺得25座城池。然而，义渠国很坚韧，即便秦国夺得了他们的城池，他们犬戎人的本性还在，很快又都聚集起来。

义渠国的存在，让秦国头疼不已。

公元前306年，秦昭襄王嬴稷在位，芈八子掌权时，面对义渠国这个大麻烦，芈八子决定发挥她的女性优势，一改之前秦国君王对义渠国的强硬态度，以柔克刚。

7

芈八子盛情邀请义渠王到秦国的都城咸阳做客。

秦国之前的掌权者，何曾这样对待过义渠王？义渠王既惊又喜。手下劝他不要去，说小心有诈，义渠王说，一个女人，怕什么？

历史上对于这位义渠王叫什么名字，什么性格都没有记载，不过，从他像走亲访友般，不设防地大摇大摆去咸阳来看，他应该是个比较自负的男人。

义渠王能欣然前往，除了邀请他的是年轻漂亮的太后外，还因为秦国刚刚经历了一场继位之争，政局不稳。

芈八子那时候只有30多岁，风情万种，义渠王一见，瞬间就被吸引住了。

芈八子从义渠王的眼神里，看出了对她的痴迷。于是，心生一计。

芈八子最初邀约义渠王来咸阳，只是想用怀柔政策，拉拢他，然后与义渠国来个联姻，改变一下秦国和义渠国之间，一直以来的剑拔弩张，让义渠国这个西部的绊脚石，虽然存在，却也不足为患。可当她看到义渠王看她时的眼神时，她改变了主意。

芈八子盛情款待了义渠王，酒宴上，她对义渠王嫣然巧笑、顾盼若姿，直迷得义渠王神魂颠倒。

芈八子挽留义渠王，让他留在咸阳。义渠王答应了，

这一留，义渠王就成了芈八子的情人。

对于留义渠王在咸阳，芈八子和儿子秦昭襄王嬴稷曾有过这样一段对话：

义渠国是我们秦国的最大隐患，必须彻底消灭它！芈八子说。

义渠国一定要消灭，可需要时机！秦昭襄王嬴稷说。

机会需要我们自己创造，留他在咸阳，就是在创造时机！芈八子又说。

母后留他在咸阳是想刺杀他吗？刺杀他不难，可那些义渠人……秦昭襄王嬴稷还未说完，芈八子便说，不！如今刺杀他只会让义渠人更仇恨我们，刺杀他和彻底消灭义渠国，需要从长计议！

如何从长计议？秦昭襄王嬴稷不解。

都说义渠人坚韧、顽强，打不垮。那么，我们留义渠王在这里，好生招待，消磨他的意志，让他精神懈怠。义渠人见我们对他们的义渠王这么好，就会渐渐放松警惕，到了那时候，我们就能让义渠国彻底消失了。芈八子说。

芈八子说的时候，眼神坚定。

秦昭襄王嬴稷还想再问什么，芈八子却有些不耐烦，他只好住嘴。

自秦昭襄王坐上君王位，很多朝政之事，芈八子都只是告诉他一声，并不一定要征求他的意见。秦昭襄王嬴稷习惯了。

秦昭襄王嬴稷以为，芈八子所说的留义渠王在咸阳，消磨他的意志，只是指让他沉迷于吃喝玩乐，他没想到，芈八子要把义渠王邀约到她的床上，她要义渠王沉迷于她的温柔乡。

秦昭襄王嬴稷刚开始无法接受。一个秦国太后，竟然让一个蛮夷之人做情人，这个蛮夷之人还是秦国的敌人，太荒唐了。

秦昭襄王嬴稷也曾想过劝阻母亲，可最终他没有说，他选择了

12

赵姬联手吕不韦　换秦国统治者血统

趋利避害是人的本能。赵姬原本就是个野心很大的人。如果野心不大，她也不会在吕不韦的身上下功夫。

拼命抓住吕不韦，是，吕不韦比其他男人有钱。可吕不韦再有钱，又怎么比得上秦国君王？何况，一旦她的儿子也成了秦国君王，她就不仅有了享不尽的荣华富贵，还有了显赫的身份和地位。

赵姬的心动了。

第一章　人质嬴异人

1

嬴异人在没有见到吕不韦之前，从来没有想过自己有一天会成为秦王。

遇见吕不韦的时候，嬴异人正在赵国做人质。嬴异人是被他的祖父——秦昭襄王嬴稷派到赵国的都城邯郸当人质的。那时候，他的父亲——安国君嬴柱是秦国的太子。

安国君嬴柱是秦昭襄王嬴稷的次子，能当上太子，是因为他的大哥嬴倬在魏国做人质时死了。

春秋战国时期，一个国家和另一个国家的关系，以及一个国家对另一个国家的重视程度，可以从派出的人质身上看出来。如果两个国家的关系比较好，或者一个国家重视另一个国家，那么，这个国家派去做人质的人的身份就高。

秦国能派原太子嬴倬去魏国做人质，就是表明秦国重视与魏国的关系，短时间不会与魏国发生战争。而派既不受祖父秦昭襄王嬴稷喜爱，也不受父亲安国君嬴柱喜欢的嬴异人去赵国做人质，说明秦国根本就不在乎与赵国的关系。

秦国之所以不在乎与赵国的关系，是因为赵国虽然和秦国一样，是战国七雄之一，但相比较而言，赵国比秦国弱。

太子安国君嬴柱有20个儿子，嬴异人是20个儿子中的老几，历史上没有记载，只是说居中。

嬴异人不受父亲喜欢的原因，除了他的母亲夏姬不受宠而外，还因为他的样貌和才华，极其普通。

秦国派一个不受宠的王室子弟来赵国做人质，对赵国来说，不仅是对赵国的蔑视，还说明秦国对赵国没有友好和平的诚意。赵国从上到下都很愤怒，他们将怒火撒在了嬴异人身上，对他既不尊重，也不重视，甚至还充满了仇恨。

赵国仇视他，秦国视他如弃子，嬴异人在赵国的日子陷入了困窘和难堪中，不仅车马费和日常开支得不到保障，就连温饱问题都难以解决。

经济的拮据对嬴异人来说，并不是最可怕的，最可怕的是，他不知道自己的人头何时落地。

嬴异人的担心并不多余，因为秦国和赵国是死对头，他们明着互派人质，暗地里却都蠢蠢欲动，伺机出兵。

2

秦国和赵国虽然是死敌，但追溯起来，秦人和赵人却是一祖同宗，他们都是“嬴”姓，拥有同一祖先。

秦人和赵人的祖先是尧舜时期，跟着大禹治水的大费。

大费在历史上又称柏翳、柏益。大禹治水时，大费因为协助大禹治水有功，先是被舜帝赏赐了一条黑色旌旗飘带，接着又让他迎娶了姚姓美女，最后还留他在身边为自己驯养鸟兽。

大费在驯养鸟兽上很有一套，深得舜帝信任，便赐他“嬴”姓。

“嬴”姓族人在夏朝夏桀时期，先是因为君王夏桀的残暴而投奔商汤，后又因为给商汤驾车有功，在商汤灭夏后，成为商朝的功臣。

嬴姓后代里，有个叫飞廉的人有两个儿子，一个叫季胜，一个叫恶来。

周穆王时期，季胜的子孙里，有个叫造父的因擅长驾车而受到了周穆王姬满的器重，获封地赵城（山西洪洞）。自此，造父这一支又为赵氏。

周孝王时期，恶来的子孙里，有个叫子非的因为养马有功，被周孝王姬辟方封秦地（甘肃天水）。于是，子非将秦地称为“秦嬴”，子非这一支也就成了“嬴”姓大宗，也叫秦氏。

秦子非死后，他的孙子秦仲继位。周宣王时期，秦仲被封为大夫伐西戎，结果被杀，秦地被收回。

公元前822年，秦仲的长子嬴其率兵攻打西戎大胜，周宣王姬静不仅将秦地还给他们，还把犬丘也给了他，而嬴其就是历史上的秦庄公。

此时，秦嬴也就有了秦地和犬丘两块封地，不过那时候秦嬴并未建国。

公元前769年，周平王姬宜臼迁都洛邑，秦襄公嬴开因为护送有功，被封诸侯，赐岐山以西土地，秦嬴自此建国，为秦国。

之后，历经无数代国君的努力，秦人依靠他们彪悍的性格，不断讨伐西戎各部，使其领地扩大到了关中东部。

公元前677年，秦国迁都雍（陕西宝鸡凤翔）。此时，关中平原的大部分地方，也都成了秦国的领地，秦国一跃成为霸主。

相比秦人建国，赵人就晚了很多。

周幽王时期，因为周幽王姬宫涅无道，赵人首领叔带带着这支族人去了晋国。在晋国期间，赵人因为屡立战功，成为了晋国六卿（韩、赵、魏、智、范、中行）之一。之后，六卿之间互相攻伐，剩下了实力最强的韩、赵、魏、智四卿。

春秋末年，越王姒勾践用范蠡、文种的“灭吴九术”灭掉了吴国，使越国成为春秋霸主。

晋国不甘心自己的春秋霸主地位被取代。于是，晋国四卿之一的智家向其他三卿提议，称为了能够让晋国再次成为春秋霸主，四家各拿一些封邑给晋国。

魏家和韩家虽然不情愿，但见智家拿了，只好答应，但赵家却坚决不拿。

智家、魏家和韩家便决定联合起来攻打赵家。不过，打着打着，魏家和韩家发现攻打赵家不容易，攻打智家容易。于是，魏、韩两家又联合赵家，一起攻打智家，智家被灭。

智家被灭后，魏、韩、赵三家平分了智家。智家为了晋国而被魏、韩、赵三家平分，晋出公姬凿既惊又气，他即刻向齐、鲁两国借兵攻打赵、韩、魏三家，不料大败，晋国被灭。

公元前403年，晋国被灭后，赵、韩、魏三家又把晋国也分了。这就是历史上有名的“三家分晋”。

平分了晋国的三家，纷纷建国。赵国先定都城晋阳（今山西太原），接着迁都中牟（今天河南郑州），之后又迁都邯郸（今河北邯郸）。

自此，赵、韩、魏就与秦、齐、楚、燕四个大国并称“战国七雄”。

战国七雄个个野心勃勃，时刻想着吞并对方。而在“七雄”里，秦人和赵人因为是同一祖先，所以有着相同的彪悍性格，他们互相视对方为仇敌。

3

在赵国忐忑不安的嬴异人，因为无聊，在邯郸的大街上闲逛，没想到就遇到了吕不韦，并因此改变了命运。

当时的嬴异人一脸落魄，与吕不韦擦肩而过。如果是其他人，遇到穿着打扮极其普通的嬴异人，肯定不会注意。但吕不韦不是普通人，他从嬴异人的普通中，看出了他的不普通。

这种不普通就是“贵族气”。

嬴异人身上的贵族气虽然被寒酸气所掩盖，但还是被吕不韦感觉到了。当时，吕不韦停下脚步，看着渐渐远去的嬴异人的背影，问旁边的邯郸本地人，那个人是谁？

嬴异人！邯郸本地人没好气地说。

吕不韦听说过秦国人质嬴异人的事，于是又问，就是那位秦国的公子？

什么秦国公子，是秦国派来的人质！邯郸本地人说完，朝嬴异人的背影唾了口唾沫走了。

吕不韦看着嬴异人那消失的背影，说了一句，“奇货可囤”。

如今的成语“奇货可居”，由此而来。

既然是奇货，便是稀有之物；既然是稀有之物，便值得投资。这是吕不韦从他的珠宝生意经中总结出来的。

吕不韦是一个成功的珠宝商。

他是卫国濮阳人，姜子牙23世孙，出生日期不详。

吕不韦在阳翟经商，平时游走各地，通过贱买贵卖来赚取差价。来邯郸，就是为了在这里寻找奇珍异宝，然后拿到其他地方去卖。

吕不韦虽然已经富甲一方，但却一直不满足。

吕不韦不满足的，不是他的财富，是他的身份。按当时的等级制度，商人是“士农工商”四个阶层里最低等的一种。因而，吕不韦虽有千金财富，却不如一爵之贵。

吕不韦很早就有进入“士”这个阶层的想法。其实，进入“士”这个阶层对他来说并不难，花钱买官就能达到，可小官对他来说，是个小生意。

吕不韦把进入“士”这个阶层，是当作生意来运作的。吕不韦不喜欢做小生意，他要做就要做大生意。

做珠宝生意时，所谓的大生意，是用最低的价格买到奇珍异宝；因而做进入“士”的大生意时，吕不韦也想找一个能低价入手的“奇珍异宝”。

但奇珍异宝难觅，需要机会。见到嬴异人后，吕不韦觉得机会来了。

吕不韦敏锐地意识到，他长久以来想要寻觅的，通向他向往已久的仕途之路的“奇珍异宝”，找到了。

好大一笔生意！吕不韦看着嬴异人远去的方向，喃喃道。

在一般人眼里，嬴异人既非安国君嬴柱的嫡子，也非安国君嬴柱的长子，更不是安国君嬴柱的爱子，他就是个人质，没有什么价值。但吕不韦的眼睛很刁钻，他透过嬴异人身上的落寞和不受人待见，看到了他的价值。

吕不韦眼里的嬴异人是块“赌石”。而非安国君嬴柱的嫡子、长子、爱子、只是赵国人质……这些都只是包裹在嬴异人身上的风化皮，只要将风化皮切开，嬴异人就可能是“奇货”一块。

嬴异人是一块等待切割的翡翠，切割者就是他吕不韦。

一块宝贝，只有当别人不把它当宝贝时，自己才有机会“贱买”。

嬴异人的落魄和不得志，给了吕不韦“贱买”他的机会。而“贱买”来后，吕不韦要先把他囤起来，然后一层层地剥开包裹在上面的风化皮，最后露出他的本来面目。

吕不韦要“囤”嬴异人。

有了这个决定后，吕不韦回家把他的想法告诉了同样是商人的父亲。对于此事，《战国策·秦策》中记载：“吕不韦贾于邯郸，见秦质子异人，归而谓父曰：‘耕田之利几倍？’曰：‘十倍。’‘珠玉之赢几倍？’曰：‘百倍。’‘立国家之主赢几倍？’曰：‘无数。曰：‘今力田疾作，不得暖衣余食；今建国立君，泽可以遗世。愿往事之。’”

意思是：耕田的收益是投资的十倍；贩卖珠玉的收益是百倍；立一个国家君主的收益是不可估量的。既然如此，那就去做一笔“拥君建国”的买卖——扶嬴异人做秦国的君王，然后借嬴异人来操持国政。这就是吕不韦要做的，仕途大生意。

第二章 “棋子”赵姬

4

吕不韦决定“囤”嬴异人时，想到了他的棋子赵姬。

赵姬是吕不韦纳的一个妾。

在成为吕不韦的妾之前，她是邯郸一位“绝好善舞”的歌伎。

赵姬并不姓赵，对于姓什么，历史上并没有记载，而她名字中的“赵”字，取自于她的出生国赵国。

赵姬的出生时间，以及父母是谁，干什么的，历史上都没有记载。有她记载时，她已经是赵国邯郸朱家巷一座青楼里的歌伎了。

赵姬是青楼里的头牌，在邯郸非常有名。赵姬有名，除了长得国色天香外，还因为她有着柔美婉转的歌喉，翩若惊鸿的舞技。

吕不韦刚一来邯郸，就以珠宝商的身份，四处打听当地宝贝。

当地人或许是在开玩笑，也或许真以为他所说的“宝贝”是指漂亮女人。总之，他们向他推荐了赵姬。

吕不韦是生意人，在生意人眼里，什么都可以成“货”，人也可以。于是，吕不韦去了朱家巷的那座青楼，见到了赵姬。

赵姬确实漂亮，也很惊艳，但游走四方，富可敌国的吕不韦，见过的女人不少。在见过赵姬两次后，就对她没有兴趣了。

吕不韦的大名，赵姬早就听说过。

第一次见吕不韦时，赵姬便使出浑身解数以引起他的注意。

能够成为珠宝商吕不韦的女人，一生也就有保障了，赵姬的计划是先迷住这个富可敌国的男人，让他一日不见她如隔三秋，然后设法让他纳她为妾。

对于让男人为她赎身，娶她为妾，赵姬自信满满，觉得只要用心了，没有她勾引不到的男人。曾经，有不少男人都说要为她赎身，娶她为妾，甚至还有人要娶她做正妻，但她都没有答应。

赵姬不想随随便便嫁给一个男人，美貌是她的资本，她要好好利用，给自己谋个富贵人生。

吕不韦的出现，让赵姬觉得，她的目的快要达到了。然而，赵姬没有想到，吕不韦在见了她两面后，便不再来找她。

赵姬不甘心，也不愿意放弃这个富可敌国的男人。

既然你不来找我，我就去找你！赵姬决定主动出击。

在打听到吕不韦的住处后，赵姬就去了，去时，手里拿着一只以前客人送的玉镯子。

赵姬对吕不韦说，玉镯子是她家的祖传宝贝，因为是祖传之物，不管生活多么艰难，她都没有变卖过。只是，如今家人都不在了，没人告诉她这个传家宝的来历，她来找吕不韦，就是想让他帮鉴定一下。

那天的赵姬，一反在青楼的浓妆艳抹，很是素雅。

这是赵姬刻意而为之。赵姬想，吕不韦之前没有被她迷住，想必是见惯了娇艳女人，她要反其道而行之。

吕不韦见过形形色色的人，能将生意做到富可敌国，靠的不仅是三寸不烂之舌，还有能揣摩别人心思的能力。

赵姬的言谈举止，没有逃过吕不韦的眼睛，他很快就知道了她的小心思。

吕不韦没有戳穿她，他极力配合她演戏，编了一个关于一只玉镯子的传奇来历。

那时候的吕不韦，本来是想戏弄一番赵姬，结果却发现，赵姬听后流泪不止。

赵姬的感动是装出来的，吕不韦知道。可吕不韦没想到，她会装得那么逼真，逼真到让他觉得，除了他而外，没有人能识破她是装的。就是在那时候，吕不韦对她产生了兴趣，并觉得她是一件“奇货”。

既然是“奇货”，那就可“囤”。当然，那时候的吕不韦，并不知道“囤”赵姬会给自己带来什么样的利益，直到嬴异人的出现。

5

吕不韦是个善于谋划之人，在决定了扶嬴异人当秦国国君后，他先是对嬴异人做了全面了解，接着制订了一个计划。计划的第一步是说服嬴异人和他合作。

那时候的吕不韦，阶级等级虽低，但有钱；那时候的嬴异人，阶级等级虽高，却处在落魄和危险中。

因而，吕不韦不仅顺利见到了嬴异人，还一见面就直言，他要帮助嬴异人光大门庭。

吕不韦没有丝毫的拐弯抹角，之所以能毫不隐讳地直言，是他洞察到了对方的需求，知道嬴异人想要什么。不过，嬴异人不知道吕不韦想要什么，也就不以为然道，你还是先光大你自己的门庭吧！

嬴异人的意思是，你再有钱又怎样？还不是一个“商”？

我要先光大你的门庭，然后再光大我的门庭啊！吕不韦说这句话的时候，表情很严肃，眼睛里全是真诚。

嬴异人意识到，吕不韦不像是在开玩笑。

嬴异人并不认为吕不韦真的就能帮他光大门庭，但吕不韦有钱，而他正好需要钱。有钱的吕不韦，是有可能帮他离开赵国的。

嬴异人看着吕不韦，脸上的不屑消失了。

只要有一线希望离开赵国，嬴异人就要牢牢地抓住。

在赵国是种折磨，他时刻担心秦国和赵国开战，恐惧让他生不如死。嬴异人知道，他的祖父秦昭襄王嬴稷、父亲安国君嬴柱根本不在乎他的安危。

帮我离开赵国！嬴异人看着吕不韦，急切地说，只要你能帮我离开赵国，我一定报答你！

嬴异人没有说怎么报答，也不知道怎么报答。

吕不韦笑了。他说，他不仅要帮助嬴异人离开赵国，还要让嬴异人回到秦国后，成为他父亲安国君嬴柱继承人的有力争夺者。

嬴异人听完，苦笑了一下，摇了摇头。

嬴异人想，凭着吕不韦的财产，帮自己离开赵国还是有可能的，可成为父亲安国君嬴柱继承人的有力争夺者，简直就是痴人说梦。

安国君嬴柱的儿子有很多，最得宠的就是嬴子傒。更重要的是，嬴子傒的母亲在宫中很有势力。因而秦国人都认为，嬴子傒是最有可能的继承人。

吕不韦看出了嬴异人的心思，说了一句，嬴子傒的母亲不是华阳夫人。

嬴异人愣了一下，抬眼看着吕不韦。

安国君最宠爱谁？是嬴子傒的母亲还是华阳夫人？吕不韦又问。

嬴异人沉默半晌道，你想怎么做？

让华阳夫人认你做义子。吕不韦说。

华阳夫人是安国君嬴柱最宠爱的女人，没有子嗣。

吕不韦在决定“囤”嬴异人，借嬴异人实现“拥君建国”梦想后，就开始全面了解嬴异人，以及秦国王室的情况。

华阳夫人没有子嗣却被立为夫人，可见其受宠程度。因而只要华阳夫人认嬴异人为义子，嬴异人就不仅能回国，还有可能坐上君王位。这就是吕不韦的算盘。

嬴异人听完，眼神亮了。不等他问，吕不韦又说，只要你答应和我合作，我马上拿钱物去秦国，帮你开路。

吕不韦不仅要拿钱去秦国替嬴异人开路，还要花钱包装嬴异人，提高嬴异人的身价和知名度。

嬴异人越听越激动，他说，如果一切都能如愿，我愿意拿秦国与你同享！

“拿秦国与你同享”就是吕不韦想要的。吕不韦笑了。

为了让嬴异人如愿后不反悔，也为了让自己投入的钱财不打水漂，吕不韦还要做一件事，那就是将赵姬这枚“棋子”，安放在嬴异人的身边。

赵姬善于演戏，且眼里有欲望，这些都可以拿来为自己所用。吕不韦想。

第三章　借“巢”孵“卵”

6

吕不韦能够成为一个成功商人，甚至在历史上被称为“商圣”，最主要的原因就是他能洞察对方的需求，然后投其所好。

吕不韦知道嬴异人想要什么，所以很快就取得了嬴异人的信任，让嬴异人视他为唯一的救命稻草，依赖他、配合他，跟着他行事。

说服嬴异人后，吕不韦又开始执行他的第二步计划——说服华阳夫人，让华阳夫人认嬴异人为义子。

吕不韦去了秦国后，并没有直接找华阳夫人。华阳夫人不是落魄的嬴异人，没那么容易见到。吕不韦先去见了华阳夫人的弟弟阳泉君。

阳泉君也不是说见就能见到的，可吕不韦有钱，他用钱开道。

在辗转见到阳泉君后，吕不韦和说服嬴异人与他合作一样，直指要害。

吕不韦说，阳泉君虽然可以因为姐姐的受宠，享受荣华富贵，可安国君老了，一旦安国君不在了，继位的就是嬴子傒。嬴子傒继位，肯定会重用一直支持他的人，不可能是阳泉君，到了时候，阳泉君和华阳夫人，肯定会受到冷落。

吕不韦所说之事，正是阳泉君和华阳夫人所担心的事。

阳泉君问吕不韦，有没有什么办法改变这种现状。

吕不韦说，在赵国做人质的嬴异人既有才华，也有德行，很想回秦国，无奈宫里没有母亲可以庇护，只能继续在赵国做人质，还说，如果华阳夫人能够认嬴异人做义子，安国君继位后，嬴异人若能有幸被立为太子，甚至继承王位的话，嬴异人必定会对华阳夫人感恩戴德，到了那时候，华阳夫人也就不用再担心无子嗣的事了。

阳泉君一听，很有道理，便说要和姐姐商量一下。

几天后，阳泉君带着吕不韦去见华阳夫人。

面对华阳夫人，吕不韦先是将嬴异人一顿猛夸，然后说，他在赵国见到嬴异人时，嬴异人不断和他说，很思念父亲和华阳夫人。

华阳夫人没有说话，吕不韦继续说，虽然华阳夫人被安国君宠爱，但以色侍人，色总有失去的时候，如果有个孝顺的儿子，情况就不一样了，到了那时候，即便安国君去世，她也不用再担心什么。而如果这个孝顺的儿子还继承了王位，那么，她便能一生都受到尊宠了。

吕不韦的话，说到了华阳夫人的心坎上。

华阳夫人答应了。

之后，华阳夫人不断在安国君嬴柱面前说嬴异人多么优秀，被多少人夸赞，然后又说，自己虽然有幸被安国君嬴柱宠爱，却没有儿子。最后又说，如果能认嬴异人为义子，以后她也就有依靠了。

华阳夫人说着说着，流起了眼泪。

安国君嬴柱虽然不喜欢嬴异人，但却心疼华阳夫人，为了给她一个依靠，也就答应了。

怕安国君嬴柱反悔，华阳夫人还说服他，刻了个玉符给在赵国的嬴异人。

华阳夫人像嬴异人一样，依赖上了吕不韦，把一切希望都寄托在了吕不韦的身上，她不仅让吕不韦给嬴异人带礼物，还让吕不韦好好教导他。

吕不韦知道，自己的计划，成功了一半。

吕不韦急忙赶回赵国。

此时在赵国的嬴异人，已经不是之前那个默默无闻，像个秦国弃儿的嬴异人了，他用吕不韦给他的钱财，打扮自己，扩大自己的交际圈，很快就在赵国，甚至秦国名声显赫起来。

前途堪忧的嬴异人，因为吕不韦，命运来了个大反转。

7

一切都在按吕不韦的设想进行。

吕不韦开始实施他的第三步计划，说服赵姬，诱惑嬴异人。

吕不韦最初只是想把赵姬安插在嬴异人的身边，可从秦国回来后，赵姬的一句话，让他有了一个惊天的计划。

这个计划是在赵姬给他说，想和他有个孩子时，他想到的。

赵姬想要孩子，是为了拴住吕不韦。而自被吕不韦纳为妾，住进吕不韦在邯郸买的房子后，她便很少见到吕不韦了。

赵姬不缺钱，可还是感到了不安，她怕使出浑身解数攀上的吕不韦会抛弃她。因而，吕不韦每次出门，赵姬都怕他再也不回来了。

吕不韦去秦国后，焦躁不安的赵姬想，吕不韦再回来，她一定要给他生个儿子拴住他，即便拴不住他的人，有了这个儿子，她以后的生活也就有保障了。

赵姬给吕不韦说的时候，并没有说要个孩子，只说是为了以后的生活有保障。她说，吕不韦经常不在家，有个孩子，她也就不孤单了。

赵姬说完后，眼泪汪汪地看着吕不韦。

吕不韦先是久久地看着赵姬，然后兴奋道，对！要个孩子！咱们要个孩子，我们的孩子，一定贵不可言！

那时的吕不韦，没有和赵姬说出他的惊天计划，这个惊天计划，隐藏着一个大阴谋。

几个月后，赵姬说她怀孕了。吕不韦开始给赵姬说他的计划，说计划前，他打发走了身边所有伺候他们的人，并对他们说，谁不经他同意进来，就拉出去斩了！

赵姬一听这话就知道，吕不韦要告诉她的，一定是不可告人的秘密。

吕不韦先讲了他的“拥君建国”计划，然后停下来看着赵姬，直看得赵姬头皮发麻才说，你愿不愿意做秦国的王后？

王后？愿意！当然愿意！只是……难道你要做秦国君王？刚刚你不是说要扶嬴异人做秦国君王吗？赵姬说。

我做不了秦国君王，可我想让我们的儿子做秦国君王！吕不韦说。

赵姬越听越糊涂了。

什么意思？她问。

我们一起做个大生意吧！吕不韦说。

大生意？什么大生意？赵姬的心怦怦乱跳。

吕不韦说出了他惊天计划里的那个阴谋。

赵姬听的时候，先是后背发凉，然后浑身颤抖。她想，这个男人太可怕了。不过，害怕过后，赵姬又有了一丝亢奋，她想，这个男人太厉害了。

吕不韦和赵姬说的时候，如同在和人谈一桩珠宝生意，不带一丝感情。

赵姬听的时候，心情非常复杂，既失落又兴奋。失落的是，吕不韦娶自己为妾，竟然只是把自己当成一枚棋子，一个诱饵。兴奋的是，如果计划成功，她将会是秦国王后。

相比做珠宝商的妾，秦国王后的吸引力更大。

趋利避害是人的本能。赵姬原本就是个野心很大的人。如果野心不大，她也不会在吕不韦的身上下功夫，拼命抓住吕不韦。是，吕不韦比其他男人有钱。可吕不韦再有钱，又怎么比得上秦国君王？何况，一旦她的儿子也成了秦国君王，她就不仅有了享不尽的荣华富贵，还有了显赫的身份和地位。

赵姬的心动了。

不过，如果嬴异人回不了秦国，一直在赵国做人质，甚至被赵国杀了呢？那自己岂不两边都落空了？

赵姬犹豫起来。

赵姬的神色变化，逃不过吕不韦的眼睛。

如果计划不成功，你还是我吕不韦的女人。吕不韦说。

赵姬放下心来。

自此，赵姬成了吕不韦计划中的一枚“棋子”，成了吕不韦实施“惊天阴谋”的同谋。

8

吕不韦开始实施他计划的第四步，给嬴异人布局。

这一步，不是吕不韦的单打独斗，是他和赵姬的配合。

嬴异人不知道这是一个局。曾经在秦国、赵国备受冷落的他，因为吕不韦，不仅让他在赵国的日子好了起来，还成了未来储君位的有力竞争者，他怎么能不听吕不韦的？因而那天，当吕不韦说要在家里招待他时，他兴冲冲地来了。

酒过三巡，菜过五味，喝得晕乎乎的嬴异人，听到吕不韦说，让他的小妾来给未来的秦国国君敬一杯酒。

“未来的秦国国君”这几个字让嬴异人更醉了。

醉眼蒙眬下，随着一阵香风袭来，嬴异人看到了云鬓轻梳、蛾眉淡拂、玉步轻移向他走来的赵姬。

赵姬的眼神，自看到嬴异人，便没有离开过。嬴异人的眼神，也一直在赵姬的身上打转。

赵姬拿着酒盅，来到了嬴异人的身边，她轻倚在嬴异人身上，眼波流转。

嬴异人目眩心迷。

吕不韦起身对嬴异人说，他要去茅厕，随即走出去关上了门。赵姬顺势歪倒在了嬴异人的怀里。

吕不韦没有离开前，嬴异人虽然看到赵姬心旌荡漾，却还有所顾忌，毕竟她是吕不韦的小妾，而吕不韦又是帮助他回秦国，实现他君王梦的人。可当吕不韦离开，赵姬躺倒在他的怀里时，嬴异人所有的顾忌和理智消失了。

嬴异人紧紧地搂住了赵姬，他们互相撕扯对方的衣服。就在这时，门突然打开，吕不韦走了进来。

嬴异人怔在了那里。

吕不韦先是指着赵姬痛骂，接着又指着嬴异人痛斥。他说，他花上钱财，好心好意地替嬴异人奔波，没想到嬴异人不仅不感恩，还要调戏他的爱妾。

吕不韦说的时候，痛心疾首，称他看错人了，还说他再也不帮嬴异人了。

嬴异人的酒全部吓醒了，他觉得自己又成了秦国的弃儿，赵国的人质。于是，他扑通一声跪在地上，向吕不韦求饶。

吕不韦不为所动。

这时，赵姬也跪下了，她向吕不韦给嬴异人求情。

赵姬说，一切都是她的错，还说她愿意用死来替嬴异人求情。

嬴异人听后，感动不已。

见戏演得差不多了，吕不韦无奈道，既然你们情投意合，那我也就“忍痛割爱”，成全你们吧！

嬴异人刚开始不知道吕不韦的意思，对他来说，帮助他成为秦国君王比把赵姬送给他，更让他高兴，因而，他没有动。

赵姬急了，拉了嬴异人一把，示意他向吕不韦道谢。嬴异人还是没有动，直到吕不韦说，他可以原谅他，也愿意继续助他回秦国当君王。

不过，你必须答应我几个条件。吕不韦说。

什么条件？什么条件我都答应！嬴异人犹如溺水之人抓住了根救命稻草，急忙问。

吕不韦说出了他的条件：嬴异人若能回到秦国，一定要娶赵姬为正室；嬴异人一旦当了国君，与赵姬所生的儿子，一定要是太子。

嬴异人哪有不答应之理？

盛宴结束，嬴异人千恩万谢地带着赵姬走了。

嬴异人不知道，那时的赵姬已经怀孕，怀的是吕不韦的孩子。

让怀着自己孩子的赵姬嫁给嬴异人，并在嬴异人成为秦国君王后，立赵姬为王后，孩子为太子，这就是吕不韦和赵姬的计划，这个计划叫借“巢”孵“卵”。

第四章　秦始皇"吕政"

9

公元前259年，秦国和赵国开战，双方撕下伪装，无不企图灭掉对方。

没来得及回秦国的嬴异人被囚禁起来。

战国七雄，实力排名虽然不断发生变化，但经过了商鞅变法后的秦国，很长一段时间都占据首位，而赵国虽然不如秦国，却也因有名将廉颇而不容小觑，因而，两国相持不下。

公元前259年10月，经过几个月的激战，秦军打破僵局，攻入赵国境内。

赵国上下一片哗然，纷纷要求杀掉人质嬴异人。

嬴异人急了，大腹便便的赵姬更急了。

赵姬自和嬴异人在一起，便一直等着有一天能回秦国当她的王后，她不能让美梦破灭。于是，她挺着大肚子，去见吕不韦，让他救嬴异人。

不用赵姬说，吕不韦也会不顾一切地救嬴异人的。

嬴异人是吕不韦付出了巨大财力投资的"奇货"，他不可能让他的"奇货"被毁，不然，他之前的付出就打水漂了。

为了救出嬴异人，吕不韦再次拿出大把钱财，买通看守。

嬴异人被救了出去，和吕不韦一起逃出邯郸后，先去了秦国军营，然后又被送回了秦国。

赵姬因为大着肚子，行走不方便而留在了赵国。

抓不住嬴异人的赵国人就抓走了赵姬，并把她软禁起来。

公元前259年12月，赵姬生下一子。这个儿子就是历史上赫赫有名的秦始皇——嬴政。

赵姬生嬴政的时候，不可能想到嬴政会成为统一中国、实行皇帝制度的君主。在被软禁起来的时候，她大骂嬴异人和吕不韦，称他们只顾自己逃命，不管自己和儿子。

那时候的赵姬很后悔，后悔听了吕不韦的“借巢孵卵”计划，导致自己不但未能成为秦国王后，还失去了自由，甚至可能丢掉性命。

赵国人本来是要杀了赵姬和她的儿子的，但赵姬出色的演技救了他们的命。

赵姬被抓后，一直放声痛哭，称她是赵国人，是青楼的歌伎。在问到她的儿子是谁的时，她坚持说不知道，还说她的客人很多，嬴异人和吕不韦都是她的客人，更说她也没有想到，她会被他们连累等等。

赵姬表演得很逼真，再加上她确实出身青楼，分不出真假的赵国人，也就没有杀她，只把她和儿子看管起来。

公元前251年，秦昭襄王嬴稷去世。

秦昭襄王嬴稷的去世，让事情发生了变化。

秦昭襄王嬴稷去世后，嬴异人的父亲安国君嬴柱继位，为秦孝文王。嬴异人因为义母华阳夫人的关系，被立为了太子。

当然，那时候的嬴异人，已经改名为嬴子楚了。

嬴异人和吕不韦从赵国逃走，回到秦国后，首先见的就是华阳夫人。

华阳夫人是楚国人，且一直对楚国念念不忘，吕不韦清楚这一点，于是授意嬴异人，让他改名为嬴子楚。这个举动，让华阳夫人很是高兴，不仅正式认他为义子，还在当时还是安国君的嬴柱面前不断说嬴异人（嬴子楚）的好话，最终让安国君嬴柱在继位后，立他为太子。

新君上位，政权还不稳，秦孝文王嬴柱主动提出要和赵国和解。

一听说秦国要和赵国和解，嬴异人（嬴子楚）又被立为了太子，赵姬马上说她的儿子就是秦国太子嬴子楚的儿子。

那时候的赵国已经意识到和秦国的差距，见秦国主动提出和解，也就借坡下驴，为了表示友好，他们将赵姬母子送到了秦国。

那时候，嬴政9岁。

10

赵姬和嬴政回到秦国后不久，秦孝文王嬴柱就死了，太子嬴子楚（嬴异人）继位，为秦庄襄王。

对于秦孝文王嬴柱的死，有很多说法，有的说是因病突然去世，还有的说是吕不韦为了让太子嬴子楚尽快坐上王位，买通了秦孝文王嬴柱身边的人，将他毒死了。

不管秦孝文王嬴柱的死和吕不韦有没有关系，吕不韦的“拥君建国”梦想都实现了。

秦庄襄王嬴子楚没有违背承诺，在赵姬被送回秦国后，他先是将她立为王后，然后又将嬴政立为了太子。

吕不韦如愿做了相国，封文信侯，食邑洛阳十万户。

秦庄襄王嬴子楚的君王位也没有坐多久，三年后便生病去世了，十三岁的嬴政继位。

赵姬一跃成为君王的母亲，而吕不韦则成了君王的“仲父”。

此时，吕不韦利用赵姬，实现了从一个珠宝商到相国的政治野心。而赵姬也利用吕不韦和自己的身体，实现了从一名青楼歌伎，到王后、太后的政治野心。

吕不韦和赵姬，在让不可能坐上君王位的嬴异人坐上君王位时，已经改变了历史的走向。之后，他们又让他们的儿子嬴政坐上君王位，彻底改换了秦国统治者的血统。

吕不韦和赵姬将秦国的嬴人血统，变成了姜姓（吕不韦姓姜）血统。对于这点，《史记·秦始皇本纪》中是这么说的："周历已移，仁不代母，秦直其位，吕政残暴。"

《史记》里，嬴政直接称为了吕政。

不管秦始皇是"嬴"人后代还是"姜"人后代，他之后都成为了灭六国，统一中国，修建万里长城的，中国历史上的首位皇帝。

当然，赵姬对秦国命运的改变，对历史走向的改变，都是被动的。她所做的一切，初衷都只是为了改变自己的命运。

为了改变自己命运的赵姬，成了吕不韦的一枚"棋子"，在吕不韦的谋划下，虽然从一名青楼歌伎，成为了秦国的王后、太后，可最终，她又在吕不韦的谋划下，因为与嫪毐的一段不堪之事，成为了历史上的一代淫后，并最终被儿子嬴政逐出咸阳，迁往城外的贡阳宫。

秦始皇嬴政因为母亲的"丑事"，不仅与赵姬断绝母子关系，而且再不相见。

公元前228年，赵姬去世，与秦庄襄王嬴子楚（嬴异人）合葬在了芷阳（今西安）。

赵姬的一生，充满了阴谋。阴谋成就了她，让她成了王后、太后。但最终，阴谋也害了她，让她在冷清和唾骂声中度过了一生。

然而，曾经强大到战无不胜，仅用12年就灭了六国，结束了诸侯混战局面，并统一天下的大秦王朝，最后还是在秦始皇嬴政死后三年多就土崩瓦解。

之所以这样，除了秦始皇嬴政活着时，看似四海升平的平静之下，暗潮涌动外，还因为继任者秦二世嬴胡亥和秦三世嬴子婴太弱，给了野心家机会。

当然，野心家并不仅仅只是男人，在中国历史上，从赵姬开始，越来越多的女人，开始和男人一样，为了权欲而厮杀。

13

“雌龙”吕雉　虽凶残却令国力强盛

戚夫人在没有生下刘如意之前，吕雉对戚夫人的恨，仅仅只限于戚夫人夺走了她的丈夫刘邦；戚夫人生下刘如意后，吕雉对戚夫人的恨，便延伸到了戚夫人的儿子刘如意，想要夺走她儿子刘盈的太子位。

第一章　吕雉下嫁刘邦

1

吕雉当初嫁给刘邦时，绝对是下嫁。

吕雉是齐国贵族后裔，出生于富贵人家，而刘邦出生于一个农民家庭。两家门不当，户不对。

吕雉出生于公元前241年的砀郡单父县（今山东菏泽单县），父亲叫吕文（人称吕公）。

对于吕雉的家世，历史上虽然没有过多介绍，但却记载了她的父亲吕文与沛县（今江苏徐州沛县）县令交情不一般。这从吕雉全家搬去沛县后，沛县的头面人物，大大小小官员全都去祝贺、拜访，可见一斑。

吕家从砀郡单父县迁往沛县，是为了躲避仇家。而吕雉和刘邦的缘分，就是从吕家在搬到沛县举办乔迁之喜时开始的。

当时，沛县有头有脸的人物，为了巴结沛县县令，全都带着重礼登门。刘邦也去了。

那时候的刘邦，只是沛县泗水的一个亭长，相当于如今的乡村治保主任。

刘邦出生于公元前256年沛丰邑中阳里（徐州丰县）一个农民家

庭。虽然出身农民，但他却并不安心种地，整日四处游荡。

刘邦不安心种地，是他觉得自己不应该是个农民，他应该有更好的前途，而他四处游荡，也只是为了寻找出头机会。

刘邦做泗水亭长前，曾想去魏国，投奔“战国四君子”之一的信陵君无忌。

“战国四君子”除了信陵君无忌，还有春申君黄歇、孟尝君田文和平原君赵胜。

不过，不等刘邦到魏国，信陵君无忌就死了。于是，刘邦又投奔了信陵君无忌的门客——张耳的门下，并与他成了好朋友。

公元前225年，魏国灭亡，张耳被通缉。刘邦不得已，只得回到老家沛县，在泗水做了个亭长。

刘邦比吕雉大15岁，出身不好，也没什么出息，娶吕雉时，他还有个非婚子刘肥。这样一个男人，吕雉能嫁给他，全是因为父亲吕文。

吕文在见到刘邦的第一眼时，便看上了他，说他面相好，是人中之龙。

吕文与刘邦的相识，颇具戏剧性。当时，在所有祝贺吕家乔迁之喜的宾客里，刘邦的职位最低。由于宴会排座位是按官职的大小来排列的，而刘邦又只是个泗水亭长，所以位置既靠后，也靠边。

刘邦自小就是一个不甘人后之人，这种排位法激起了他的反感，他开始搞恶作剧，在不带任何礼金的情况下，让人写“贺钱一万”。

好好的一场宴会，被他的这个举动搅乱了。

一个小小的泗水亭长，能让你进门，已经是看得起你了，你还要搞破坏，滚出去！

有人要赶刘邦出去，刘邦不走。

刘邦和赶他走的人吵了起来，惊动了吕文。

吕文走过来，在看到刘邦的刹那，眼睛亮了。他不仅不计较刘邦的无理，还让他坐在了首位。

刘邦虽然不知其意，却也并不推辞，他大摇大摆地坐了过去。也就是在那时，吕文向刘邦给女儿吕雉提亲。

吕文的做法，令他的妻子很不理解。

沛县县令提亲你都不答应，却要把女儿嫁给一个泗水亭长，你这不是疯了吗？吕文的妻子说。

沛县县令曾向吕文提亲，要娶吕雉为妾，但吕文没有答应。

沛县县令做到县令，也就做到头了，可刘邦不一样，他是人中之龙。吕文说。

吕文说得很坚定，对此事也毫不怀疑。而吕雉虽然不喜欢刘邦，却相信父亲。

于是，亲事就这么订了下来。

娶吕雉，对当时的刘邦来说，是老鼠掉进米缸里，求之不得。当然，那时候的刘邦虽然坚信自己不是普通人，却也没有想到，自己真的会是人中之龙。

2

吕雉是尊父命才嫁给刘邦的，嫁时虽然对他没有多少感情，但在嫁给他后，却也安分守己，安安心心地做刘邦的贤妻。

刘邦的心思不在沛县，自然也不愿意困在泗水亭长的职位上。而如果刘邦只是一个安心于做泗水亭长的人，吕雉也不可能看得起他。因而，对于常年不在家的刘邦，吕雉并没有怨言，她支持他去闯荡，不闯荡，怎么可能成为人中之龙？

刘邦的俸禄很少，为了维持生计，吕雉只好跟着大家一起织布养蚕。

公元前210年，吕雉生下了他们的儿子刘盈，之后，她又生了女儿刘乐。在这期间，刘邦也等来了他渴望已久的机会。

公元前209年，秦末农民起义爆发。陈胜、吴广率起义军攻占陈州，建立了“张楚”政权。

沛县的刘邦即刻响应。那时候，跟着刘邦一起响应起义的只有几百人，不过，凭着这几百人，他们很快就占领了沛县。

在这几百人里，刘邦的表现最为出色。因而，选举头领时，沛县官吏萧何、曹参一致推举刘邦做他们起事的头。

刘邦喜不自禁，在客套一番后，也就应允了，刘邦也就是在那时，被人称为沛公的。

此后，刘邦又率兵攻占了周边郡县。

不过，刘邦心里很清楚，自己兵力有限，成不了什么气候。若要想有所成就，必须借力。于是，他率兵投奔了同样起事的楚国贵族的后代项梁和项羽叔侄俩，并成为项梁手下的一员猛将。

投奔项梁、项羽，不是刘邦的目的，他的目的是借助项家叔侄，扩大自己的兵力。

公元前207年，刘邦率兵攻破武关（今陕西丹凤），兵临咸阳。

当时的秦三世子婴没有抵抗，率群臣百官投降刘邦，秦朝灭亡。

这么容易就灭掉了秦国，刘邦很是得意，本想在关中称王，可因为忌惮项羽，也就放弃了。不仅放弃，他还将在咸阳城里所得的一切也都交给了项羽。

不过，这种放弃，并非刘邦的心甘情愿，是他的不得已而为之。

那时候，项羽拥兵40万，而刘邦只有10万。

能屈能伸才能成大事，这是刘邦和项羽的不同。

项羽孤傲自大，从未将刘邦看在眼里。不过，项羽的谋士范增却看出了刘邦的野心，他提醒项羽，说刘邦是个强大的对手，必须除掉他，以绝后患。

于是，历史上著名的“鸿门宴”就发生了。

项羽没有得逞。之所以没有得逞，是因为他们要在宴会上除掉刘邦的计划，被他的叔父项伯知道了。

项伯和刘邦的谋士张良是朋友，得知项羽设宴是要杀刘邦后，便告诉了张良。

因为有所准备，项羽诛杀刘邦的计划也就泡了汤。此后，项羽和刘邦便成了对手，两个人互相提防对方。

公元前205年，项羽在巨鹿之战中大胜，自封西楚霸王，封刘邦为汉王。

此时的刘邦，野心越来越大，对于被封为汉王根本不满足，他的目标是做个像秦始皇一样的皇帝——他要一统天下。

刘邦为此寻找机会，在得知有诸侯也不满意项羽的分封后，便率领汉军和诸侯联合起来反楚。

项羽大怒，联合河南王和韩王进行阻击，结果当刘邦率领的汉军及诸侯的联军共计五十六万到达陕县（今河南三门峡市峡州区）时，河南王和韩王全都投降了刘邦，背叛了项羽。

刘邦一举攻下了楚都彭城。

项羽怒火冲天，率兵回防时，在睢水与汉军相逢，不仅令汉军大败，还抓走了吕雉和她的一对儿女。

不过，项羽并没有杀他们，而是将他们囚禁了起来。

这一囚禁就是三年。三年里，吕雉和一对儿女没有一刻不思念刘邦。

公元前203年，楚汉议和，吕雉和一对儿女被释放。

吕雉以为，她和一对儿女被囚禁的日子里，刘邦肯定会像他们思念他一样，思念着他们。结果，当吕雉回到刘邦身边才发现，刘邦已经有了其他女人。

刘邦身边的女人叫戚懿，出身贫寒，山东定陶（今山东菏泽定陶县）人。

遇到刘邦时，戚懿只有16岁。

戚懿遇到刘邦时，刘邦是汉王。因而，在戚懿的眼里，刘邦从一开始就是高高在上的王，何况，是刘邦让她摆脱了贫困生活，因而，刘邦在她心里，就是个大英雄。

面对这样的大英雄，戚懿温柔似水。

刘邦从戚懿那里，得到了从吕雉那里得不到的东西。

吕雉嫁给刘邦时，刘邦只是泗水的亭长，即便他成为了汉王，在吕雉面前，依然会想起自己的贫苦出身，以及高攀吕雉的事实。

男人需要被女人仰视，刘邦在吕雉那里得不到的仰视，在戚懿那里得到了，因而，自与戚懿相识，刘邦便再也离不开她了。

在那个普通男人都可以有三房四妾的年代，汉王刘邦身边有其他女人，算得了什么？吕雉虽然悲愤，却又无奈。

吕雉是个顾全大局的女人，她将对刘邦的怨，吞了下去。表面上，还是一如既往地对待他、扶助他，让他成为父亲所说的“人中之龙”。

吕雉将对戚懿的恨，也藏在了心里。她恨戚懿，恨她夺走了自己的丈夫，恨她窃取了自己丈夫的心，更恨自己和一对儿女做楚军俘虏时，她和刘邦在一起卿卿我我。

总有一天，我会让你付出代价！吕雉无数次在心里发狠地想。

公元前202年，项羽在与刘邦、韩信的一场战役中，被韩信用计逼到垓下。

项羽处在了四面楚歌的困境中，自刎而死。

刘邦夺得天下。

第二章　吕雉与戚懿之战

3

公元前202年2月28日，刘邦称帝，为汉高祖，定国号为汉。

从响应陈胜、吴广农民起义，刘邦在三年里就推翻了秦朝。之后，刘邦又与项羽进行了四年的楚汉之争，最后坐上了天子位。

仅用了七年，刘邦便从一位名不见经传的小小亭长，变成了大汉天子，成为父亲所说的人中之龙。吕雉既高兴，又酸楚。

刘邦称帝后，吕雉也被立为了皇后。可吕雉心里很清楚，她拥有的，只是皇后这个身份，刘邦的心，早已给了被封为夫人的戚懿。

刘邦非常宠爱戚夫人，即便外出打仗也要带着她。

每当刘邦带着戚夫人出征，吕雉都心如刀绞，又嫉又恨。

戚夫人是个色艺双绝的女人，她不仅貌若天仙，擅长跳"翘袖折腰"舞，还善于鼓瑟、下棋、写诗，等等。戚夫人的这些特长，给了汉高祖刘邦从其他女人那里得不到的快乐，这种快乐，吕雉给不了，吕雉心里很清楚。

知己知彼才能百战不殆，吕雉知道戚夫人的优势，也知道她的劣势。

戚夫人的劣势是清高、孤傲。生活在汉高祖刘邦羽翼之下的她，根本意识不到危险，也不知道皇室斗争的残酷。

因为她想要的，汉高祖刘邦都在尽可能地满足她。她只需给汉高祖刘邦撒个娇，便能得到想要的东西，为什么还要讨好其他人？所以她不屑于笼络任何人。不过，戚夫人不知道，汉高祖刘邦对她每多一份宠爱，她就多了一份危险。

对于这一点，不仅戚夫人不知道，就是汉高祖刘邦也没有意识到。

汉高祖刘邦不会想到，他对戚夫人的爱，会变成杀戚夫人的刀。如果知道，他一定会收敛一下对她的独宠。

汉高祖刘邦没有意识到这点，是因为吕雉把对戚夫人的恨隐藏得太深了。

吕雉对戚夫人的恨，随着汉高祖刘邦对刘如意的喜欢，逐步加深。

刘如意是汉高祖刘邦和戚夫人所生的儿子。

戚夫人在没有生下刘如意之前，吕雉对戚夫人的恨，仅仅只限于戚夫人夺走了她的丈夫刘邦；戚夫人生下刘如意后，吕雉对戚夫人的恨，也便延伸到了戚夫人的儿子刘如意，想要夺走她儿子刘盈的太子位。

刘如意的存在，威胁着刘盈的太子位。

吕雉的儿子刘盈是5岁时被立为太子的。

他的位子原本是很牢固的，因为他是汉高祖刘邦的嫡长子。不过，随着戚夫人的越来越得宠，以及汉高祖刘邦对刘如意越来越疼爱，刘盈的太子位变得摇摇欲坠。

后宫女人大多母凭子贵，但刘如意却是子凭母贵。

刘如意具体出生在哪一年，历史上并没有记载，不过他在很小的时候，就被汉高祖刘邦封为了代王却有记载。

汉高祖刘邦非常喜欢刘如意，曾屡屡在重臣面前说，太子刘盈的性格太过绵软，“不类我”（不像我）不适合当天子，“如意类我”（如意像我）。

戚夫人知道汉高祖刘邦疼爱她和儿子，也一直相信，汉高祖刘邦会废了太子刘盈，立刘如意为太子。

汉高祖刘邦确实是这么想的，只是没有想到，当他把这个想法和朝臣说时，遭到了重臣周昌、太子太傅叔孙通等人的坚决反对。

朝臣反对的理由是不能废长立幼，坏了规矩。

重臣不只是嘴上反对，也在行动上逼迫汉高祖刘邦打消这个念头。

谋臣张良为此还曾称病不上朝，太子太傅叔孙通更是以死相谏等等。

原本以为顺理成章的事情，有了意外，戚夫人意识到了问题的严重。她没有想到，汉高祖刘邦身为大汉天子，竟然连废太子、立太子都做不到，她感到了害怕。她知道，自己低估了皇后吕雉。

戚夫人知道吕雉恨她，很早就知道，可当时她不在乎。在汉高祖刘邦提意改立刘如意为太子，遭到重臣反对时，戚夫人意识到，汉高祖刘邦活着时，因为有他的庇护，吕雉不敢把她怎么样，更不敢把她儿子怎么样，可一旦汉高祖刘邦这个保护伞不在了，那么，太子刘盈继位时，就是她和儿子刘如意倒霉时。

戚夫人越想越害怕。

臣妾和皇后，是场你死我活的战争啊！戚夫人对汉高祖刘邦哭诉道。

4

戚夫人不是危言耸听，她和皇后吕雉之间，确实关乎谁生谁死的问题。

戚夫人若想生，就要汉高祖刘邦废太子，立她儿子刘如意；吕雉若要生，就要汉高祖刘邦死，儿子刘盈继位。

吕雉和戚夫人都在等。

戚夫人比任何人都希望汉高祖刘邦活着，活到立刘如意为太子为止，而吕雉则比任何人都希望汉高祖刘邦早日升天。

吕雉在心里无数次地诅咒汉高祖刘邦。这种诅咒随着汉高祖刘邦对刘如意母子的偏爱在加深。

汉高祖刘邦在朝臣面前，提出废太子刘盈，立赵王刘如意的事被吕雉知道后，她知道，自己必须要做点什么了。

吕雉很清楚，虽然在张良、叔孙通等人的坚决反对下，戚夫人未能得逞。可她不敢保证，汉高祖刘邦不会一意孤行，执意要废刘盈，立刘如意。

汉高祖刘邦是至高无上的皇上，一旦他非要那么做，又有谁能阻挡得了呢？

吕雉开始行动，她先找东宫的人商量，可东宫太子的幕僚也没有什么好办法。不过他们说，张良应该有良策。

张良出身贵族世家，他的祖父和父亲都曾是韩国的宰相。韩国被秦国灭掉后，张良便扛起了反秦大旗，并在屡次刺杀秦始皇未遂后，研习兵书。

陈胜、吴广率领农民军起义抗秦时，张良也曾率领几百人反秦，无奈势单力薄，成不了气候。一次偶然的机会，张良与刘邦相识，两个人英雄惜英雄，很是投缘。

刘邦建立汉朝后，文才兼备、有勇有谋的他也就成了刘邦的谋臣。

对于张良有良计这一点，吕雉并不怀疑，可吕雉也知道，张良虽然反对刘邦废长立幼，但未必会站在自己这一边，给自己出主意。

他不出计，逼也要逼他出计。吕雉觉得在生死存亡面前，不必顾忌太多。于是，她令人叫来哥哥吕泽，让他带人去劫持张良。

必须逼他说出打消皇上废刘盈，立刘如意的计策来。吕雉对哥哥吕泽说。

一听说要劫持张良，吕泽有些害怕，不愿意去。

还有其他办法吗？一旦刘如意做了太子，你我还有活路吗？吕雉说。

吕泽一听，确实如此，也便硬着头皮去了。

吕雉没有猜错，张良刚开始无论如何都不说。张良觉得，如果自己给吕雉出计，那就是在背叛刘邦。

如果你不阻止废长立幼，你就是在背叛大汉！你背叛大汉我就有理由来杀你，不仅杀你，还要灭你九族！吕泽威胁他说。

张良本来就不同意汉高祖刘邦废长立幼，再加上吕泽的“灭族”威胁，也就开了口。

张良说，隐居在商山（陕西商洛）的四位高人，如果愿意辅佐太子，也许能说服皇上打消废太子的念头。

大商山隐居的四位高人是东园公、角里先生、绮里季、夏黄公，历史上又称他们为“商山四皓”。

“商山四皓”是汉高祖刘邦一直都很看重的人才，曾屡次邀请他们出山为他做谋士，但他们不为所动。

张良的这个计策，说起来容易，实施起来难。

连皇上都请不来的人，皇后和太子又有多大能耐能请来？

吕雉不是不知道难以实现，可她没有别的办法，她必须尝试，不管多难都要去试试！

吕雉随即让太子刘盈给“商山四皓”写了封真挚诚恳的亲笔信，然后令人快马加鞭地送了过去。

太子刘盈生性仁慈，很尊敬读书人，这是世人皆知的事情。因而，当“商山四皓”看到太子刘盈的亲笔信后，便决定帮他一把。

“商山四皓”来了，他们对汉高祖刘邦说，太子仁慈恭敬，爱护读书人，他们愿意为太子效命。

看到“商山四皓”的那刻，汉高祖刘邦既惊又喜，更失落，他对戚夫人说，太子羽翼已经丰满，废不了了。

废刘盈立刘如意计划的失败，宣告了戚夫人在与皇后吕雉的这场战争中的失败。

戚夫人号啕大哭。

戚夫人知道，这不仅预示着她的失败，还预示着，一旦汉高祖刘邦去世，她和儿子便没有了靠山，一旦没有了靠山，她和儿子的命，也就只能任由吕雉来处置了。

戚夫人一想到这些就不寒而栗。

皇上！您一定要活着！只有您活着，臣妾和如意才有生的机会啊！戚夫人哭着对汉高祖刘邦说。

5

戚夫人的担心，也是汉高祖刘邦的担心。

吕雉和戚懿，这两个女人都与汉高祖刘邦有恩，一个在他布衣时嫁给他，支持他打天下；另一个陪他四次出征，是他最爱的女人。

对于这两个女人的个性，汉高祖刘邦也很清楚。戚懿是个小女人，即便有些小心计，也只会用在他身上，只是为了获得他的宠爱，但吕雉不一样。

吕雉是个很有手段，且很能狠得下心来的女人，这从她用计除掉韩信就能看出。

韩信给汉朝的建立立下了汗马功劳，为此，人们将他与张良、萧何共称“兴汉三杰”。而在这“兴汉三杰”里，韩信既善于领兵打仗，又精于谋略。

刘邦建立汉朝时，曾先后封韩信为齐王和楚王。然而，当韩信功高盖主时，又引起了汉高祖刘邦的警觉和不安，为了打消他的“嚣张”气焰，他先是捏造韩信有谋反之嫌，然后又以此为借口，贬韩信为淮阴侯。

韩信不满，借病不上朝，跟人说“天下已定，我固当烹”。

韩信的话传到了吕雉的耳朵里，她对汉高祖刘邦说，此人不除，必为后患！

汉高祖刘邦知道吕雉的话没有错，可韩信是他扫平天下，一统江山的最大功臣，他下不了手。

吕雉看出了刘邦的心思。

你下不了手，我来！

这就是吕雉和刘邦的相处方式，通常，刘邦因为身份下不了手的事，都由吕雉出面。他们心照不宣。

公元前196年，韩信的心腹陈豨叛乱，吕雉借此向萧何捏造了韩信和陈豨勾结叛乱，想要趁乱挟持皇后和太子的事。

萧何虽然和韩信的关系很好，但他对大汉，对汉高祖刘邦更忠诚，所以也就信了。

萧何写了封信给韩信，让他来长乐宫。韩信不会想到，他最信任的萧何，会联手皇后吕雉害他，于是就来了。

韩信被杀，诛其三族。

韩信的死，让汉高祖刘邦既喜又哀，喜的是心病被吕雉除掉，他也不用背诛杀功臣的恶名；哀的是，汉朝失去了一个能征善战的将军。

当然，除了喜和哀，汉高祖刘邦还有些害怕，害怕吕雉的心计和心狠手辣。

除了韩信，吕雉还曾除掉过曾在楚汉大战中，立下了大功的梁王彭越。

彭越是一介莽夫，不听话，汉高祖刘邦便借口他谋反，将他抓起来要流放蜀地。彭越不愿意去，向吕雉哭诉，说自己无罪，还说与其流放他到蜀地，不如放他回家，让他做个普通的老百姓。

彭越向吕雉哭诉的目的，是为了让她帮自己向汉高祖刘邦求情。

吕雉当时答应了，还对彭越进行了一番安抚，但转头却对汉高祖刘邦说，此人是员勇将，能找人哭诉，说明他心里不服，这样的人留下是个祸根，必须除掉。

最终，彭越不仅没能得救，还被灭了三族。

由此可见，吕雉在除异己上，比汉高祖刘邦还下得起狠手。正因如此，司马迁才会在《史记》中评价吕雉说："所诛大臣多吕后力。"

汉高祖刘邦一想到吕雉的心狠手辣，也就不能不为戚夫人和刘如意担心。

为了能给刘如意一份安全，也为了弥补刘如意未能被立为太子，公元前198年，汉高祖刘邦改封代王刘如意为赵王（封地在邯郸一带），并派在朝中有着很高声望的周昌去辅佐刘如意。

汉高祖刘邦这么做很明显，就是为了自己死后，吕雉能够有所忌惮，放过刘如意。

但他还是低估了吕雉的嫉妒心和残忍。

吕雉太想让戚夫人和刘如意死了，因而，自解除了"废太子"危机，她便开始谋划，如何除掉刘如意，如何折磨戚夫人到死。

我一定要让你死！可死之前，一定要让你生不如死！吕雉在心里发誓说。

吕雉觉得，只有看到戚夫人痛苦的死才能解除她心头的恨！

汉高祖刘邦不知道这些，如果知道，他或许会想办法让吕雉死在他的前面，或者，他会让戚夫人和刘如意为他陪葬。

戚夫人知道，如果汉高祖刘邦死了，她和儿子不会有好下场，但她不知道，吕雉会那么残忍。如果知道，她可能也会选择在汉高祖刘邦咽气之前，自杀身亡。因为，汉高祖刘邦的死，就是戚夫人母子噩梦的开始。

第三章　吕雉血洗后宫

6

公元前195年，汉高祖刘邦因箭伤不治而亡，太子刘盈继位，为汉惠帝，皇后吕雉被尊为皇太后，实际掌权。

汉高祖刘邦活着时，吕雉处处隐忍，汉高祖刘邦一去世，吕雉便开始了疯狂报复。

吕雉最先报复的就是汉高祖刘邦活着时宠爱的妃嫔，戚夫人首当其冲。

吕雉先是令人将戚夫人幽禁在永巷；接着令人将她的头发，一根根地拔光；随后又让人用铁链拴在她脖子上；最后给她穿上沉重的囚服让她整日舂米。

吕雉一定要让戚夫人死，可她又不能让她轻易地死。于是，为了防止戚夫人自杀，吕雉派人24小时监视她。

戚夫人想到过吕雉一旦成为太后，会置她于死地，可没想到会如此折磨她。在被折磨得生不如死时，她一边舂米，一边唱：子为王，母为虏！终日舂，薄暮常与死相伍！相离三千里，谁当使告汝！

戚夫人希望有人听到，能将这些话传给她的儿子刘如意，然后救她出去。

从此诗不难看出，戚夫人确实有才华，但从她希望儿子听到来救她也可看出，她太幼稚，她把皇家血脉看得太重，以为吕雉再残忍，也不敢向汉高祖刘邦的儿子下手。

戚夫人不知道，吕雉已经在向她的儿子下手了。

汉高祖刘邦一去世，刘如意便去了他的封地，这是周昌的主意。

周昌知道吕雉的手段，也曾答应过汉高祖刘邦，一定要保护好赵王刘如意，因而，他觉得，只要刘如意好好待在他的封地，吕雉就不好下手。

刘如意如果一直待在他的封地，吕雉确实没办法下手，她需要刘如意离开他的封地，可她又不愿意多等，为了尽快除掉刘如意，她找借口，调刘如意进宫。

刘如意不知是计，想去，但却被周昌阻止住了。

周昌知道这是吕雉的阴谋。

吕雉在得知周昌破坏了她的计划后，很是生气，她想要治周昌的罪，可周昌对她的儿子——汉惠帝刘盈有恩，且在宫中德高望重，吕雉只好作罢。

不过，刘如意不死，吕雉是不会罢休的。

刘如意和戚夫人都是吕雉心里的刺，一天不拔掉，她就一天难以入眠。于是，她再生一计，用调虎离山的方法，先调周昌进宫，然后再调刘如意进宫。

周昌以为吕雉调他进宫，是为了训斥他，也便去了。没料到，他刚走，刘如意就被召进了宫。

刘如意进宫后，还未见到吕雉，便遇到了汉惠帝刘盈。

汉惠帝刘盈天性善良，知道刘如意进宫凶多吉少，怕母亲迫害刘如意，就让刘如意住在了他的宫里。

汉惠帝刘盈与刘如意同吃同住，吕雉很难找到下手的机会。

盯着他们，寻找一切可以下手的机会！吕雉对身边的人说。

终于，在汉惠帝刘盈独自去狩猎，刘如意因为太早没有跟着去时，吕雉派人用毒酒毒死了他。

刘如意是七窍流血而死的。这位历史上出生时间不详，年龄尚小，没有任何攻击力，但却差点当上太子，坐上皇位的孩子就这么死了。

刘如意的死，对汉惠帝刘盈的打击非常大。他觉得是自己没能保护好弟弟，让弟弟死在了他的宫里，很是愧疚。

7

赵王刘如意死后，吕雉开始对戚夫人实施“人彘”。所谓“人彘”就是砍掉四肢，挖掉眼睛，毒哑嘴巴，熏聋耳朵……

你不是会跳舞吗？那就砍掉你的双手双脚；你不是有双漂亮的眼睛，会看书、下棋吗？那就挖掉你的眼睛；你不是会唱歌吗？那就给你喝哑药，让你变成哑巴；你不是会奏乐吗？那就熏聋你的耳朵，让你听不到任何声音……

美丽的戚夫人就这么变成了一块血糊糊的肉团，被人扔在了厕所里。

或许是太恨戚夫人了，也或许是为了让儿子汉惠帝刘盈害怕自己，更或许是为了让一向仁慈的儿子心肠硬起来，甚至或许只是想让儿子分享她报复的快感……

总之，吕雉让汉惠帝刘盈去看被她折磨成肉球的戚夫人。

汉惠帝刘盈是在不知道母亲让他看什么的时候去的。不过，当他得知，那团血肉模糊的肉球就是戚夫人时，他先是震惊不已，接着失声痛哭。

汉惠帝刘盈没有想到母亲会这么残忍，他痛苦不已，他说，身为吕雉的儿子，他已经没有办法治理天下了。之所以这么说，是他觉得，他的天下是母亲用残忍换来的。既然如此，那这天下不要也罢。

自此，汉惠帝刘盈消沉起来，再也无心理政。

吕雉没有想到汉惠帝刘盈会有如此反应，她既生气又失望。

既然你不要天下，那就把天下给我。吕雉这么一想，也就更加坚定了要除掉一切有可能威胁到她的政权的人。

于是，吕雉依法炮制，想要毒死齐王刘肥。

刘肥是汉高祖刘邦的第一个儿子，是吕雉嫁给刘邦前的非婚子。按理说，刘肥威胁不了她的政权，可她还是想要杀掉他。

吕雉假意设宴宴请刘肥，并在酒里下了毒。

不过，让吕雉没有想到的是，那杯原本要给刘肥的毒酒，却被汉惠帝刘盈端了起来。

据历史记载，当时汉惠帝刘盈并不知情，不过也有可能，他意识到母亲要杀哥哥刘肥，所以才故意端起了酒杯。

看到毒酒被儿子汉惠帝刘盈端在手里，吕雉急了，打翻了毒酒。

刘肥捡回了一条命。

虽然捡回了一条命，但吕雉还是不让刘肥回他的封地，她要继续寻找机会除掉他。

刘肥既惊又怕，手下就又给他出主意，让他献出一个郡给吕雉。说这样吕雉一高兴，说不定就能放他回封地了。果然，刘肥在献出一个郡后，得以脱身。

除了血洗后宫，清除一切在她看来有可能争夺皇位的皇子外，吕雉为了控制汉惠帝刘盈，还立了13岁的外孙女张嫣为皇后。

张嫣是鲁元公主的女儿，汉惠帝刘盈的亲外甥女。

让外甥女嫁给舅舅，吕雉能做如此荒唐之事，是因为对她来说，没有什么比把政权牢牢掌握在手里更重要了。

汉惠帝刘盈无法接受，更做不出和亲外甥女同房，因而张嫣只是空有一个皇后的身份。

公元前188年，继位七年，一直生活在愤懑中的汉惠帝刘盈郁郁而终，终年24岁。

第四章　吕雉临朝称制

8

汉惠帝刘盈是吕雉唯一的儿子。可他死后，朝臣们却只见吕雉干号，不见她流泪。

吕雉不是不伤心，她也伤心，但对她来说，还有比她儿子的死，更让她揪心的事。对此，张良那15岁的儿子——侍中张辟疆看出来了，他对丞相陈平说，太后在唯一的儿子死了后都不伤心，是因为担心政权被你们这些老臣夺走。

张辟疆说得没错，不让政权旁落，是吕雉最关心的事，这事，比她儿子的死更重要。

丞相陈平一听，恍然大悟，即刻听从张辟疆的建议，请求吕雉让吕氏家族的人进宫掌握朝政大权。吕雉这才长松一口气。

丞相陈平等老臣能如此建议，实属无奈，因为他们不这么做，就有可能被杀、被灭族。

公元前188年9月，5岁的刘恭继位，尊吕雉为太皇太后。

刘恭出生于公元前192年，名义上是汉惠帝刘盈和皇后张嫣的儿子，实则是汉惠帝刘盈与一宫女所生。

皇后张嫣是吕雉为了控制汉惠帝刘盈的后宫，专门立的。由于汉惠帝刘盈不愿意和亲外甥女同房，吕雉就把一宫女送到了汉惠帝刘盈的宫里，让他与其同房。宫女怀孕后，吕雉又让皇后张嫣假装怀孕，并在宫女生下孩子后，把宫女杀了，然后把孩子抱给皇后张嫣，对外声称这孩子是由皇后张嫣所生。

刘恭继位后，为西汉前少帝，太皇太后吕雉代为行使一切皇帝行使的职权。

吕雉临朝称制期间，怕西汉前少帝刘恭长大后拿回政权，便一边大肆培植党羽，一边铲除异己，同时“封立诸吕”。

吕雉要大汉朝政完完全全地掌握在吕氏家族手里，以巩固她的政权。为此，她先是封已故的哥哥吕侯为悼武王，又封哥哥吕释之为赵昭王，再封侄子吕台为吕王，吕产为梁王，吕禄为赵王……

总之，吕氏家族前后十多人，全部都被封为了王。

公元前184年，9岁的西汉前少帝刘恭得知自己的身份后，想到亲生母亲被杀，很是气愤，扬言长大后要报仇。

西汉前少帝刘恭的话被吕雉知道了，她先是将他废掉，然后将他囚禁在永巷，最后直接把他杀了，另立刘弘为帝。刘弘也就是历史上的后少帝。

9

吕雉所做的这些，让我们看到的，似乎只有她的凶残，其实，从施政上来说，她还是很成功的。

吕雉执政期间，始终沿袭汉高祖刘邦在世时的“与民休息、轻徭薄赋”国策，行“无为而治”。

这是汉高祖刘邦刚建国时就制定的，是指经过了长期战乱后，让百姓休养生息。而让百姓休养生息的做法就是减轻税收和兵役，也就是轻徭薄赋。

三年的灭秦，四年的楚汉之争，给汉王朝造成了很大的经济损失。为了避免秦王朝灭亡的情况出现，汉王朝运用道家的无为而治，恢复经济和国力。

除了延续汉高祖刘邦在位时的政策，吕雉还奖励生产，减轻刑法，提倡节俭治国，严厉治理铺张浪费等等，以减轻对百姓的压迫，她的这些做法，使西汉在她执掌政权期间，一直处在安定繁荣状态。

公元前189年，吕雉下诏“起长安西市”，使长安成为了汉朝的经济活动中心；公元前186年和公元前182年，吕雉又下诏分别采取“行八铢钱”和“行五分钱”措施，运用国家权力，对货币经济进行管理和调控，为稳定货币、平衡物价和促进商品流通起到了积极作用。

这些经济上的举措，都为西汉经济的发展创造了条件。

在外交政策上，吕雉也依然继续着汉高祖刘邦执政时，与匈奴的和亲政策，以和为贵。

汉高祖刘邦死后，匈奴首领冒顿曾经寄国书向吕雉求婚，这种做法，有贬低、污辱汉朝的意思。吕雉看后很生气，也曾想要出兵攻打匈奴，但最终她还是听从了中郎将季布的意见，嫁宗室女给匈奴单于，这些政策，也让吕雉执掌皇权的15年里，百姓安居乐业。

当然，吕雉在历史上还有一个重大贡献，那就是下诏废除了“挟书律”。

“挟书律”是秦始皇嬴政“焚书坑儒”时制定的，是指凡是收藏违禁书籍者都要处以酷刑。

当时，秦始皇嬴政在灭了韩、赵、魏、楚、燕、齐六国，统一天下后，为了震慑天下，他将商鞅的法家政策（轻教化，重刑罚）推向极致，久而久之，引起了一些人的不满，他们借古讽今，诽谤朝廷。

公元前213年，在丞相李斯的建议下，秦始皇嬴政下令将非秦国典籍《诗》《书》（除官署掌管的外）全部焚烧掉。这也就是历史上有名的“焚诗书”。

吕雉执政后，不仅下令废除了“挟书律”，还鼓励民间藏书、献书，恢复旧典，这也为西汉文学兴起创造了条件，为后世创建“文景之治”（汉文帝、汉景帝时期的治世）奠定了基础。

正因如此，司马迁才在《史记》中以“政不出房户，天下晏然；刑罚罕用，罪人是希；民务稼穑，衣食滋殖”予以肯定。

由此可见，对于吕雉，是不能用简单的功过、好坏、善恶来评价的。她和武则天一样，既有功，也有过，她们是将残忍、智慧、冷血、才华集一身的人物。她们统治或临朝称制期间，政治清明，国力强劲，正因如此，才在历史上被称为“女性政治家”。

公元前180年，临朝称制了十六年的吕雉去世，终年62岁，与汉高祖刘邦合葬长陵。

吕雉虽然没有正式称帝，只是临朝称制，但却也和武则天一样，被司马迁在《史记》里，列入了记录帝王政事的本纪。

当然，不管是武则天还是吕雉，虽为女人，她们却又像很多当权的男性一样，为了满足自己的权欲，不择手段，心狠手辣，做了很多惨无人道的事。对此，明代小说家丁耀亢在评价吕雉时才说：“吕后，雌龙也。”

从吕雉的一生来看，不管她在用手段除功臣，玩手腕除汉高祖刘邦子嗣上行事多么凶残，也不管她用她的施政理念，如何让大汉政治清明，国力强劲，她的所作所为，都影响和改变着历史的走向，何况，她还是历史上“临朝称制第一人”。

14

窦漪房宠溺儿女　为西汉留隐患

窦漪房的皇后之路，充满了传奇色彩，可谓一路阴差阳错而来。

窦漪房一路上的阴差阳错，从她被派去代国时就开始了。因而，被分配去代国，成了她命运的转折点。

第一章 窦漪房阴差阳错去代国

1

公元前180年，汉高祖刘邦的儿子中，最不可能坐上皇位的代王刘恒，被朝臣拥上了皇位，为汉文帝。

刘恒被朝臣拥戴，更多是因为母亲薄氏。

太后吕雉临朝称制时，血洗后宫，刘恒的母亲薄氏因为在汉高祖刘邦那里不得宠，因祸得福，躲过一劫。

太后吕雉执掌政权期间，代王刘恒和母亲薄氏一直小心翼翼地生活在封地代国，生怕太过高调，引起吕雉注意，招来杀身之祸。

代王刘恒没有想到，吕雉死后，他因为母亲薄氏娘家没有势力，不用担心外戚干政而被拥为了皇帝，可谓塞翁失马，焉知非福。

因祸得福的，不仅有刘恒和母亲薄氏，还有他的美人窦漪房。

刘恒坐上皇位后，窦漪房因为所生的儿子刘启被立为了太子而一跃成为皇后。

窦漪房的皇后之路，充满了传奇色彩，可谓一路阴差阳错而来。

窦漪房一路上的阴差阳错，从她被派去代国时就开始了。而被分配去代国，成了她命运的转折点。

窦漪房被分配去代国的时间，历史上并没有明确记载。不过能确定的是，她在被分配去代国之前，是汉惠帝时期太后吕雉的侍女，人称窦姬。

窦漪房，清河郡观津县（今河北武邑县）人，出生日期不详。对于她进宫做吕雉侍女前的身世，历史上的记载并不多，只说她的父亲因为垂钓而跌落河里去世，她有一个哥哥叫窦长君，弟弟叫窦少君。

据历史记载，因为家贫，弟弟窦少君四五岁就被卖出去为奴。

窦漪房是以“良家子”的身份进宫的，进宫想必也是因为家贫，是不得已的选择。

在汉代，“良家子”就是指那些家世清白（家族无人犯事、也无人行医、占卜和做生意）的女子。

窦漪房被分配去代国，是在汉惠帝刘盈时期。当时，执掌政权的太后吕雉推行节俭治国政策，在释放了一部分宫女出宫后，又挑选出了一些颇有姿色的宫女，准备赐给诸王。

窦漪房就是被选中的宫女之一。

太后吕雉赐有姿色的宫女给诸王，有她的用意，是想派这些宫女去监视诸王。

吕雉是个疑心很重的女人，为了维持和巩固自己的政权，她需要时刻提防诸王。可诸王都在各自的封地，路途遥远，很多情况她都无法知晓，因而，她派这些宫女“潜伏”在诸王身边。

窦漪房得知自己被选中，要分配给诸王时，并不高兴。她想念家，想念家里的亲人，本以为借着这次太后释放宫女出宫的机会，就能回家和家人团聚。

不过，窦漪房也知道，她没有资格选择自己的人生。于是就想，如果能分配去赵国就好了。

赵国在邯郸一带，离窦漪房的老家河北清河郡比较近。

赵国是赵王的封地，那时候的赵王是汉高祖刘邦的第六个儿子——刘友。刘友被封为赵王前，原来的赵王是被太后吕雉谋害而死的，戚夫人的儿子刘如意。

对窦漪房来说，分配给哪一个"王"不重要，重要的是离家近。因而，为了能去赵国，窦漪房拿出了她在宫里积攒的银两，贿赂派遣宫女的宦官。

分派这些宫女去哪儿本来就是派遣宫女的宦官能力之内的事，见到银两，宦官也就欣然同意了。于是，窦漪房满怀期待地等着，等着通知她去赵国的那一天。

然而，她却被分在了代国（今河北省西北部和山西省中部、东北部）。

不是宦官失言，也不是宦官忘了，而是官宦记错了。阴差阳错地，窦漪房的名册就被放在了代国的那一边。

代国的代王是汉高祖刘邦的第四个儿子刘恒。

从之后赵王刘友的结局来看，窦漪房应该感激那位派遣宫女的宦官，如果不是他的"差错"，窦漪房怎么可能有之后的风光？

赵王刘友的命运很悲惨。

公元前181年，太后吕雉去世前一年，赵王刘友因为得罪了赵王后吕氏（吕雉的娘家人），被吕氏告到了吕雉那里，吕雉大怒，不仅将刘友囚禁起来，还不给他饭吃，最后把他活活饿死了。

这是之后的事，窦漪房那时候不可能知道这些，因而，在得知自己不能去离家近的赵国，只能去代国后，她号啕大哭，不停埋怨出差错的宦官，说他收了自己的礼，还要把自己派去那么偏僻的地方。

代国确实偏僻，但也因为偏僻，才让代王刘恒和母亲薄氏躲过了被太后吕雉谋杀。

2

薄氏在汉高祖刘邦的后宫极不起眼，即便她为他生下一个儿子，依然未能母凭子贵。当然，也因为汉高祖刘邦不喜欢她，太后吕雉在血洗后宫时，才将她排除在外。

这是薄氏的不幸，也是她的幸运。

薄氏的一生，似乎都在幸与不幸中徘徊。

薄氏的母亲魏媪是魏国宗室之女，但薄氏却是她与一位叫薄生的吴郡人（今江浙一带）私奔所生。魏媪在先后生下薄氏和弟弟薄昭后，因为薄生的去世，不得已带着一对儿女回到了娘家。

薄氏长相秀美，母亲魏媪便将她许配给了魏王魏豹，做了魏豹的妾。

公元前205年，魏豹违反和汉高祖刘邦的攻楚盟约，妄想称帝，惹怒了汉高祖刘邦。汉高祖刘邦率兵攻打魏国，魏国大败。

薄氏作为魏豹的妾，和其他魏豹的女人们一起作了罪妇，进了汉朝皇宫的织房，成为一名织布女。

魏豹背叛汉高祖刘邦，细究起来，和薄氏不无关系。

薄氏在给魏王魏豹做妾时，母亲魏媪曾请当时有名的女相士许负为她相面，许负称，薄氏会生下一个天子。当时，魏豹以为薄氏所生的天子，是和他所生，于是想到了称帝，他联楚抗汉，结果赔了夫人又折兵。

在汉宫织房劳作的薄氏，本以为一生也就这样了，没想到汉高祖刘邦有一日在想到织房里魏豹的妾后，令人选了几个颇有姿色充实他的后宫。当时，薄氏就是被选中的其中之一。

不过，进入汉高祖刘邦的后宫一年多，薄氏始终未能被临幸。在她以为自己这一辈子只能在后宫过完孤寂一生时，她与两个女伴曾经的约定给了她机会。

公元前203年，汉高祖刘邦在与美人管夫和赵子儿饮酒作乐时，两位美人在谈笑中说起了她们与薄氏曾经的约定：谁先显贵都不能忘了另外两位。

两位美人说，如今，她们都被皇上临幸过了，可薄氏却连皇上的面都没见过。

两位美人的话让汉高祖刘邦对薄氏起了怜悯之心，当晚便召她侍寝，没想到仅仅一夜，便让薄氏怀上了皇子，这就是刘恒。

不过，虽然薄氏生下了皇子，可汉高祖刘邦自那次临幸过她后，又像忘记了她的存在，再未召她侍过寝，甚至连面都没怎么见过。

他可以当薄氏不存在，可刘恒毕竟是他的儿子。公元前196年，汉高祖刘邦在亲自出征，平定了代国陈豨的叛乱后，立八岁的刘恒为代王。

刘恒被封为代王的第二年，汉高祖刘邦就去世了。汉高祖刘邦与吕雉的儿子刘盈继承皇位，为汉惠帝。不过，虽然皇上是刘盈，但真正掌权的却是太后吕雉。

吕雉是个嫉妒心很强的女人，自汉高祖刘邦去世，她便开始了清洗后宫，凡是汉高祖刘邦活着时宠爱的妃嫔，没有一个有好下场。

对于不被汉高祖刘邦宠爱的薄氏，太后吕雉不仅网开一面，还送她去了代王刘恒的封地代国，甚至给了她一个“代王太后”的称号。

有野心，有计谋，嫉妒心强的吕雉，能对薄氏和刘恒另眼相看，是一直以来薄氏在后宫都像隐形人一样，没有存在感。吕雉嫉妒的是被汉高祖刘邦宠爱的女人，被汉高祖刘邦无视的，不仅激不起她的嫉妒心，还让她生出了一丝怜悯和同情。

这个女人太可怜了，就让她和她儿子在那偏远荒芜之地了却一生吧！吕雉当时想。

吕雉怎么都不会想到，最后的赢家，会是那个在她眼里既可怜又窝囊的女人。

第二章 窦漪房从侍女到皇后

3

代国位置偏僻，薄氏和代王刘恒就像被汉王朝遗忘了似的，静静地过着他们的日子。就这样一个地方，窦漪房即使只是太后吕雉的侍女，却也不愿意去。

窦漪房不想去代国，但命运却非让她去不可。因而，她一边感叹命运的不公，一边接受命运的安排。由此可见，窦漪房是带着排斥的心理去的代国。

代国和代王的情况，身为太后吕雉的侍女，窦漪房并非一无所知，因而觉得自己这一去，很可能就永远回不了家，见不到亲人了，所以表现得很是消极，愁容满面。

世上的事情就是这样，有心栽花花不成，无心插柳柳成荫。

窦漪房的消极和忧愁，引起了代王刘恒的注意。

从汉宫分配给代王刘恒的，并不仅仅只有窦漪房一个宫女，除她而外，还有四位。对于那四位宫女来说，虽然代国以及代王刘恒都被朝野遗忘，但刘恒毕竟是“王”，一旦被看上，甚至宠爱的话，自己就能从一个伺候人的侍女，变成被人伺候的主子，这样的转变，她们求之不得。

她们需要这个千载难逢的机会。

于是，四位宫女把她们去代国这件事看成了命运的转机，她们一见代王刘恒就争先恐后地表现自己，做出各种媚态。

她们没有想到，她们迫不及待的表现，引起了代王刘恒的反感。

太后赐漂亮宫女给他，代王刘恒从心底里不愿意接受。虽然他不知道太后吕雉赐女人给诸王的目的，但他知道，事情肯定不简单。不过，他又不敢不接受。

小心谨慎是代王刘恒以及他母亲薄姬一直以来的生存之道。

当年，在汉高祖刘邦的后宫，既没有吕雉的谋略，也没有戚夫人的美貌，更得不到汉高祖刘邦宠爱的薄氏，面对后宫因争宠、易储而斗得天昏地暗，她选择了躲避。

薄氏知道自己没有资格跟她们争夺，所以很低调，她将自己隐藏在暗处，以保全自己和儿子。

薄氏的凡事忍让和小心谨慎，并非进入汉高祖刘邦后宫才这样，在她还是魏豹的妾，以及进汉宫织房做织布女时，就已经学会了这些。

“卑弱自恃”是薄氏的保护色。这种生存经验，她又全部教给了儿子刘恒。因而，刘恒面对那些爱出风头的女人，有种本能的恐惧和排斥，而这又给了窦漪房机会。

消极和忧愁，在代王刘恒母子那里才是最合适、最安全的。于是，代王刘恒选择了窦漪房，将她留在身边，并封为美人。

窦漪房成了分配到代王那里的五个宫女里，唯一被代王刘恒看中的。

窦漪房不愿意来代国，是因离家远，地方偏，觉得孤独。可当她一旦成为代王刘恒的美人，并被代王刘恒宠爱时，她的那种孤独感也就消失了。她开始庆幸自己来了代国。

窦漪房是个非常聪明的女人，成为代王刘恒的美人后，她知道自己的命运，已经跟代王刘恒绑在了一起了，因而，当太后吕雉派人来问代国和代王刘恒母子的情况时，窦漪房知道怎么说，才能让太后吕雉对代国和刘恒母子放松警惕。

代王没有野心，是一个平庸之人，对太后也很尊重；代王母子整日不问政事，只知吃斋念佛，感激太后让她和儿子在一起……

窦漪房把代王刘恒说得人畜无害，把薄氏说得无欲无求。几次之后，太后吕雉对代国这边，也就彻底放下心来。

窦漪房没有向代王刘恒隐瞒吕雉要她监视他们的事。刘恒听后问，背叛太后，你不怕吗？

臣妾既已是代王的人，就誓与代王休戚与共。窦漪房说。

窦漪房的坦白，让刘恒对她多了份信任，他相信窦漪房要与他休戚与共的话。不然，她完全可以不告诉他这些。

之后，再有太后吕雉派人来问，对于该说什么，不该说什么，窦漪房都会和代王刘恒提前商量决定。而这，也让窦漪房和刘恒有了同谋的感觉，两个人的心贴得更近了。

窦漪房很会为人处世，毕竟她侍候过太后吕雉，知道该如何讨主人欢心，更知道如何笼络人心。

窦漪房虽然是代王刘恒宠爱的美人，但在其他妃嫔，甚至下人面前，她都不会表现出高高在上的姿态。而对代王刘恒和代王刘恒的母亲薄氏，她更是用一种下人对待主人的态度。

在薄氏面前，窦漪房的姿态放得尤其低，可谓事事顺从。因而她知道薄氏的话在代王刘恒那里的分量。

刘恒和薄氏的经历，让他们一直以来都生活在卑微之中。窦漪房深知这一点，也知道，在他们面前，自己只有表现得比他们还卑微，才能让他们觉得安全，而只有他们觉得安全了，才会喜欢自己。

因而，示弱也就成了窦漪房的生存之道，她不仅每天向薄氏请安，就是对待为代王刘恒生了四个儿子的代王后，她也非常尊重，从不“恃宠而骄”，也正因如此，代王后才会对窦漪房的得宠，不仅不嫉恨还和她以姐妹相称。

窦漪房就像曾经的薄氏一样，让人看不到一丝攻击性。

公元前189年，窦漪房生下了女儿刘嫖；公元前187年，窦漪房又生下儿子刘启；之后，她又生下了儿子刘武。

4

公元前180年，统治西汉16年的吕雉去世了。

早已对外戚专政不满的朝臣先是血洗吕氏集团，接着废了傀儡小皇帝刘弘（后少帝）。

为了让汉朝政权重回刘氏家族手里，他们推举代王刘恒当皇帝。

汉朝廷派使者去代国接代王刘恒继位时，面对接他进京的使者，24岁的刘恒根本不相信。不仅他，就是他的亲信也觉得是场阴谋，阻止他进京。

不过，刘恒的母亲薄氏却让他去，还说这是天意，说她在还是魏豹的妾时，女相士许负就说了，她会生一个天子。

刘恒很孝顺，听了母亲的话，答应跟使者进京，不过还是有些忐忑。直到让人又卜了个卦是上上签后，这才将信将疑地在舅舅薄昭的陪同下，前往京城。

一路上，刘恒都胆战心惊。在离长安城还有五十里时，他停了下来，令人去打探情况，见没有任何异常，这才完全放下心来。

一进京，刘恒就被推上了至尊之位。

刘恒坐上皇位后，很长时间都无法接受这种身份的转变。在封地代国时，他虽然是代王，但他却时时刻刻提醒自己，让自己及周围的人小心，不要被太后抓住什么把柄。

处在恐慌不安中的他，既想探听宫里的情况，又怕听到宫里的情况。于是，他经常问美人窦漪房，太后有没有再派人来问什么？

刘恒的不安，窦漪房全都看在眼里，她知道刘恒在害怕什么，也就不停地安慰他，说一些让他安心的话。

窦漪房的安慰，让刘恒越来越依赖她，越来越信任她。不过，虽然如此，刘恒在坐上皇位后，还是对立谁为后拿不定主意，因为窦漪房的出身太低了，他怕朝臣有意见，于是去征询母亲薄氏的意见。

薄氏没有犹豫，她说：立太子的母亲。

太子的母亲就是窦漪房。窦漪房和刘恒的儿子刘启能被立为太子，是因为刘恒即位前，他和代王后所生的四个儿子，以及代王后都先后去世了。

历史上对于代王后和四个儿子的死因没有记载，甚至连他们去世的具体时间都没有，因而有人怀疑和窦漪房有关。不过，不管是不是一场和窦漪房有关的阴谋，总之，刘恒即位时，命运再次向窦漪房倾斜，她的儿子刘启成为了刘恒的长子，被立为了太子。

一个贫困家庭出身，做过侍女的女人，就这么不可思议地，一步步地从侍女到代王妃，再坐上西汉的皇后位。

和汉文帝刘恒坐上皇位一样，刚开始的时候，窦漪房也没有适应这么大的转变，言行举止小心翼翼。可很快，当周围的一切都向她表明，她是一国之母时，她开始适应这种转变。

一人得道，鸡犬升天。既然已经是一国之母，那么，她那低贱的出身，也就不符合她高贵的身份了。于是，她不仅赏赐哥哥窦长君很多财物和田地，还将她早已去世的父母追封为安成侯和安成夫人。

得知窦漪房被立为皇后后，从小被卖出去为奴的弟弟窦少君也来京城认亲，并得到了不少财物和田地。

窦长君和窦少君都没有文化，汉文帝刘恒就专门派人教他们兄弟俩读书，并让有德行的人跟他们相处，希望他们成为谦谦君子。

然而，或许是窦漪房把所有的好运，都在当上皇后前用完了。公元前177年，仅仅只做了三年皇后的窦漪房却双目失明了。

刘恒还是代王时，与窦漪房感情的加深，更多是因为活在吕雉的压制下，恐慌不安的他急需从了解吕雉的窦漪房那里获得力量。而在成为西汉天子并习惯了这个身份，后宫又美女如云时，汉文帝刘恒再面对失明的窦漪房，也就亲近不起来了。

他们的感情在疏远，而随着他们感情的疏远，汉文帝刘恒又有了一位宠妃慎氏。

汉文帝刘恒的这位宠妃在历史上叫慎夫人，出生于公元前168年的邯郸。

慎夫人长相美丽，能歌舞，擅鼓瑟。

汉文帝刘恒对慎夫人的宠爱，有些像父亲——汉高祖刘邦对戚夫人的宠爱，不管走到哪儿都要带着她。不仅如此，汉文帝刘恒还经常让她和窦漪房同席而坐。

一个“夫人”却能和“皇后”同席而坐，这对窦漪房来说，不仅是种打击，还是种耻辱。

窦漪房知道，在汉文帝刘恒的心里，慎氏虽然是“夫人”，却有着和她这个皇后同样的地位。

窦漪房悲愤不已，却也无人诉说。

第三章　窦漪房干政

5

历史上，窦漪房的口碑不错。

出生于底层的她，因为吃过苦，即便坐上皇后位，也依然很为百姓着想，对此，《汉书·文帝纪》里说她："即位二十三年，宫室苑囿车骑服御无所增益。"

然而，对自己节俭低调的窦漪房，对儿女却失去了原则，很是宠溺和纵容。

窦漪房的女儿刘嫖从一出生，就深得刘恒和窦漪房的喜爱，刘恒称帝后，还封她为长公主。于是，刘嫖成了汉代历史上第一位长公主。

虽为公主，刘嫖却有着诸王的身份和地位，她的封邑在馆陶（今河北馆陶）。

身份地位高，母亲窦漪房对她又是无原则的"爱"，这都养成了刘嫖盛气凌人，骄奢淫逸，任性妄为的性格。

窦漪房无原则"爱"刘嫖，是有原因的。她在失去光明，失去丈夫的疼爱时，只有女儿刘嫖能陪她。很多不能对别人说的话，也只能对女儿说，久而久之，窦漪房对女儿刘嫖就有了一种非同一般的感情。

窦漪房对刘嫖既依赖，又有求必应。这导致刘嫖越来越过分，不仅弄权受贿，私铸货币，还明目张胆地养男宠。

窦漪房不仅娇惯女儿，还宠溺小儿子刘武。窦漪房对小儿子刘武的宠溺，促使刘武权欲暴涨，穷奢极欲。

刘武自汉文帝刘恒坐上皇位，先被封为代王、后又被改封淮阳王，最后又被封为梁王。虽然是梁王，但刘武这个梁王的规格和财富却丝毫不比被封为太子的刘启差。之所以如此，都是因为窦漪房。

窦漪房觉得，太子刘启和梁王刘武是一母同胞的亲兄弟，不能厚此薄彼。

公元前157年，汉文帝刘恒驾崩于未央宫，太子刘启继位，为汉景帝，尊窦漪房为皇太后。

窦漪房见大儿子刘启坐上了皇位，就觉得对小儿子刘武有所亏欠。为了弥补这种亏欠，她让汉景帝刘启对已经是梁王的刘武大加封赏，使他的城池达到了四十座，出行规格及珠宝财富和汉景帝刘启的不相上下。

你弟弟可是为大汉朝立下过大功的！每次在为小儿子刘武要赏赐的时候，窦漪房都要这么说上一句。窦漪房无时无刻都在提醒汉景帝刘启，你不用不高兴，你弟弟拿的都是他应得的。

梁王刘武确实为汉王朝立过功，甚至如果不是他，汉景帝刘启的皇位未必能坐得稳。

公元前154年，汉景帝刘启听从御史大夫晁错的提议，想要削弱诸侯势力，加强中央集权，引起了诸侯的不满。

吴王刘濞联合楚王刘戊、赵王刘遂、济南王刘辟光、淄川王刘贤、胶西王刘昂、胶东王刘雄渠等刘姓宗室诸侯王，以“请诛晁错，以清君侧”为名发动了叛乱。这也就是西汉历史上有名的“七王之乱”。

对于这次叛乱，“七王”准备得很充分，进展也很顺利。眼见就要打到都城了，汉景帝刘启很是着急。不过，当吴、楚联军东进到梁国（今河南商丘）时，却遭到梁王刘武和他士兵的顽强抵抗。

梁国是进入京城的最后一道防线，一旦突破，京城就将失守。最终，因为梁王刘武率兵拖住了联军，给了汉景帝刘启派出援军的机会，三个月后，“七国之乱”被平定。

“七国之乱”能被平定，梁王刘武的功劳无疑最大，而平定“七国之乱”后，汉景帝刘启的政权得以巩固，所以汉景帝刘启让梁王刘武的财富和城池，超过了诸王规格，财富等同自己。

然而，即使这样，窦漪房还是不满意。

窦漪房有她的逻辑。她觉得，刘启和刘武是亲兄弟，不管刘启是什么身份，他的弟弟都应该和他有相同的待遇。

汉景帝刘启知道母亲的心思。他想，即便给了刘武和他相同的待遇，天子还是他。于是，他赏赐梁王刘武旌旗，让他出行时，排场和他这个天子一样，有千乘万骑的人跟随。

可人的欲望是无止境的。得到的越多，想要的也就越多。梁王刘武也想当一国之君。

窦漪房想要满足刘武的愿望，可又不好说，只好将这种心思挂在脸上。

汉景帝刘启猜出来了母亲的心思，为了验证自己的猜测，公元前154年，在与梁王刘武喝酒时，喝到高兴之处，他突然大喊一句：千秋之后传梁王。

那时候，汉景帝刘启还没有立太子，梁王刘武一听，非常高兴，兴奋地告诉了母亲窦漪房。

窦漪房比梁王刘武还兴奋，两个儿子，都做天子的话，就不会厚此薄彼了。

此后，窦漪房便天天盼着大儿子汉景帝刘启立小儿子刘武为储君。

汉景帝刘启并不想真的传位给弟弟。为此，他故意在窦漪房的侄子詹事窦婴的面前，透露他要传位给弟弟刘武。

詹事窦婴听了后说，汉法规定，帝位传给长子、长孙，传给弟弟有违祖制。怕汉景帝刘启真的“违祖制”，窦婴为了阻止他，还和朝臣一起写奏折，反对他传位给弟弟。

这正是汉景帝刘启想要的。借朝臣的反对，汉景帝刘启堵住了母亲窦漪房和弟弟刘武的嘴，并立长子刘荣为太子。

一直盼望小儿子刘武被立为储君，结果被立的是孙子，窦漪房越想越生气。而在得知，这都是因为侄子窦婴带头反对时，她一气之下，将窦婴出入宫的名簿删了，致使窦婴不得不辞官。

窦漪房不仅怪侄子窦婴，还恨孙子刘荣，觉得是孙子刘荣抢了儿子刘武的太子位。

公元前150年，长公主刘嫖想让女儿陈阿娇做太子妃，找太子刘荣的母亲栗姬说此事时，遭到了拒绝，一气之下，跑到母亲窦漪房面前诉苦。窦漪房借机授意长公主刘嫖去和汉景帝刘启说，让他废了太子刘荣。

于是，刘嫖一有机会就在汉景帝刘启面前说刘荣不适合做太子，还说他的母亲栗姬善妒、信巫术，等等。

汉景帝刘启听得多了，对栗姬和太子刘荣也就有了看法，开始疏远他们。

窦漪房趁机又在汉景帝刘启面前说，太子刘荣没有天子相。汉景帝刘启也就越看刘荣越没有太子相。

公元前150年时，汉景帝刘启废了刘荣的太子位。

太子位又空下来了，窦漪房觉得小儿子刘武又有机会了。为了说服汉景帝刘启，她举殷商的例子，说殷商就有传位给兄弟的事。

汉景帝刘启依然想把皇位传给自己的儿子，但他又不愿意直接拒绝母亲窦漪房，为了稳住她，他先是假装答应，然后将此事告诉了丞相袁盎等人。

丞相袁盎和其他大臣对窦漪房说，皇上如果将皇位传给弟弟，他们的下一代一定会为争夺皇位而自相残杀。

窦漪房一听，虽然溺爱小儿子刘武，却也不愿意看到骨肉相残，只好作罢。

6

窦漪房怕“兄终及弟”导致骨肉相残，没有再坚持，可一直梦想坐皇位的梁王刘武不甘心。因为他早就开始为坐上皇位做准备了。

在封地梁国，梁王刘武四处招揽各方豪杰，而在所招揽的豪杰中，最被他重用的就是羊胜、公孙诡和邹阳等，这些人要么武功盖世，要么擅长谋略。

梁王刘武本想坐上皇位，重用这些豪杰，结果梦想破灭。他难以接受，他招揽的那些豪杰们也不能接受。

都是那袁盎坏了梁王的好事！豪杰们说。

梁王刘武内心的火被点燃了，在和羊胜、公孙诡及邹阳等商议过后，梁王刘武决定派杀手去杀袁盎。

为了确保万无一失，他派出了10多名杀手，一个刺杀失败，另一个接着刺杀……最终，丞相袁盎被杀。

汉景帝刘启既惊又气，他发誓要查到凶手，并最终查到是羊胜和公孙诡雇的杀手。

羊胜和公孙诡是梁王刘武的亲信，汉景帝刘启明白，刺杀丞相袁盎就是梁王刘武的主意。

汉景帝刘启想治刘武的罪，窦漪房知道后大惊。她不顾太后身份，在汉景帝刘启面前哭闹，不仅如此，还整日不吃不喝，以绝食来威胁汉景帝刘启。

他虽然犯的是大罪，可他是你的弟弟！你的亲弟弟啊！窦漪房一边哭，一边骂汉景帝刘启。还说如果要治刘武的罪，就先杀了她。

汉景帝刘启无奈，只得放弃治刘武的罪，只将羊胜和公孙诡处死。不过，虽然没有治梁王刘武的罪，但汉景帝刘启对这个弟弟已经完全失望了。

有一次，梁王刘武从封地来京城，汉景帝刘启派使者去接他，他却捉弄使者，躲了起来，导致窦漪房以为他被汉景帝刘启杀了，大骂汉景帝刘启。

汉景帝刘启忍无可忍，下令梁王刘武即刻回他封地，不准在京城滞留。

梁王刘武在悻悻然回到他封地后，不久就生病了。

公元前144年，梁王刘武因病去世。

窦漪房伤心欲绝，她哭得肝肠寸断，以绝食要挟汉景帝刘启，说是他杀死了梁王刘武。

汉景帝刘启很为母亲的身体担心，为了哄她高兴，封梁王刘武的五个儿子为王，五个女儿为汤沐邑，窦漪房这才停止绝食。

公元前141年，汉景帝刘启驾崩于未央宫，太子刘彻即位，为汉武帝，尊窦漪房为太皇太后。

此时的窦漪房已经快70岁了。

汉文帝时期，身为皇后的窦漪房没有参与过朝政；汉景帝时期，身为太后的窦漪房虽然为了一对儿女，干涉过朝政，却也没有实际参与过；可汉武帝时期，已经成为太皇太后的窦漪房，似乎意识到了权力的重要，她开始参政议政。

窦漪房推崇“黄老思想”（黄帝和老子的思想），在得知汉武帝刘彻所推行的新政，与她推崇的“黄老思想”有异时，坚决予以阻止，致使新政无法推行下去。不仅如此，窦漪房还对汉武帝刘彻说，以后不管有什么国家大事，都要提前向她禀报，而每次汉武帝刘彻一禀报，窦漪房就要指手画脚。

窦漪房的做法，让有些朝臣看不下去了。

公元前139年，御史大夫赵绾、郎中令王臧等朝臣上书汉武帝刘彻，让他不要将政事禀报给太皇太后。

朝臣没想到，汉武帝刘彻的身边，也有太皇太后的人，他们马上将此事汇报给了窦漪房，窦漪房得知后大怒，不仅找借口将二人抓了起来，还逼他们自杀。

窦漪房参政时间并不长，只有不到七年时间。

公元前135年，窦漪房去世，与汉文帝刘恒合葬于灞陵（今陕西西安灞桥）。

窦漪房的遗诏里，将自己宫里的所有财物，全都赐给了女儿——长公主刘嫖。

从窦漪房的一生来看，她是幸运的，也是圆满的；从历史上对她的评价来看，也是偏正面多，觉得她所推崇的“黄老思想”（黄帝、老子的“以民生息”“无为而治”思想），让西汉维持在了强盛状态。

然而，从她因为宠溺儿子刘武和女儿刘嫖，进而让儿女私欲膨胀，以及最后为了参政，将阻止她参政的朝臣抓起来逼其自杀来看，她看似没有影响汉王朝的统治，实际上却也在不知不觉中，改变了西汉的历史。

15

刘嫖改写汉代历史　开启公主养男宠先河

太后吕雉犹如常年笼罩在他们头顶的一片乌云，压得她和父亲、母亲，以及祖母喘不过气来。在这块阴云下，刘嫖过完了她的童年。

很多时候都是这样，一个人如果长期过着压抑的生活，一旦令她压抑的因素不存在了，那么这个人也就变得无拘无束，甚至肆无忌惮。

第一章　刘嫖集万千宠爱于一身

1

刘嫖出生时她的父亲刘恒还只是代王，母亲窦漪房只是代王刘恒的一个美人。

刘嫖是代王刘恒的长女。

刘嫖的父亲刘恒一直生活在对太后吕雉的恐惧中，虽然疼爱这个女儿，却也对她严加管束，生怕她惹出什么祸来，引起太后吕雉的注意。而刘嫖的母亲窦漪房因为是宫女出身，且是太后吕雉赐给她父亲刘恒的，因而也一直生活得低调小心又谨慎。

在这样的氛围下，刘嫖过得很压抑。

太后吕雉犹如常年笼罩在他们头顶的一片乌云，压得她和父亲、母亲，以及祖母喘不过气来。在这块阴云下，刘嫖过完了她的童年。

很多时候都是这样，一个人如果长期过着压抑的生活，一旦令她压抑的因素不存在了，那么这个人也就变得无拘无束，甚至肆无忌惮。刘嫖便是如此。

刘嫖10岁时，西汉王朝的掌权者太后吕雉去世。

笼罩在他们头顶上的乌云散去了，刘嫖的父亲刘恒、母亲窦漪房长吁一口气。不等他们庆祝，更大的喜事就降临在了他们的头上。

刘嫖的父亲刘恒被拥为皇帝，母亲窦漪房被立为皇后，弟弟刘启被立为太子。

惊喜来得猝不及防，刘嫖当时还小，并不完全明白这一切对她意味着什么。不过，从身边人对他们一家的态度来看，她明白，天下归他们了。

突然而至的惊喜，让刘嫖一家在经过了短暂、不知所措的生活后，刘嫖和她的弟弟刘启、刘武，犹如三头从打开的牢笼里跑出来的野兽，撒起欢来。

以后你们想哭就哭，想笑就笑，用不着担心什么了。母亲窦漪房对他们三姐弟说。

那时候的皇后窦漪房，在兴奋之余，首先想到的就是跟着他们受尽了委屈的三个孩子，她决定把孩子们之前失去的，全部都给他们找回来！

长子刘启已经被立为了太子，那么长女刘嫖和幼子刘武，又要如何补偿他们呢？皇后窦漪房和汉文帝刘恒商量。

最终，幼子刘武先是被封为代王，接替父亲刘恒以前的封号，接着又被改封为淮阳王、梁王。而长女刘嫖呢，虽然是个女孩子，但她两个弟弟有的，她也不能少，于是，刘嫖就被封为了长公主。

长公主和公主不一样，拥有和诸王一样的待遇。

就这样，刘嫖也就成为了汉朝的第一位长公主，封地在馆陶县（今河北馆陶）。因为封地在馆陶，历史上又把刘嫖称为馆陶公主。

刘嫖长得既漂亮又乖巧，很会撒娇，汉文帝刘恒在将她封为长公主后，又给了她不少赏赐。

公元前177年，窦漪房双目失明。

最爱的幼子刘武去了他的封地，长子刘启又身为太子，有着做不完的事，围绕在窦漪房身边的，只有馆陶公主刘嫖。

那时候，刘嫖已经嫁人，嫁给了世袭列侯堂邑侯，有着食邑

1800户的陈午。陈午当时位列100多位列侯中的86位，能娶馆陶公主刘嫖这样的身份和地位的女人，显然是高攀。

陈午是高攀，刘嫖便是下嫁。对于这个身份地位、财富都不如自己的丈夫，刘嫖并不是很喜欢。不过，虽然不喜欢，却也在结婚后，先后为他生下了长子陈须，次子陈蟜和小女陈阿娇。

已经嫁人的刘嫖，还是会经常去看望母亲窦漪房。

刘嫖很聪明，知道母亲要什么，因而看望母亲时，总会说一些母亲喜欢听的话，很好的排解了窦漪房的苦闷，让孤独失落中的她感觉到了温暖。

窦漪房越来越依赖这个女儿，几天不见，便要派人把刘嫖接进宫。

有一次，刘嫖十多天没有来，窦漪房派人把她接来后，责怪她为什么这么长时间不来看她。刘嫖搂着母亲的脖子说，她也想念母亲，一想到母亲的眼睛看不见，她就心里难受。

刘嫖说到这里的时候，声音开始哽咽，窦漪房一把抱住女儿，母女俩抱头痛哭。

哭过之后，刘嫖又向窦漪房撒娇，说她也时刻想着要来看望母亲，陪伴母亲，可母亲这里，不是谁想来，就能来的。窦漪房一听，马上就给刘嫖能够随意出入她内室的权力。

自那以后，刘嫖便借着母亲对她的依赖，不断地通过撒娇，向窦漪房索要更多的权力和财物。

既有诸侯的地位，又有父亲的怜爱和母亲的宠爱，馆陶公主刘嫖越来越飞扬跋扈。

2

公元前157年，汉文帝刘恒去世，太子刘启继位，为汉景帝。窦漪房被尊为太后。

汉景帝刘启跟姐姐刘嫖的感情很好。小时候，刘启经常跟在刘嫖的屁股后面跑，对刘嫖唯马首是瞻，坐上皇位后，汉景帝刘启对刘嫖依然尊重有加，这让刘嫖的日子，比汉文帝刘恒在位时过得还舒坦。

如果说，汉文帝时期，刘嫖是在仗着父亲的宠爱，任性妄为的话，汉景帝时期，刘嫖便是仗着弟弟对她的言听计从，为所欲为了。

汉文帝时期，刘嫖虽然任性，却也有所顾忌。毕竟，汉文帝刘恒虽然疼爱她，但是她若做得过分，也会训斥她，因而刘嫖大多也只是通过母亲窦漪房，向父亲索要权利和财物。可汉景帝时期就不一样了，刘启是她的弟弟，刘嫖再要什么，也就不用再通过母亲，而是毫无顾忌地，直接向汉景帝刘启索要。

面对姐姐的索要，汉景帝刘启很少有不满足的时候。

汉景帝刘启能如此对待刘嫖，除了姐弟俩感情好而外，还因为刘嫖能够满足他的好色需求。

你需要什么，我就给你提供什么。擅长投其所好是刘嫖为人处世的特点。

母亲窦漪房双目失明，寂寞孤独，需要陪伴，刘嫖就经常去母亲那里，陪她，逗她开心；弟弟刘启喜欢美女，刘嫖就四处给他搜罗美女。

汉景帝刘启见姐姐如此懂他，对姐姐也就更好了，而这，也让原本就刁蛮任性、盛气凌人的刘嫖更加为所欲为。

刘嫖在汉景帝刘启那里的影响力，整个朝廷都知道。因而，朝臣们有什么事，难以见到皇上，便会拿着财物去馆陶公主的门下；汉景帝刘启的后宫妃嫔们想让皇上宠爱她们，也会拿着财物珠宝去贿赂刘嫖。

不管是朝臣还是后宫妃嫔，所有贿赂她的财物，刘嫖都来者不拒。而为谁办事，办多少事；为谁说话，说多少话。刘嫖也一律按所送财物的贵重程度来决定。

刘嫖收到的礼物越来越多，也越来越贵重。

汉景帝刘启后宫的妃嫔里，也有不讨好和贿赂馆陶公主的，这个人就是汉景帝刘启的宠妃栗姬。

栗姬既能得到汉景帝刘启的宠爱，又何须让刘嫖替她说话？

栗姬讨厌刘嫖，讨厌她帮后宫妃嫔说话，讨厌她不断地给汉景帝刘启进献美女。

栗姬是齐国人，出身不详。历史记载，栗姬长相极美，备受汉景帝刘启的宠爱，相继为汉景帝刘启生下了三个儿子，分别叫刘荣、刘德和刘阏。

栗姬知道刘嫖既有太后窦漪房这个后台，又和汉景帝刘启的感情很好，但汉景帝刘启宠爱她，她的大儿子刘荣又被立为了太子，所以她也就不把刘嫖看在眼里。

栗姬不仅不把刘嫖放在眼里，还经常骂她，骂她给汉景帝刘启进献美女。栗姬在自己的宫里骂刘嫖时，她身边的人也劝她，劝她和刘嫖拉好关系。可她不以为然，还说，本宫可不像那些贱女人，本宫不需要去讨好她！

栗姬想，等她当上皇后，成为后宫之主，她就要好好收拾那些通过刘嫖，被汉景帝刘启宠幸的妃嫔。

栗姬不是在痴人说梦，汉景帝刘启的皇后位正好空着。

汉景帝刘启原来有位皇后，姓薄，是他祖母薄氏（汉文帝刘恒的母亲）的娘家人。可他不喜欢这位薄皇后，祖母薄氏活着时，碍于祖母，他还忍着，等到薄氏去世，他便以薄皇后没有生育，多病为由，把她的皇后位废了。

栗姬是汉景帝刘启最宠爱的妃子，栗姬的儿子又被立了太子，栗姬觉得，自己的皇后位是铁板钉钉的事儿，所以经常以皇后自居。

刘嫖知道栗姬不喜欢她，她也不喜欢栗姬，可在刘荣被立为太子后，她就想和栗姬结盟。刘嫖是个擅于钻营之人，虽然她的身份、地位不一般，应有尽有，可她心里很清楚，她拥有的这一切，都是母亲窦漪房和弟弟汉景帝刘启给她的，一旦母亲和弟弟不在了，她很可能什么都没有了。

我必须为皇上百年之后，我的未来着想。刘嫖想要找个靠山，可找谁都没有找未来皇帝牢靠，而未来的皇帝是谁？就是如今的太子，栗姬的儿子刘荣。

第二章　刘嫖策划“金屋藏娇”

3

刘嫖想把女儿陈阿娇许配给太子刘荣，做太子妃。她想，如果女儿陈阿娇当上了太子妃，刘荣继位后，女儿陈阿娇就是皇后了。

刘嫖在设想好一切后，就去找太子刘荣的母亲栗姬。

刘嫖自信地以为，以她的身份和地位，能够主动提出和栗姬结亲，栗姬应该感到荣幸，并忙不迭地答应，毕竟想巴结她的人很多。但刘嫖没想到，栗姬拒绝了。

栗姬在听完刘嫖毫不遮掩的打算后，先是不屑地看了刘嫖一眼，然后冷笑一声，最后洋洋得意道，太子以后可是要做皇帝的，阿娇不适合做皇后。

刘嫖还在笑着的脸，顿时就僵在了那里。栗姬再瞟一眼刘嫖，继续阴阳怪气道，阿娇啊！最多也就能做个妃子。

刘嫖的脸色，瞬间从红色变成了青色。

其实，栗姬说这句话时，带着赌气的成分，也有些发泄怨气。栗姬虽然有着漂亮脸蛋，但心无城府。她不会想到，她的这一通发泄，自己心里舒服了，可不仅害了自己，还害了儿子刘荣。

栗姬低估了刘嫖的能力，她和儿子的悲剧命运，自此拉开帷幕。

一向不可一世的刘嫖，何曾受过这样的侮辱？她在瞪了栗姬一眼后，扬长而去，去了母亲窦漪房那里。

刘嫖一边向窦漪房发牢骚，一边抽泣。窦漪房心疼了。

窦漪房本来就对刘荣被立为太子不满。当然，她的不满是因为，刘荣被立为太子，导致了她小儿子刘武的储君梦破灭。

于是，窦漪房便对刘嫖说，栗姬是仗着儿子刘荣被立为了太子，所以才会这么无法无天的。

母亲窦漪房的话，让刘嫖瞬间停止了抽泣，她的心里多了份害怕。她想，栗姬如今都能这么对待她，一旦儿子刘荣坐上皇位，自己怎么可能有好果子吃？

刘嫖的脸色变得煞白，她喃喃道，看来，太子要是继位了，孩儿的好日子也就到头了。

窦漪房虽然看不到刘嫖的脸色变化，却从刘嫖的语气里，听出了什么，她先是冷笑一声，然后将脸扭向女儿道，他不是还没即位吗？

窦漪房的这句话说得很慢，一字一顿。刘嫖煞白的脸顿时红润起来。

对！刘荣还没即位！只要他一天没即位，坐上皇位的，指不定是谁呢。

从母亲窦漪房那里出来后，刘嫖的心里只有一个想法：阻止刘荣坐上皇位。而若想要达到这个目的，只有一个办法，让汉景帝刘启废掉刘荣这个太子。

废掉刘荣的太子位，再立一位太子，而所立太子，必须娶女儿陈阿娇为太子妃。这就是刘嫖的想法。

刘嫖是个很有心计的女人，自有了这个想法，她便开始在汉景帝刘启的儿子中，寻找新太子的合适人选。

4

汉景帝刘启有十四个儿子，前三个儿子刘荣、刘德、刘阏，都由栗姬所生。

刘嫖不再考虑栗姬所生的儿子，经过一番权衡，她去了平时和她关系不错的王夫人那里。

王夫人原名王娡，槐里（今陕西兴平）人，入宫前曾有过一段婚姻，且有一个女儿。王娡进宫时，刘启还是太子。不过，漂亮聪颖的王娡，并不得当时还是太子的刘启喜欢。

为了得到刘启的宠爱，王娡想尽办法接近刘嫖。

王娡是个善于谋划之人，她接近刘嫖，虽然也是想让刘嫖在太子刘启那里给她说好话，但她却不像其他女人，她没有拿着财物直接去向刘嫖提诉求，而是先用财物，一点一点地和刘嫖拉关系，直到两个人成为好朋友。

已经成为了朋友，刘嫖自然也就主动向太子刘启推荐她，说她的好话。

就这样，王娡在接连为当时还是太子的刘启连生三个女儿后，被封为了美人。

刘启继位那年，王娡再次怀孕，并在公元前156年，生下儿子刘彘。王娡因此又被封为夫人。

刘彘是汉景帝刘启的第十个儿子，公元前153年，4岁的他被封为了胶东王。

后宫妃嫔里，没有不想让自己的儿子成为储君的。王娡也想。可她心里很清楚，自己和儿子都不是汉景帝的最爱，且太子位上已经有人，且还是汉景帝刘启最宠爱的栗姬的儿子。

王娡本来已经打消了为儿子刘彘争夺储君位的想法，直到刘嫖来到她这里。

刘嫖在向王娡说了她在栗姬那里受到的屈辱后，王娡便知道机会来了。她想，自己的儿子虽然在皇子中排行老十，也不是特别受汉景帝刘启喜欢，似乎离储君位很远，可如果有了刘嫖，事情就不一样了。

王娡不像栗姬，她不仅为人低调，还深谙人情世故。她知道刘嫖的手段，也知道刘嫖在汉景帝刘启、太后窦漪房那里的地位。于是就在心里盘算，如果自己和刘嫖联手，将会是和太后窦漪房联手。一旦有了刘嫖和太后窦漪房，即便太子位上已经有人，自己的儿子也不是没有机会。

因此，等刘嫖说完，王娡先是叹口气，接着假意道，栗姬真是身在福中不知福，只可惜我的儿子命薄，没福气娶陈阿娇。

刘嫖等的就是这句话，她心里一喜，看着王娡，王娡也看着刘嫖，两个人相视一笑，心照不宣，不多说一句就达成了协议。

几日后，刘嫖带着女儿陈阿娇来到了王娡那里，而王娡也叫来了刘彘。

刘彘当时只有6岁。陈阿娇当时多大，因为她的出生日期不详，不是很清楚，只知道比刘彘大很多。

虽然两个孩子在年龄上有差距，可不管对刘嫖还是王娡来说，都不重要。她们只想联姻成功。

于是，刘嫖看着刘彘，故意问，彘儿长大了要讨媳妇吗？

刘彘点了点头。

刘嫖便指着一旁的女儿陈阿娇又问，那把阿娇嫁给你好不好？

刘彘看一眼母亲王娡，见王娡微笑着朝自己点了点头，便带着稚气说，好啊！要是能娶阿娇做妻子，我就造一座大大的金屋子给她住。这就是历史上有名的“金屋藏娇”。

6岁孩子能说出这种话，肯定是经过了王娡的亲授。

刘嫖不管刘彘的话是真是假，她更不管是不是王娡授意，她只要这句话。这句话是王娡母子对她的保证。有了这个保证，她就可以去运作这件事了。

自此，废刘荣，立刘彘就成了刘嫖竭尽全力去做的事。

刘嫖开始在汉景帝面前不断说栗姬的坏话，说栗姬如何拉帮结派，如何“挟邪媚道”。

汉景帝刘启最初听到时，并不在意。听得多了，再看栗姬和太子刘荣，心里也就多了些疙瘩。

一日，汉景帝刘启与栗姬耳鬓厮磨时，突然想起了刘嫖的话，于是故意试探道，朕百年后，希望爱妃能够照顾其他妃嫔和皇子。

汉景帝刘启是突然说出的这句话的，如果换作一个聪明的，有心计的女人，肯定觉得事有蹊跷，必定选择谨慎作答，可栗姬不是聪明女人，更没有什么心计，她没有听出端倪。

栗姬在汉景帝刘启面前任性惯了，汉景帝刘启本来是在和她亲热，却突然说出这句话，让她觉得很扫兴，于是也便垮下脸说，其他皇子都有母亲，为什么要臣妾照顾？

汉景帝刘启一听，先是一愣，随即穿衣服要走。

栗姬受宠惯了，并不道歉，看着汉景帝刘启的背影骂道，真是个老东西。

“真是个老东西”，原本只是栗姬和汉景帝刘启私下里经常说的话，以前，汉景帝刘启听了不仅不会生气，还会觉得小有情调。可这次，他生气了，并在心里认定，栗姬没有母仪天下之风。

汉景帝刘启开始疏远栗姬。

见时机成熟，刘嫖又让王娡撺掇大行官，向汉景帝奏请册封太子生母为皇后。

大行官不知是计，上朝请奏，称皇后位一直空缺，要汉景帝刘启立太子的母亲为皇后。太子就是刘荣，立太子的母亲也就是立栗姬。

汉景帝刘启一听，觉得栗姬果然就像刘嫖说的，喜欢拉帮结派。看来，大行官就是被她收买了。

汉景帝刘启一生气，处死了大行官。

栗姬曾经的张狂，只因恃宠而骄。得知大行官因为举荐自己而被砍了头，惊惧不安。而栗姬的惊惧不安，更加深了汉景帝刘启对她的怀疑。

汉景帝刘启彻底断了立栗姬为后的念头，甚至还有了废太子刘荣的想法。

刘嫖看准时机，不断在汉景帝刘启面前称赞刘彘，说他小小年纪就英明神武，还说他不但有文才武略，还性情仁孝，是个“天纵奇才”。

刘嫖不仅称赞刘彘，还称赞王娡，说她有母仪天下之风。

公元前150年，汉景帝刘启下旨，废太子刘荣为临江王。

直到这时，栗姬才知道，这一切，都是因为自己得罪了刘嫖。可惜，她知道得太晚了。刘荣被废后不久，栗姬便被打入冷宫。愤懑之下，栗姬一病不起，不久就死了。

公元前150年4月，汉景帝刘启立王娡为皇后，立刘彘为太子。

而这刘彘，也就是历史上的刘彻。

原本在皇子中排行老十的刘彻，就这么坐上了储君位；原本在后宫默默无闻的王娡，如愿坐上皇后位。

事情能得到如此逆转，全是馆陶公主刘嫖的功劳。

王娡没有失言，在刘彻被立为太子，她被立为皇后后，她让刘彻兑现承诺，立陈阿娇为太子妃。

第三章　刘嫖被惯坏的女儿陈阿娇

5

公元前141年，汉景帝刘启驾崩，刘彻继位，为汉武帝。

刘嫖如愿以偿，她的女儿陈阿娇被立为了皇后。

此时，刘嫖既是皇后的母亲，又是帮助汉武帝刘彻坐上皇位的有功之人，也就被赐和母亲窦漪房同姓。由于窦漪房是“窦太后”，她也便被人称为了“窦太主”。

这段时间是刘嫖一生中最荣耀的时候。因为她既是太皇太后窦漪房的女儿，又是皇后陈阿娇的母亲，还是汉武帝刘彻的姑母兼恩人……

刘嫖的身份越来越多，靠山也越来越强大。她变得忘乎所以，甚至不将汉武帝刘彻放在眼里。

刘彻自被立为太子，便一直被母亲王娡教导，要他懂得感恩，对刘嫖要尊重，等等。因而，还是太子时，刘彻就事事听刘嫖的。坐上皇位后，随着年龄的增长，汉武帝刘彻就有了自己的想法，不愿意再受制于刘嫖。

汉武帝刘彻想过要挣脱刘嫖所带来的影响，可刘嫖的势力太大，在尝试挣脱又失败后，他也就放弃了挣脱。不过，虽然放弃了挣脱，但他却在不知不觉中，对一直养尊处优，过着丰裕富贵生活的皇后陈阿娇厌倦起来。

汉武帝刘彻最初厌倦皇后陈阿娇，更多是因为她的母亲是他得罪不起的刘嫖。因为每次看到陈阿娇，他就会想起刘嫖，而一想起刘嫖，他就会想到她在他面前时，一副“你的天下是我给你夺来的”的嘴脸。

陈阿娇看不清楚这些，她依然任性骄纵，刁蛮任性。在闲得无聊，无所事事时，就要汉武帝刘彻陪她纵情玩乐。

汉武帝刘彻是个心怀大志之人，朝政之事胜于一切，陈阿娇的无休止纠缠，让他烦不胜烦。最终，在陈阿娇要他忠于她一人时，激怒了他。

朕是大汉天子，岂能只忠于你一人？

汉武帝刘彻是个非常有个性的人，本就不愿意受制于任何人，阿娇娇的做法，让他觉得她是在仗着刘嫖对他有恩，威胁自己。

这样的女人，没有丝毫的母仪之风！汉武帝刘彻想到了废后。他把想法告诉了母亲王娡。王娡说，你刚刚即位，大臣未服，先为明堂，太皇太后已怒。现在又得罪馆陶长公主，必然会获罪，女人都好哄，你应该仔细对待才是。

母亲王娡的话，让汉武帝刘彻冷静下来。不过，虽然放弃了废后的念头，但汉武帝刘彻对皇后陈阿娇的怨气也就更深了。

既然不能废她，那就冷落她、疏远她。汉武帝刘彻有种惹不起，躲不起的感觉。

那时候，在这位少年天子的心里，和皇后陈阿娇已经没有了爱情，即使有，也已经变质了。

汉武帝刘彻内心的变化，皇后陈阿娇不知道，她依然对他依然颐指气使。

你的皇位都是我母亲给你争来的，你怎么可以不听我的话？陈阿娇想。

男女之情，纯属自然，如果附加了东西，必定会显得过于沉重。而在爱情里，如果附加的东西越多，感情也就会越沉重，越容易失去。

皇后陈阿娇和汉武帝刘彻之间的感情就是这样。

急于摆脱，又难以摆脱陈阿娇，汉武帝刘彻开始钟情于另一个女人。

6

汉武帝刘彻钟情的女人叫卫子夫。

卫子夫出生于公元前150年的河东平阳（今山西临汾），出身贫寒，母亲是平阳侯曹寿家的仆人。卫子夫长大后，因为长相秀美，成了平阳侯家的歌女。

平阳侯曹寿是汉武帝刘彻的姐姐、平阳公主的丈夫。

公元前139年，汉武帝刘彻祭祖时，路过平阳侯家，顺道去看姐姐。

平阳公主想效仿姑母馆陶公主刘嫖，献良家女子给弟弟，便精心挑细选了很多美女，可汉武帝刘彻都不喜欢。不过，酒宴上，汉武帝刘彻却喜欢上了给他们弹琴助乐的卫子夫，并把她接进了宫。

公元前138年，卫子夫怀孕。皇后陈阿娇受不了了，她去母亲那里哭诉，她说，卫子夫只是一个歌女，一个低贱的女人，皇上竟然会宠幸这么一个低贱女人，还让她怀孕……

刘嫖一听，安慰女儿说，不就是一个歌女吗？听说皇上还重用她的弟弟卫青，那就让她和她弟弟，一起消失吧！

刘嫖觉得这是一件很小的事，她派人先去刺杀卫青，结果不仅未能得逞，还被汉武帝刘彻知道了。汉武帝刘彻虽然没有治他们的罪，但却越发宠爱卫子夫，重用卫青，甚至还要将卫子夫给他生的儿子立为太子。

宫中待久了，知道什么叫适可而止。刘嫖是个聪明的女人，汉武帝刘彻的做法让她意识到，皇上不是个容易掌控的人。

既然掌控不了，那就放弃掌控。刘嫖虽然任性，却也知道什么时候该收手。她劝女儿陈阿娇不要再找卫子夫姐弟的麻烦，让她陈阿娇安安静静地做自己的皇后。

刘嫖知道，汉武帝刘彻的皇位是她给的，只要她们母女不过分，他就既不会把她们怎么样，也不会废后。可如果她们做得过分了，汉武帝刘彻很可能找机会除掉她们。

刘嫖能看透这些，可被宠坏了的陈阿娇看不透。陈阿娇只有母亲刘嫖的任性，没有母亲刘嫖的识时务，她发誓要夺回汉武帝刘彻。

于是，陈阿娇花了无数银两，去各地搜集生儿子的偏方，结果未能如愿。

陈阿娇更痛苦了，她想，既然夺不回汉武帝刘彻，那就让卫子夫死。在听说一种巫术能把卫子夫整死后，处于疯狂状态的她如获珍宝，每天用针扎一个刻着卫子夫名字的小布人。

世上没有不透风的墙，有人向汉武帝刘彻告了密。

陈阿娇那极强的占有欲，持恩要挟的嘴脸原本已经让汉武帝刘彻累了。借此机会，他给陈阿娇安了一个"惑于巫祝"的罪名。

"惑于巫祝"在当时是死罪，刘嫖心里很清楚，她急忙向汉武帝刘彻求情。汉武帝刘彻说看在刘嫖的面上，可以免陈阿娇不死，但却要废了她的皇后位，并把她打发去长门宫。

刘嫖知道不能再多说什么，说多了，不仅女儿的命没有了，就是自己所享受的一切也会消失。

就这样，陈阿娇成了长门宫的一个怨妇。

长门宫怨妇陈阿娇并不甘心，为了重新得宠，她又出重金请司马相如写了篇文赋。这篇文赋就是历史上有名的《长门赋》。

陈阿娇原本是想通过这篇文赋，打动汉武帝刘彻。可司马相如写的《长门赋》虽然火了，陈阿娇依然未能得到汉武帝刘彻的宠幸。

最终，陈阿娇在长门宫抑郁而死。

刘嫖费尽心思让女儿陈阿娇成为皇后，不料不仅没能让女儿幸福，还让女儿死得很痛苦。

陈阿娇的人生悲剧，源于一开始母亲刘嫖就给这段感情，染上了阴谋的颜色。

第四章 刘嫖养男宠

7

陈阿娇的死，给刘嫖的打击并不大。因为那时候，刘嫖的心里已经有了另外的寄托。

陈阿娇被废的第二年，刘嫖的丈夫陈午死了。

丈夫一死，60多岁的刘嫖就有了一位小情人，这位小情人叫董偃，18岁。

董偃的母亲是卖珠人，董偃自小就跟着母亲出入有钱人的人家，兜售珠宝。

董偃长相俊美，聪明伶俐，13岁那年，跟随母亲去馆陶公主刘嫖家时，被刘嫖喜欢上了。刚开始的时候，刘嫖只是让董偃和他母亲经常来她的府里。慢慢地，刘嫖便将董偃留了下来，养在府里，同时找人教他读书，学各种才艺。

刘嫖要将董偃培养成她喜欢的样子。

董偃的性格越来越温和，言行举止也越来越温文尔雅，刘嫖对他的喜欢，到了一刻都离不开的地步。刘嫖外出，董偃是她的随从；回到府里，董偃又是她的内侍。

董偃刚做内侍时，只是服侍刘嫖，慢慢地，两个人便开始同床共枕。

董偃和刘嫖的关系，很多人都知道，有人从中看到了机会。见董偃比见刘嫖容易。于是，那些有事找刘嫖，或巴结刘嫖的，也就开始去找董偃。而凡是董偃答应帮忙的事，基本上都能办成，久而久之，那些找董偃办成了事的人，背后称他为“董君”。

“董君”的称呼，让董偃既高兴又害怕，高兴是别人对他越来越尊重，害怕的是别人说他是馆陶公主养的男宠。

馆陶公主明目张胆养男宠，朝臣们开始议论。刘嫖并不放在心上，我行我素惯了，也不避讳。但她不怕，董偃怕。董偃怕汉武帝刘彻不向刘嫖开刀，向他开刀。

于是，有人给董偃出主意，让他说服刘嫖，把长门园献给皇上，这样皇上一高兴，就不会治他罪了。

长门园是馆陶公主刘嫖的，但也是汉武帝刘彻一直想要的。董偃和刘嫖说了，刘嫖虽然有些不舍，但也不愿意董偃活在惊恐中，于是献出了长门园。

汉武帝刘彻大感意外，既惊又喜。自他坐上皇位，刘嫖便一直以恩人自居。以前，只有他赐给刘嫖财物的时候，没有刘嫖给他进献东西的时候。

汉武帝刘彻高兴地收下了长门园，并为其改名“长门宫”。

或许是命运的安排，此“长门宫”最后也就成了刘嫖的女儿、废后陈阿娇居住，以及去世的地方。

进献完长门园后，刘嫖便想要趁着汉武帝刘彻高兴，让他默认她和董偃的关系。于是，她找安陵爰叔出主意。

安陵爰叔说了，刘嫖照计行事。

刘嫖先是假装生病，让汉武帝刘彻探病，然后在汉武帝刘彻探完病后，又以“病”好为由，设宴招待他。

宴会上，刘嫖先是解下首饰，为自己生病，皇上探病而下跪谢罪。在汉武帝刘彻拉她起来时，她又拉着董偃一起下跪谢罪。

汉武帝刘彻愣了一下。刘嫖和董偃的事，汉武帝刘彻早就听说过一些，可他没有想到，刘嫖会当着自己的面，做出这样的举动。然而，在那种情况下，他又不能发火，于是只好让宴会继续进行下去。

让宴会进行下去，也就意味着，汉武帝刘彻默认了此事。

汉武帝刘彻最初的默认是不得已，可很快他就高兴起来，因为他觉得，与其让刘嫖在宫里培植自己的势力，倒不如让她沉湎于淫乐。

此后，刘嫖便大张旗鼓地带着董偃出入各种宴会，而汉武帝刘彻也经常去刘嫖的府里，与董偃一起饮酒作乐，甚至还称董偃为“主人翁”。

汉武帝刘彻的做法，遭到了太中大夫东方朔的反对，他用“行邪枉之道，径淫辟之路”谏言。

汉武帝刘彻有些惭愧，开始疏远董偃。

对于此事，历史学家蔡东藩曾说:“窦太主以六十岁老妪，私通十八岁弄儿，渎伦伤化，至此极矣。武帝不加惩戒，反称董偃为主人翁，是导人淫乱，何以为治？微东方朔之直言进谏，几何不封偃为堂邑侯也。”

8

汉武帝刘彻对董偃的疏远，让董偃又惊又怕，他开始做噩梦。

每当董偃从噩梦中醒来，刘嫖都要安慰他，让他不要害怕，还说有她呢！可董偃还是害怕。

董偃知道，只要有刘嫖，他就不用担心什么，他就可以应有尽有。可刘嫖不在了呢？

随着刘嫖的年龄越来越大，董偃的压力也就越来越大。30岁那年，董偃郁郁而终。

历史上对于董偃具体死的年份，并没有记载。只说董偃的死，给了刘嫖很大打击，没过多久，刘嫖也死了。

刘嫖死于公元前116年，那时候，她74岁。

刘嫖一生都活得任性而不知收敛，死后也是如此。临死前，她立下遗愿，不与夫君陈午合葬，要与男宠董偃合葬。

这个要求很荒唐，可刘嫖还是如愿了，她与董偃合葬在了灞陵。

自刘嫖明目张胆地养男宠董偃后，公主养男宠似乎也就成了一种约定成俗的制度。因而，历史上说，公主贵人做越礼之事，就是从骄奢淫逸的馆陶公主刘嫖和董偃开始的。

馆陶公主刘嫖不仅开启了公主养男宠的先河，更改写了汉代的历史。

因为，是刘嫖一手导演了“金屋藏娇”，让原本的太子刘荣被废，让没有机会当储君的胶东王刘彻当上了太子。当然，也正因为刘嫖导演了一出“金屋藏娇”，才有了一代名君汉武帝刘彻。

汉武帝刘彻在位期间，颁布推恩令，削弱诸侯王权利，加强中央集权，罢黜百家，独尊儒术，等等，这一系列改革，提高了国家的经济、军事实力，开创了中华民族历史上一个空前繁荣的经济、文化的盛世。

由此可见，从整个西汉王朝来看，刘嫖的这次“改写”历史，结果是好的。虽然刘嫖帮助刘彻即位，初衷只是为了自己的利益。

16

赵氏姐妹令皇宫血雨腥风 为西汉灭亡埋伏笔

有些事情就是这样，当你不抱希望时，往往就是希望的开始。

公元前18年，汉成帝刘骜来到了阳阿公主府。

汉成帝刘骜这一进阳阿公主府，既改变了他的命运，也改变了赵氏姐妹的命运，更改变了汉朝的命运。

第一章　赵飞燕从歌舞伎到婕妤

1

公元前18年的一天，对阳阿公主府的歌舞伎来说，不同寻常。对歌舞伎里的一对姐妹来说，更是意义非凡。

这对姐妹等这一天很久了。

这是改变她们命运的机会，也是她们一直都在等的机会。当天，两姐妹上场前，都用眼神鼓励对方，并说，不管谁被看上了，都不要忘记另一个！

这两姐妹，就是历史上有名的赵氏姐妹，姐姐赵飞燕和妹妹赵合德。

赵飞燕原名赵宜主，和妹妹赵合德是双胞胎，出生于公元前45年。

改变她们命运的这天，她们28岁。

赵氏姐妹因家境贫寒，一出生就被父母抛弃在了野外。三天后，她们的父母去野外劳作，见襁褓中的她们还活着，就又捡了回来。

之后，随着她们慢慢长大，她们的父母又把她们送到了阳阿公主府，做歌舞伎。

阳阿公主与当时的皇帝，汉成帝刘骜到底是什么关系，历史上并没有记载。不过，作为皇室的公主，她的府里经常会举办一些宴会，通常参加宴会的，也都是些达官贵族。而歌舞伎，就是为这些达官贵族服务的。

赵氏姐妹自进入阳阿公主府，便想着有一天能出人头地。最初，她们只希望能做达官贵人的妾，让她们不再为生计发愁。之后，当她们听说汉武帝时期，皇后卫子夫曾经也只是平阳公主府一个歌舞伎后，她们的梦想变了，她们希望有朝一日，她们也能像卫子夫一样，成为皇上的宠妃，甚至成为一国之母。

而若要实现这个梦想，她们就必须像卫子夫遇到汉武帝刘彻一样，遇到汉成帝刘骜。

为了这一天，赵氏姐妹苦练技艺，赵飞燕更是练就了一个又一个的绝技。

功夫不负有心人，赵氏姐妹的舞技，几乎到了出神入化的地步，特别是姐姐赵飞燕。

赵飞燕身材纤巧，步履轻盈，跳起舞来犹如仙女下凡。而当她随风起舞时，犹如展翅起飞的燕子，久而久之，赵飞燕也就取代了她的本名赵宜主。

妹妹赵合德虽然没有姐姐的纤巧身材，优美舞姿，但却体态丰满，肌肤雪白细腻，光滑如缎。据说，赵合德淋浴后起身，身上可以一滴水不沾。

赵氏姐妹各有所长，很快就成了阳阿公主府里，最吸引眼球的歌舞伎。

在阳阿公主府，赵氏姐妹最爱听的，就是宫里的事，特别是汉成帝刘骜又宠爱哪个后宫妃嫔了。

如果有朝一日我们能进宫，一定要成为皇上最宠爱的那个。赵氏姐妹私底下经常这么说。

她们希望有一天，汉成帝刘骜能够来到阳阿公主府来。然而，虽然两姐妹做足了准备，但却未能如愿。

随着年龄的增长，赵氏姐妹觉得希望越来越渺茫。

看来，我们是等不到这一天了！赵合德比赵飞燕悲观。

真要是等不到了，那就是我们的命！赵飞燕说。她想起了她们一出生，就被父母扔到野外的事。

有些事情就是这样，当你不抱希望时，往往就是希望的开始。

公元前18年，汉成帝刘骜来到了阳阿公主府。

汉成帝刘骜这一进阳阿公主府，既改变了他的命运，也改变了赵氏姐妹的命运，更改变了汉朝的命运。

汉成帝刘骜来阳阿公主府是一时兴起，当时，他正微服出游，恰好路过就进来了。

赵氏姐妹在听说汉成帝刘骜来到了阳阿公主府时，先是不相信，接着便激动地抱在了一起。

这一天终于来了！我们一定要抓住这个机会。两姐妹说。她们知道，这次也许是她们最后的机会，毕竟她们已经28岁了。

对于汉成帝刘骜的到来，和赵氏姐妹一样高兴的，还有阳阿公主。

当今皇上能够来她府上，是她的荣耀，也是她的机会。为了能让汉成帝刘骜高兴，阳阿公主盛情款待，宴会上，免不了让自家的歌舞伎来为汉成帝刘骜表演助兴。

来为汉成帝刘骜表演的歌舞伎有很多，每一个都希望吸引住汉成帝刘骜的目光。然而，只要有赵飞燕参与的表演，所有的歌舞伎，也都成了陪衬。

勾人魂魄的眼神，清丽动人的歌喉，婀娜曼妙的舞姿……汉成帝刘骜的注意力，瞬间就集中在了赵飞燕那里，再也离不开了。

她叫什么名字？汉成帝刘骜禁不住问阳阿公主。

飞燕！阳阿公主说，她叫赵飞燕。

自家的歌舞伎，若能被当今皇上看上，她便有了举荐之功，赏赐肯定少不了。阳阿公主不仅说了赵飞燕的名字，还说了她为什么叫“飞燕”。

汉成帝刘骜一听，兴趣更大了。表演结束，他依然意犹未尽。之后，他让所有歌舞伎退下，只留赵飞燕一个人表演。

赵飞燕知道这意味着什么，表演得很是卖力，直迷得汉成帝刘骜云里雾里，马上就想带她回宫。

赵飞燕太突出了，因而，在歌舞上稍逊于姐姐的赵合德，也就被汉成帝刘骜忽视了。不过，对于两姐妹来说，只要一个进了宫，另一个迟早也会进宫。

就这样，凭借一场表演，赵飞燕跟着汉成帝刘骜回了宫，并被封为了婕妤。

进宫后的赵飞燕喜不自禁，可她克制着那份狂喜。她知道，汉成帝刘骜的妃嫔很多，自己虽然凭借绝佳的舞技，得到了他的青睐，但若想长久地赢得他的宠爱，必须使用策略。

赵飞燕使用的策略是欲擒故纵。

轻易得到的东西，是不会珍惜的，赵飞燕明白这一点，所以决定不让汉成帝刘骜轻易得到她。而汉成帝刘骜急着带赵飞燕回宫，就是想要尽快得到她。

赵飞燕进宫的当晚，汉成帝刘骜召她侍寝，赵飞燕却以身体不便为由，拒绝了。

赵飞燕的拒绝，完全出乎汉成帝刘骜的意料，毕竟他后宫里的所有妃嫔，哪个不是以被他召幸为荣？不过，汉成帝刘骜没有生气，反而因为赵飞燕不同于其他女人而开心。

越是得不到的，越想得到。汉成帝刘骜的脑海里，全都是赵飞燕。

赵飞燕进宫后的第二晚，汉成帝刘骜再次召她侍寝，赵飞燕依然拒绝，还是声称身体不舒服。

汉成帝刘骜依然没有生气，甚至因为她的第二次拒绝，对她的兴趣更大了。

赵飞燕进宫的第三晚，汉成帝刘骜继续召赵飞燕侍寝，赵飞燕还是拒绝，说她的身体还没有调整好。

赵飞燕接连三晚的拒绝，撩拨得汉成帝刘骜心急火燎。当然，赵飞燕的第三次拒绝，虽然还是激起了汉成帝刘骜对她的兴趣，可也让汉成帝刘骜感到了不快。

朕是堂堂一国之君，竟然接连被一个歌舞伎拒绝，如果第四晚上，她还拒绝的话，朕就杀了她。汉成帝刘骜想。

赵飞燕非常擅长揣摩男人的心理，她知道不能再拒绝第四次，再拒绝，肯定会惹怒汉成帝刘骜。这天晚上，侍寝的赵飞燕欲拒还迎，娇羞中带着妩媚，妩媚中带着挑逗……

只一夜，汉成帝刘骜便对赵飞燕不能自拔。

2

汉成帝刘骜的眼里，只有赵飞燕了。

赵飞燕未进宫前，汉成帝刘骜最宠爱的是妃子是班婕妤。班婕妤出生于公元前48年的楼烦（今太原娄烦），是西汉女文学家，也是左曹骑校尉班况的女儿。

班氏家族是名门望族，财富地位很是显赫，家族里的人大多也都具有文功武略，很受皇家信任。

身为驱逐匈奴的将军的女儿，班婕妤自小就聪明可人，不仅棋琴书画样样精通，还会诗词歌赋。后来，她被选入后宫，成了汉成帝刘骜最宠爱的妃子。

汉成帝刘骜宠爱班婕妤后，不仅冷落其他妃嫔，还冷落了他还是太子时就做了他太子妃的许皇后。

班婕妤进宫之前，汉成帝刘骜最宠爱的就是许皇后。

许皇后出生日期不详，昌邑（今山东菏泽巨野）人，是汉元帝刘奭的表妹，汉成帝刘骜的表姑，色艺俱佳。

班婕妤进宫后，受了10多年宠的许皇后就被冷落了。

历史上对于汉成帝刘骜对班婕妤的宠爱，是这么写的："婕妤视上卿，比列侯"。

班婕妤受宠后，住进了汉宫最有名的增成舍，可以说贵宠无比，她的地位，在当时几乎能与许皇后比肩。

后宫里，拥有美貌的妃嫔很多，但拥有班婕妤才情的却很少见，这也正是汉成帝刘骜宠爱她的原因。

班婕妤出口成章，妙手成文。有时候，汉成帝刘骜遇到一些问题解决不了，都会去请教她。因而，在汉成帝刘骜的眼里，班婕妤不仅是他的妃子，还是他的老师。

班婕妤还有个其他妃嫔没有的特长，那就是能即兴写词谱曲。于是，汉成帝刘骜疲累时，班婕妤就会为他即兴表演，以此来缓解他的疲劳。

赵飞燕出现前，汉成帝刘骜和班婕妤的感情，不像皇上和妃子，倒像是平常人家的寻常夫妻。

有一段时间，汉成帝刘骜几乎到了和班婕妤寸步不离的地步，出游也要带着她。为了方便班婕妤和他出游，汉成帝刘骜还曾令人造了一辆黄金大辇，邀她同乘。

这是非同一般的待遇，若是其他妃嫔，一定会欣喜若狂，求之不得，但班婕妤却拒绝了。班婕妤说，古代贤君出行，身边通常都是名臣，还说，历朝历代里，只有夏、商、周的末代君王才会让宠妃坐在身边，而那些国家最后都落了个亡国命运。

汉成帝刘骜听后，虽然有些悻悻然，却也觉得很有道理。

此事被太后王政君及其他臣子知道后，纷纷称赞她，“古有樊姬，今有班婕妤”。

樊姬是令楚庄王放弃享乐，勤于政事的好皇后，是樊姬成就了楚庄王，让楚庄王成为了“春秋五霸”之一。朝臣们能将班婕妤和樊姬相比，可见她在宫里的口碑有多好。

班婕妤在宫里的好口碑，赵飞燕知道。

赵飞燕自进宫，就将自己和班婕妤做了一些比较。论家世，她比不上；论才情，她也比不上。不过，她有她的优势，那就是舞蹈。为了能让汉成帝刘骜忘掉班婕妤，赵飞燕隔段时间就会为他表演一个绝技。

其中有个绝技，最令汉成帝刘骜惊叹，那就是在壮汉一只手托着的水晶盘上舞蹈。

当赵飞燕在壮汉托着的水晶盘上翩翩起舞时，手指如拈花般微颤，身形犹如风吹杨柳般妖娆。这是前无古人，后无来者的绝技，凡是看到的人，无不心惊肉跳，尖叫连连。

每次看赵飞燕表演这个绝技，汉成帝刘骜都会微张着嘴，双眼一眨不眨地盯着她，生怕她一跃飞天，再也不回来了。

曾经，在一个大风的日子，赵飞燕在花园里为汉成帝刘骜表演时，因为身体太轻盈，被风吹得飘了起来。幸而身边的宫女眼疾手快，抓住赵飞燕的裙裾，这才将她拉住。

宫女拉赵飞燕的裙裾时，因为用劲太大，赵飞燕的裙子被拽出了皱褶。穿着裙摆上有皱褶的裙子，赵飞燕舞蹈起来别有一番风情。此后，赵飞燕就让人给她所有的裙摆，都特意做上了皱褶。慢慢地，裙摆上设计皱褶的做法，也就在长安城盛行一时，并被称为“留仙裙”。

赵飞燕不跳舞时，也喜欢手持鲜花走路，她身形似风轻移，手里鲜花颤动，令汉成帝刘骜很是痴迷。

一时之间，赵飞燕成了汉成帝刘骜后宫里独特的存在，她好像不仅只是汉成帝刘骜的宠妃，还是一个舞蹈家。

第二章　赵合德入宫，赵飞燕被立为后

3

赵飞燕取代班婕妤，成为汉成帝刘骜最宠爱的妃子。

虽然成为汉成帝刘骜的专宠，也迷得汉成帝刘骜忘记了其他妃嫔的存在，但赵飞燕心里很清楚，一旦汉成帝刘骜对她的新鲜感过了，她很快就会像班婕妤取代许皇后，自己取代班婕妤一样，被其他女人取代，而一旦她被取代，她的结局，肯定比许皇后和班婕妤惨得多，因为许皇后和班婕妤，她们既有好的出身，宫里还有人，可她赵飞燕有什么？什么都没有，只有孤零零的一个人。

赵飞燕越想越着急，最后决定让妹妹赵合德即刻入宫。

妹妹赵合德进宫后，即便取代自己，自己也不至于落到凄惨的下场。而即便不是妹妹取代了自己，妹妹赵合德的进宫，也会让她在宫里多一个可以商量的人，多了一分力量。

那时候的赵飞燕，已经感受到了来自后宫的，其他妃嫔的嫉恨。

赵飞燕太需要一个帮手了，这个帮手，又没有比妹妹赵合德更合适的了。

赵飞燕让妹妹赵合德进宫，还有一个原因，那就是不管她们姐妹俩谁为汉成帝刘骜生下一子，她们也就能高枕无忧了。

赵飞燕是个很有心计的女人，不管做什么事，都要谋划一番。她原本可以直接把妹妹赵合德推荐给汉成帝刘骜，可她没有，她笼络了一位叫樊嫕的女官，让她推荐。

于是，女官樊嫕就对汉成帝刘骜说，赵婕妤有个妹妹不仅和姐姐一样漂亮，而且比姐姐性感迷人。

汉成帝刘骜一听心想，这赵飞燕已经够迷人了，怎么还有个比她更性感迷人的妹妹？汉成帝刘骜的胃口被调了起来，他一刻都不愿意多等，急忙令人接赵合德进宫。

赵飞燕在决定让妹妹赵合德进宫时，已经提前和赵合德商量过，因而在宫里的人召赵合德进宫时，赵合德没有马上答应，她假装为难地说，她不能现在进宫，她还没有和姐姐商量。

赵合德说，她自小就和姐姐一起长大，什么都听姐姐的，只有姐姐让她进宫，她才能进宫。

赵合德的做法，与赵飞燕的欲擒故纵如出一辙。汉成帝刘骜对赵合德也就更期待了。

为了尽快见到赵合德，汉成帝刘骜去找赵飞燕，想要她劝妹妹赵合德进宫。不等他开口，赵飞燕就说了，她说，臣妾有个双胞胎妹妹，这个妹妹比臣妾还要漂亮，还会伺候人。

汉成帝刘骜一听，兴奋不已，但又假装道，爱妃已经够漂亮，够会伺候人了，还有比爱妃更漂亮，更会伺候人的？莫非是个尤物？

赵飞燕说，臣妾的妹妹是不是尤物，皇上见了就知道了。只是不知道皇上愿不愿意我们姐妹俩一起伺候皇上？

汉成帝刘骜连忙说当然愿意！

汉成帝刘骜非常高兴，不仅因为他马上就要再得一位美人了，还因为赵飞燕的那番话，让他觉得她是那么的善解人意。

赵飞燕的优势是舞技，她用舞技，征服了汉成帝刘骜，给他带来了不一样的惊喜；赵合德的优势是丰腴的身材，柔滑的皮肤。赵氏姐妹早都计划好，让赵合德也用她的优势征服汉成帝刘骜，因为只有给他带来不一样的惊喜，才能给他留下深刻印象。

为此，赵合德一进宫，直接去了姐姐赵飞燕的寝宫。汉成帝刘骜得知后，兴冲冲赶了过去，但却只见赵飞燕，不见赵合德。

爱妃的妹妹在哪儿？汉成帝刘骜问。

赵飞燕没有说话，只指了指赵合德沐浴的地方。汉成帝刘骜走过去，透过赵合德沐浴的房间的半掩的窗户，偷窥到了这样一幅画面：一位美女先轻褪罗衣，露出玉骨冰肌，接着轻蘸细拭，最后起身时，一粒粒晶莹剔透的水珠，顺着身体滑落下来……

赵飞燕的独特，源自她的舞蹈，她的柔美；赵合德的独特，来自于她丰腴的身材，细腻柔滑的肌肤。

赵氏姐妹的出场，全都让汉成帝刘骜感到了惊艳。

真是天下少有的尤物！偷窥赵合德沐浴的汉成帝刘骜禁不住说。

赵合德沐浴的场景，自此深深地印在了汉成帝刘骜的脑海里。之后，偷窥赵合德沐浴，也就成了汉成帝刘骜的一种爱好。

偷窥带来的刺激，让汉成帝刘骜之后在为赵合德修宫殿时，特地用了一块蓝田玉镶嵌的大浴缸，只为让赵合德沐浴。

那天，汉成帝刘骜和赵合德一夜缠绵后，说出了“温柔乡”这句话。

赵合德是汉成帝刘骜的温柔乡。相比赵飞燕，有着丰腴身材，妩媚形象的赵合德，对汉成帝刘骜的诱惑力更大。

4

随着赵合德的进宫，赵氏姐妹“俱为婕妤，贵倾后宫”，可赵氏姐妹依然恐慌不安。

她们出生就被抛弃的经历，让她们很难有安全感。

汉成帝刘骜自有了赵氏姐妹，也便将其他妃嫔全都忘在了脑后，整日与她们厮守在一起。赵氏姐妹所得的赏赐，已经多得数不胜数，可她们还是担心，担心得到的一切有一天会失去。

昨晚做梦，梦到我们被赶出宫了。赵合德对赵飞燕说。

赵合德的梦，赵飞燕也做过，且做过无数次。她梦到她们姐妹俩不仅被赶出宫，还以乞讨为生。而赶她们出宫的就是许皇后。

我们一定要想办法，夺走她的皇后位。赵飞燕对赵合德说。这是赵飞燕想了很久的事，为了这事，她不断打听关于许皇后的一切。

许皇后的被冷落，看似是因班婕妤，实际上还有个更重要的原因是外戚争权。

争权的外戚双方，一方是皇后许家，另一方是太后王家。许皇后的父亲是大司马，车骑将军，平恩侯许嘉平。许嘉平是汉元帝刘奭母亲的表哥，因而，许家在朝中的势力不可小觑。

公元前30年，太后王政君的哥哥——大司马王凤掌权时，为了削弱许家在朝中的势力，以天有异象（月食）为由，称汉成帝刘骜没有子嗣，全是因为后宫荣宠太盛。

所谓的后宫荣宠太盛，就是指汉成帝刘骜对后宫之主许皇后太好了。

汉成帝刘骜那时候正为没有子嗣烦恼，也就认可了这种说法，再加上班婕妤的出现，让他逐渐疏远了许皇后。

外戚王家和外戚许家，自此也就结了仇。

然而，许皇后虽然不再受宠，但却还是皇后，是后宫之主，这既源于外戚许家在宫中的势力，也源于汉成帝刘骜即便是在最宠班婕妤时，班婕妤也没有做后宫之主的野心。

班婕妤没有成为后宫之主的野心，赵氏姐妹有。赵氏姐妹觉得，只有夺得后宫之主位，她们所享有的荣华富贵才不会离她们远去。

可要怎么才能夺得皇后位呢？赵氏姐妹知道，凭着汉成帝刘骜对她们的宠爱，她们是有可能说服他废后的，可外戚许家势力太强。一旦知道是她们让汉成帝刘骜废后，不等她们坐上后宫之主位，很可能就会被许家谋杀。

我们不能直接出手！赵飞燕说。赵合德刚要再问，赵飞燕又说，我们可以借王太后的手……

赵飞燕还未说完，赵合德已经明白了，她连连说，姐姐这个主意妙！

赵氏姐妹准备借刀杀人，她们要利用太后外戚王氏的势力，让汉成帝刘骜废后。于是，她们用贿赂的方式，在宫里放了很多眼线在许皇后及她亲戚身上。旨在抓许皇后及亲属的把柄，然后交给太后王政君处置。

许皇后“聪慧，善史书”，对于自己被冷落，虽然也很伤心难过，却也觉得“色衰爱弛”很正常。不过，许皇后的姐姐许谒却觉得不能任由这样。

许谒是平安刚侯夫人，她怕妹妹的皇后位不保，对许氏家族在宫中的势力有影响。许皇后曾为汉成帝刘骜生下一子，但却早早夭折，此后也没有再生育过一男半女。许谒想，如今妹妹不得宠，赵氏姐妹获专宠，一旦赵氏姐妹有了孩子，妹妹的皇后位也就不保了。

许谒越想越担心，便找人施巫术。

许谒想施巫术的想法，并没有告诉妹妹许皇后，她怕妹妹不同意。

汉王朝非常痛恨施巫术。汉武帝刘彻的两任皇后，陈阿娇和卫子夫，一个被废，一个自杀，都与行巫术有关。

许谒知道这是死罪，可她又想，发现了是死罪，不发现就没事，只要她偷偷进行，又有谁会知道呢？

公元前18年，许谒找人施巫术，不仅诅咒赵氏姐妹及后宫妃嫔，还诅咒太后王政君的哥哥——大司马王凤。

许谒没有想到，她的一切行动，全都在赵氏姐妹的监视之下。

得知许谒找人施巫术，不仅诅咒她们，还诅咒大司马王凤，赵氏姐妹兴奋不已。她们知道，许皇后肯定会被废，不过除了许皇后，她们还有个强劲对手班婕妤。

咱们就说班婕妤也跟着行巫蛊之事。赵合德说。

于是，赵氏姐妹一起禀报太后王政君，称皇上没有子嗣，是许皇后和她姐姐，以及班婕妤一起给妃嫔下蛊的原因。赵氏姐妹告完状还不忘说许谒施巫术还诅咒太后王政君的哥哥。

太后王政君一直担心汉成帝刘骜的子嗣问题，一听这话，怒不可遏。再加上还诅咒她的哥哥王凤，也就更不能忍，她马上派人抓了许皇后、许谒和班婕妤等人，对他们进行严刑拷打。

班婕妤清者自清，在被审问时很是磊落，沉着应对。由于她人缘好，那些审问她的人，见没有审问出什么问题，也就把她放了，而许谒及直接参与这件事的人则被全部处死。

许皇后虽然没有参与行巫的证据，但她姐姐却有行巫之实，因而她先是被废，后被囚禁在了昭台宫，最后被逼服毒自杀。

许氏被废后，皇后位也就空缺下来了。

赵氏姐妹里，姐姐赵飞燕权力欲更强，两姐妹经过商量，让姐姐赵飞燕坐皇后位。为了能让姐姐赵飞燕顺利坐上皇后位，赵合德不断给汉成帝刘骜吹枕边风。

汉成帝刘骜没有犹豫就答应了，但却遭到了太后王政君的强烈反对，称赵氏姐妹出身卑微。

赵氏姐妹没有放弃，她们花钱买通了唯利是图的侍中淳于长。

淳于长是太后王政君的外甥，他一边给汉成帝刘骜出主意，让他改变赵氏姐妹的出身，一边在太后王政君面前当说客。

公元前16年，汉成帝刘骜封赵氏姐妹的父亲赵临为成阳侯。谏官刘辅激烈反对，他冒死怒斥汉成帝刘骜，说他“触情纵欲，倾于卑贱之女”，请他收回成命。

汉成帝刘骜大怒，令人把他抓了起来。有朝臣为刘辅求情，汉成帝刘骜又令人将求情的人也抓了起来。此后，朝中便无人再敢反对。赵飞燕也如愿被立为了皇后，住进了远条宫，而赵合德则被封为昭仪，住进了昭阳宫。

赵飞燕虽为皇后，居住的远条宫却没有妹妹赵合德的昭阳宫豪华。

赵合德的昭阳宫富丽堂皇，中庭为尊贵的朱红；殷柱用的是当时被称为珍品的油漆涂抹；门限不仅用铜制成，上面还镀着黄金；台阶为玉石砌成；墙上的装饰，不是黄金就是翡翠珠宝……

能让赵合德住的昭阳宫比赵飞燕住的远条宫豪华，是因为赵氏两姐妹里，汉成帝刘骜更偏爱妹妹赵合德。在立了赵飞燕为后后，汉成帝刘骜一直觉得亏欠了赵合德。为此，他还好几次对身边的人说，可惜不能有两个皇后，不然，他一定也要立昭仪赵合德为皇后。

虽然没能给赵合德皇后位，但汉成帝刘骜却把所有的宠爱都给了她。

姐姐赵飞燕是皇后，妹妹赵合德又获专宠。汉王朝的后宫，全都掌握在了赵氏姐妹的手里。

为了欣赏姐姐赵飞燕跳舞，汉成帝刘骜下令在太液池修建了一座华丽的千人舟（合宫舟）。而每次在太液池欣赏完姐姐赵飞燕的优美舞姿，汉成帝刘骜又会去昭阳宫，进入妹妹赵合德的“温柔乡”。

在两位美人的陪伴下，汉成帝刘骜再也无心政事。

第三章　姐妹俩玩汉成帝于股掌之上

5

赵氏姐妹在将汉成帝刘骜完全攥在手心后，还是担心有一天她们会失宠，毕竟班婕妤还活着。

诬陷班婕妤没能得逞，赵氏姐妹有些害怕，怕她报复。为了除掉这个心腹大患，她们就像找许皇后的把柄一样，派人盯上了班婕妤。

班婕妤感受到了来自周围的邪恶眼神。她不想和赵氏姐妹斗，也不想去找汉成帝刘骜告状，因为她知道，皇上已经不是和她恩爱时的皇上了，皇上已经被赵氏姐妹迷得失去了心智，听不进去任何话了。

汉成帝刘骜专宠赵氏姐妹后，班婕妤也曾想既不参与后宫争斗，也不参与政事，只吟诗作画。可赵氏姐妹诬陷她行巫蛊之事让她知道，即便她不想参与后宫争斗，赵氏姐妹也不会放过她。

班婕妤不知道如何保全自己。想来想去，她觉得，整个后宫，只有太后王政君那里是赵氏姐妹的魔爪伸不去的地方。于是，班婕妤向汉成帝刘骜提出，她要去长信宫侍奉王太后。

班婕妤的做法，让汉成帝刘骜想起了曾经和她的恩爱，他先是犹豫，接着便同意了。

汉成帝刘骜知道赵氏姐妹视班婕妤为敌，也知道班婕妤不屑于参与后宫争斗，更知道班婕妤不离开，赵氏姐妹会算计她。当然，除了念及和班婕妤的旧情，汉成帝刘骜还怕班婕妤妨碍他和赵氏姐妹寻欢作乐。

汉成帝刘骜对班婕妤，一直有种敬畏之心。

移居到长信宫后，班婕妤彻底摆脱了后宫的纷争，她心如止水，除了吟诗作画，就是陪侍太后王政君烧香礼佛。不过，从远条宫、昭阳宫里传出的喧哗热闹，还让班婕妤忧虑重重。她知道，那阵阵喧闹是丧钟。

赵氏姐妹不知道丧钟已经敲响。

班婕妤到长信宫后，赵氏姐妹先是长舒一口气，很快又不安起来。她们的不安，源于她们一直没有怀孕。

赵氏姐妹没有怀孕，跟她们长时间使用一种药丸有关。

自进宫，赵氏姐妹就担心被其他女人替代，毕竟那时候，她们已经28岁。为了保持娇美的容颜，嫩滑的肌肤，赵氏姐妹四处寻找秘方，并得到了一种叫“香肌丸”的药丸。

这种药丸塞入肚脐后，可以让肤如凝脂，并散发出让男人欲罢不能的香味。

为了获得专宠，不被抛弃，赵氏姐妹不断使用这种药丸，根本顾不上考虑后果。可“香肌丸”有副作用，给她们秘方的人说过，说这种药丸长久使用，会导致内分泌失调，无法怀孕，等赵氏姐妹想到后果时，后悔已经来不及了。

既然自己不能怀孕，也就不能让别的妃嫔怀孕。为了达到这个目的，赵氏姐妹想方设法，不让汉成帝刘骜召其他妃嫔侍寝。

汉成帝刘骜是皇上，虽然宠爱她们，但偶尔却也会召其他妃嫔侍寝。

赵氏姐妹知道无法完全阻止汉成帝刘骜，就想，他召妃嫔侍寝可以，但一定不能让妃嫔怀孕。为此，她们在后宫布满眼线，一旦发现有谁怀孕，就给下打胎药。

再多的眼线，也有看漏的时候。许美人不仅怀孕，还悄悄生下了孩子。

许美人生的是皇子，而她能顺利生下皇子，和汉成帝刘骜不无关系。

汉成帝刘骜听说过赵氏姐妹对他怀孕的妃嫔下手。许美人怀孕后，为了预防赵氏姐妹下手，他不仅暗中派御医去探视，送许美人保胎的药丸。

许美人诞下皇子的事，让赵氏姐妹既惊又怕。

生下来也不能让他活着！赵飞燕说。当晚，汉成帝刘骜让赵合德侍寝时，赵合德便在汉成帝刘骜面前大哭大闹，扬言要自杀。

汉成帝刘骜问其原因，赵合德说，许美人怀孕生皇子的事，皇上瞒着臣妾，一定是听信了什么。既然臣妾在皇上心里什么都不是，那还不如死了算了。

汉成帝刘骜哪里舍得赵合德死，就说在他的心里，谁都没有赵合德重要。赵合德先是说她不信，在汉成帝刘骜不断向她保证时，她说，小皇子也没有臣妾重要？

没有！任何人都没有爱妃重要！汉成帝刘骜说。

那臣妾和小皇子，如果只能选一个，皇上会选谁？赵合德又问。

自然是爱妃！汉成帝刘骜说。

那就杀了小皇子！赵合德说。

汉成帝刘骜一听，惊呆了，半晌才说，那可是朕的血脉啊！

那还是让臣妾去死好了！赵合德说完，用头去撞墙，直撞得额头流血。

汉成帝刘骜心疼不已。

如果不让臣妾死，那就让皇子死。臣妾和小皇子，只能留一个！赵合德咬着牙说。

汉成帝刘骜最终还是答应了，他亲手掐死了皇子。

此后，赵氏姐妹便把汉成帝刘骜看得更紧了。不过，百密也有一疏。汉成帝刘骜没有机会去其他妃嫔那里，但却宠幸了一位“宫廷教习”。

“宫廷教习”是教飞燕舞蹈的老师，姓曹，才貌双全。

曹氏怀孕的事被赵飞燕知道后，她非常愤怒，找赵合德商议。赵合德如法炮制，逼汉成帝刘骜做选择，问他是选她还是选曹氏。

汉成帝刘骜自然还是选赵合德，但却说，曹氏可以死，但皇子一定要留下。

一直没有子嗣，还掐死了许美人为自己生的皇子。汉成帝刘骜一直为此事后悔，因而这次他下定决心要保住皇子。

赵合德能一直得宠，除了她有魅惑汉成帝刘骜的本事外，还因为她了解他。知道不能将他逼得太过，于是勉强答应，但要汉成帝刘骜答应她，一旦曹氏生下皇子，就赐她死。

汉成帝刘骜答应了。然而，曹氏生下皇子，被赐死后不久，小皇子也死了，而且死得莫名其妙。很多人说，又是赵氏姐妹所为。

对于赵氏姐妹杀死皇子的事，历史上是这么记载的:“生下者辄杀，堕胎无数。”

民间对于赵氏姐妹的疯狂举动，还有“燕飞来，啄皇孙”的童谣流传。

赵氏姐妹越来越嚣张，也越来越恶毒。汉成帝刘骜似乎完全成了赵氏姐妹的玩物。

赵氏姐妹一边疯狂杀皇子，一边又想方设法“制造儿子。”毕竟一味“杀”别人的儿子，难免会惹来众怒，只有自己生了儿子才保险。

可如何才能生子呢？赵飞燕觉得，她和妹妹一直无法怀孕，很可能和汉成帝刘骜有关。

可能是皇上的身子太弱！赵飞燕说。她想，也许健壮男子才能让她们怀孕。赵氏姐妹经过商议，有了分工，赵合德负责迷惑汉成帝刘骜，赵飞燕则负责物色健壮男子，“制造儿子”。

为了达成所愿，赵氏姐妹把宫中孩子最多的年轻父亲列了个名单，逐一让他们提供精子。

就这样，赵氏姐妹，一个占尽皇上，另一个竭力养儿。

皇后赵飞燕的疯狂做法，传到了汉成帝刘骜的耳朵里。不过，赵氏姐妹在宫里的耳目众多，有人向汉成帝刘骜告赵飞燕的状的事，也很快传到了赵合德的耳朵里。

赵合德先下手为强，在汉成帝刘骜还未来得及惩治赵飞燕时，在汉成帝刘骜面前痛哭，说是有人想置她们姐妹俩死地，正四处造谣，陷害她们。

面对赵合德的梨花带雨，汉成帝刘骜心软了。

朕相信你们！汉成帝刘骜说。

为了表示对赵氏姐妹的信任，汉成帝刘骜还下令，凡是污蔑皇后的，一律杀无赦。

于是，那些揭发赵飞燕与外人有奸情的大臣，全部都被处死了。

有了汉成帝刘骜这把保护伞，赵飞燕也就更加肆无忌惮了。

6

赵氏姐妹无论用什么方法，都未能生下一男半女。

随着年龄增长，已近40岁的赵氏姐妹，对于生子之事从失望到绝望，最后完全断了念想。

断了怀孕的念头后，她们又开始为汉成帝刘骜百年后，她们的未来担心。汉成帝刘骜无疑是她们的保护伞，可汉成帝刘骜死了后，她们又要怎么办呢？

赵飞燕约妹妹赵合德见面，专门商讨此事。

只能认个养子了！赵飞燕说。

赵合德问她想认养谁，赵飞燕说，认定陶王刘康的儿子刘欣。

刘欣是汉成帝刘骜的侄子，前段时间，曾带着金银珠宝来到京城，托人送给了赵氏姐妹。刘欣说，是他祖母傅氏让他给她们带来的。

傅氏是汉元帝刘奭的宠妃，两个人育有一子刘康。曾经，汉元帝刘奭想要废当时的太子刘骜另立刘康，但未能实现。

傅氏曾差点当上太后，虽然最后未能当上，却也一直关注着宫里的情况。

汉成帝刘骜无子嗣，赵氏姐妹肯定为了以后，会想要认养子，既然如此，那就把自己的孙子刘欣（刘康之子）送给她们。

傅氏抱着这种想法，让刘欣来京城见赵氏姐妹。当时，赵飞燕一见到刘欣，便明白了傅氏的意思。她悄悄考察刘欣，觉得很合心意才找赵合德商议。

赵合德没有意见。于是，赵氏姐妹轮流给汉成帝刘骜吹枕边风，让他认侄子刘欣为养子。

汉成帝刘骜虽然整日和赵氏姐妹花天酒地，懒理朝政之事，但没有子嗣是实事。他也想过找个继承人，因而在赵氏姐妹说侄子刘欣如何如何好时，也就遂了她们的意。

公元前8年，赵飞燕认刘欣为养子，汉成帝刘骜立刘欣为太子。

刘欣虽然不是赵飞燕所生，但养子被立为了太子，一旦太子继位，赵飞燕也就是太后了。赵飞燕不再焦虑，心里踏实了很多，但赵合德还处在恐慌中，她怕失去汉成帝刘骜的宠爱。

赵合德觉得只有把汉成帝刘骜“迷”在床上才安全。于是，她整日只想着怎么让汉成帝刘骜沉迷床榻之事。时间久了，汉成帝刘骜的身体也就吃不消了，只能吃补药。

为了取悦皇上，很多方士都争相献丹药，汉成帝刘骜的丹药越吃越多。

公元前7年，汉成帝刘骜在与赵合德在昭阳宫日夜纵欲时，因连服十丸丹药，最终云雨时去世，终年45岁。

皇上死在了赵合德的床上！朝野震动，群臣声讨赵合德。赵合德自知罪责难逃，自杀身亡。

临死前，赵合德留下了一句："我把刘骜当成一个婴儿，玩弄于股掌之上！"

汉成帝刘骜去世后，太子刘欣即位，为汉哀帝。

妹妹赵合德死了，姐姐赵飞燕却因养子刘欣继位而幸免一死，被尊为皇太后。

当上了皇太后的赵飞燕，让汉哀帝刘欣封她哥哥赵祥为成阳侯，弟弟赵钦为新成侯。

汉哀帝刘欣同意了。汉哀帝刘欣同意，除了要报赵飞燕的恩外，还为了削弱太皇太后王政君的外戚王氏势力。

然而，王氏家族的势力太强，根基太深。

汉哀帝刘欣在封赵飞燕的兄弟为侯两个月后，王政君的侄子大司马王莽以赵合德（昭仪）怂恿皇上杀害皇子为名，要求追究赵氏一族的罪过。

汉哀帝刘欣无奈，下令免去了刚刚被封侯的赵家兄弟的侯位，将他们贬为庶民，流放辽西郡。太后赵飞燕虽然未被牵连，但却成为外戚王氏的眼中钉。

公元前1年，赵飞燕的靠山，汉哀帝刘欣去世了。

汉哀帝刘欣的去世，让外戚王氏集团再次东山再起，他们不仅挖了刘欣的母亲丁太后、刘欣祖母傅太后的墓，还将赵飞燕的太后废了。

赵飞燕被废后，先是被赶到北宫，接着又被贬为了平民。知道自己的末日来临，赵飞燕在大哭一场后，自杀身亡，死时46岁。

风光一时，权倾一时的赵氏姐妹就这样香消玉殒了。

这对历史上有名的姊妹花，就像烟花一样，在不长的一生里，用尽了全部心力去尽情绽放。结果，在留下最美的一刹那后，灰飞烟灭。然而，她们将汉成帝刘骜玩于股掌之间，使皇宫血雨腥风，所有皇子被杀所造成的后果，却是致命的。

汉成帝刘骜由于没有子嗣、早死，令西汉政权旁落外戚王氏集团的手里，最终为西汉的灭亡，埋下了伏笔。

17

长寿太后王政君　西汉灭亡的“推手”

太子刘奭指王政君时，并未看她，连她的长相都没有看清。但是不管怎样，太子刘奭的这随手一指，都改变了王政君的命运。

王政君每次的命运转机，似乎都伴随着别人的去世。不过，她真正的命运转机，是在她生下刘骜之后。

第一章　王政君的皇后之路

1

公元前7年，汉成帝刘骜去世，因没有子嗣，由去世的定陶王刘康的儿子刘欣继位，为汉哀帝。

汉成帝刘骜的母亲，太后王政君被尊为太皇太后。

定陶王刘康的儿子刘欣继承了儿子汉成帝刘骜的帝位，这让王政君既无奈又感慨天命难违。曾经，定陶王刘康差点取代她的儿子刘骜继承皇位，是她费尽心机才保住的。

王政君是汉元帝刘奭的皇后，出生于公元前71年，是魏郡元城（今河北大名县）人。

王政君出生于官宦世家，祖父王贺曾在汉武帝时任监察御史。不过，王氏家族到了王政君的父亲王禁这一代时，家道中落，王禁只做了一个小小官吏。

王氏家族在自己这一代衰落，人生的不得意，让王禁整日纵情酒色。

王禁的妻妾很多，子女也很多，四女八男，十二个孩子。王政君是四女中的次女，母亲是王禁的正妻李氏。

王政君长相清秀，人也聪明，小小年纪就许配给了人家，是当地一个名门望族。然而，就在王政君要过门时，她的夫婿却死了。

之后，王政君又许配给了东平王刘宇，做刘宇的妾。东平王刘宇是汉宣帝刘询的三儿子，虽然只是做妾，但能进这样的人家，对家道中落的王家来说，也是高攀。然而，就在王政君即将进王府前，东平王刘宇也死了。

嫁给谁，临进门时谁就死。王政君接连死了两个夫婿，让王家既惊又怕，她的父亲王禁急忙找相士为她卜卦，想看看女儿是否是个不祥之人。结果相士却说，王政君是富贵命。

既是富贵命，为何嫁两个富贵人家，还未进门，夫婿就死了呢？王禁不解道。

此女贵不可言，不能随便许配人家。相士说。

王禁一听，又惊又喜。他想，莫非女儿要嫁的是当今皇上？

虽然半信半疑，王禁却也不再给王政君找婆家，他开始找老师教王政君才艺。

王政君18岁那年，王禁送她进宫，做了“家人子”（无官职无名号的宫人）。王禁送王政君进宫的目的，是觉得王政君只有进宫，才有机会被皇上看中，纳入后宫。

王政君进宫时，皇上是汉宣帝刘询。王政君进宫的第二年，太子刘奭最宠爱的妃子司马良娣就死了。临死前，司马良娣对刘奭说，她是被妃嫔们诅咒死的。

太子刘奭和司马良娣的感情很好，司马良娣的死，让他不再碰任何妃嫔。

太子刘奭还没有子嗣，却不碰其他妃嫔，汉宣帝刘询急了，从宫里选了五名长相秀丽、性格温柔的宫人给太子刘奭送去。

五名被选中的宫人里，就有王政君。

太子刘奭仍然沉浸在失去司马良娣的痛苦中，对五位宫人没有兴趣。面对跪在他面前的她们，他挥挥手，让他们离开。不过，太子刘奭身边的人提醒他说，这几个人都是皇上让送来的，怎么都要留下一两个。

于是，太子刘奭便不耐烦地随手一指面前的宫人说，那就她吧！

被太子刘奭指着的宫人，就是王政君。

太子刘奭指王政君时，并未看她，连她的长相都没有看清。但是不管怎样，太子刘奭的这随手一指，都改变了王政君的命运。

王政君每次的命运转机，似乎都伴随着别人的去世。不过，她真正的命运转机，是在她生下刘骜之后。

如果用宿命论的说法，王政君的命太好了。因为太子刘奭并不喜欢她，也极少让她侍寝，但她却在为数不多的侍寝里，怀孕了。

2

公元前51年，王政君诞下一子。

这是太子刘奭的第一个儿子。太子刘奭、汉宣帝刘询都很高兴，特别是汉宣帝刘询，亲自为这个长孙取名刘骜。

“骜”是骏马的意思。汉宣帝刘询喜欢这个长孙，希望他长大后，能像一匹腾飞的骏马。而刘骜小时候也非常讨人喜欢，既聪明又可爱，汉宣帝刘询就时常把他带在身边。

对于汉宣帝刘询对刘骜的喜欢程度，历史上是这么记载的：“宣帝爱之，自名曰骜，字太孙，常置左右。”

汉宣帝刘询能称刘骜为“太孙”，是想以后把天下传给他。

公元前49年，汉宣帝刘询驾崩，太子刘奭继位，为汉元帝。

刘奭继位后，王政君先被封为婕妤，三天后又被立为了皇后。而之所以立她为皇后，只是因为她为汉元帝刘奭生下了刘骜。因而，虽然她贵为皇后，可依然得不到汉元帝刘奭的宠爱。

公元前47年，刘骜被立为太子。

刘骜在刚刚被立为太子时，为人处世极其谨慎。有次，汉元帝刘奭急召他，为了不走驰道（皇帝的专用道），他绕道而行。

然而，虽然太子刘骜竭力想要讨好父亲汉元帝刘奭，但汉元帝刘奭对他还是爱不起来。

汉元帝刘奭喜欢的是刘康。刘康是汉元帝刘奭与他的宠妃傅氏所生。对于傅氏，历史上并没有多少记载，只是说，汉元帝刘奭非常宠爱她。

王政君在被立为皇后后，曾有过一段很满足的生活。虽然那时候，汉元帝刘奭依然对她冷淡，但她并不觉得痛苦。因为汉元帝刘奭并非对她一个人冷淡，对其他妃嫔也冷淡。而相比其他妃嫔，她已经很幸运了，既是后宫之主，所生儿子还被立为了太子。

然而，王政君的满足并没有维持多长时间，汉元帝刘奭就宠爱起了傅氏。

汉元帝刘奭不仅宠爱傅氏，封她为婕妤，还在她为他生下一个儿子刘康后，又封她为昭仪。王政君的心理不平衡了。

汉元帝刘奭喜欢傅氏，是傅氏和他有共同语言。

汉元帝刘奭善诗书，通音律，能写一手漂亮的篆书，而傅氏少年时曾任宫廷女官，多才多艺。王政君知道，自己在才华上比不上傅氏。不过，汉元帝刘奭喜欢傅氏，不喜欢她，她能接受，可喜欢傅氏生的山阳王刘康，不喜欢她生的太子刘骜，她就无法接受了。

刘康深得汉元帝刘奭喜欢，除了子凭母贵，还因为刘康继承了汉元帝刘奭和傅氏的才华。

自己不如别的女人也就罢了，自己的儿子不能不如别人的儿子。王政君为了让儿子——太子刘骜也被汉元帝刘奭喜欢，就多次督促他多读史书，学音律。无奈，太子刘骜在这方面怎么都比不上弟弟刘康。

母亲和自己越来越不受父亲汉元帝刘奭的喜欢，慢慢地，太子刘骜的心理也开始失衡，甚至有些破罐子破摔，他不再学习，整天花天酒地，不务正业。

一个是多才多艺的刘康，另一个是只知享乐的刘骜。汉元帝刘奭那爱的天平，也就更加倾向刘康了。

公元前35年，汉元帝刘奭最小的弟弟，中山哀王刘竟去世。

中山哀王刘竟和太子刘骜的年龄差不多，两个人自小一起长大。汉元帝刘奭觉得，刘竟去世，太子刘骜应该比别人更伤心，可吊丧时，太子刘骜却表现得非常冷漠，丝毫看不出悲伤。

太子缺少慈爱之心，不配为人君！汉元帝刘奭很生气，发出了这样的感慨。

汉元帝刘奭当时就想废刘骜的太子位，可朝臣却为刘骜说情，说太子并不是不悲伤，只是把悲伤藏在了心里，没有表现出来。

汉元帝刘奭当时没有再说什么，但对太子刘骜也就越来越冷淡了。

汉元帝刘奭虽然没有在中山哀王刘竟的葬礼上废太子，但废太子的种子却在那时候种下了。

3

太子刘骜越来越不受汉元帝刘奭的喜欢，皇后王政君看在眼里，急在心头。不过，虽然着急，她却也无可奈何，只希望汉元帝刘奭不要废太子。

王政君因为不被汉元帝刘奭宠爱，即使被立为皇后，在宫里也很低调，生怕犯一点儿错，就惹得汉元帝刘奭不高兴，把她的皇后位废了。保不住她的皇后位，也就保不住儿子的太子位。

为此，为了能够保住皇后位，王政君过得小心翼翼，战战兢兢。

王政君的神经一直紧绷着，机警地观察着四周，默默地关注着傅昭仪和刘康的情况。

怕什么就来什么，王政君听到了汉元帝刘奭要废太子的风声，她心慌意乱，坐立不安。

为了保住儿子的太子位，一直低调行事的王政君不再低调，她开始为儿子寻找支持者，拉拢朝中官员。

王政君之前看似低调谨慎，却也关注着宫里发生的一切，观察着被汉元帝刘奭赏识的重臣。她要从这些重臣里，辨别出哪些是支持太子刘骜的，哪些是有可能拉拢过来的，哪些又是能在关键时刻，能被她利用的。

因为做足了准备，王政君有的放矢地拉拢来了驸马都尉侍中史丹等重臣。其中，史丹最得汉元帝刘奭的赏识。

太子需要你们的支持！王政君对他们说。

史丹等人知道这句话的意思。汉元帝刘奭想废太子，立山阳王刘康，他们都知道，因而，他们也面临站队的问题，到底是挺太子刘骜还是挺山阳王刘康。

史丹等人在心里权衡了一下，如果支持太子刘骜，一旦太子刘骜顺利继位，他们这些人就成了功臣；可如果支持山阳王刘康，山阳王刘康本就是汉元帝刘奭想立的，因而即便山阳王刘康继位，他们也算不上功臣。

最终，史丹等人决定支持太子刘骜。

之后，汉元帝刘奭再提废刘骜，立刘康为太子时，史丹他们就坚决反对，理由是“有长不立幼”。

朝臣反对，汉元帝刘奭那废太子的想法，只能暂缓。不过，他并没有打消这个念头，他在等待时机。

公元前33年，汉元帝刘奭身染重病，身边侍奉他的，始终只有傅昭仪和山阳王刘康。王政君和太子刘骜几次想要去看望汉元帝刘奭，都被拒绝了。

王政君越发坐立不安，而太子刘骜更是愤愤不平，他不停地咒骂山阳王刘康。

王政君虽然着急、愤怒，却很冷静，她知道，汉元帝刘奭重病期间，只让刘康在身边，是已经下定决心在驾崩前废太子，立刘康了。

骜儿，你一定要想办法见到你的父皇！王政君对刘骜说，你是太子！你父皇病重，一定有要事交代，你不能不在身边！

哼！我这太子，看来也当不了多久了！刘骜气冲冲地说完，瞟一眼母亲王政君就走了！那刻，太子刘骜把怨气全都撒在了母亲王政君身上。他觉得，自己如此不受汉元帝刘奭的待见，都是母亲不得宠造成的。

王政君感觉到了儿子对她的怨气，她喃喃道，我不会让任何人夺走你的太子位的！

王政君不敢再耽误，她急忙派人找来驸马都尉侍中史丹商量。

汉元帝刘奭在重病期间，不见太子，只见定陶王刘康让史丹明白，汉元帝刘奭是在用实际行动告诉朝臣，他就是要废太子刘骜，立山阳王刘康。

情况危急，皇上一旦在遗嘱里废太子，立山阳王，我们这些人反对也没有用。史丹对王政君说。

所以必须让太子见到皇上！王政君说。

让太子见上皇上一面不是不可能，只是，这有用吗？史丹说。

王政君沉默了。史丹的担心，也是她的担心。她知道，即便儿子刘骜见到了汉元帝刘奭，也扭转不了局势。甚至有可能，汉元帝刘奭在见了太子刘骜后，会将废太子的行动加速。因为，汉元帝刘奭不仅不喜欢儿子刘骜，还很讨厌他。

还是你去吧！皇上更信任你！王政君说。

王政君的这一步走对了。

史丹是汉元帝刘奭的贴身宠臣，见汉元帝刘奭很容易。见了汉元帝刘奭后，史丹先是请求给他一个单独说话的机会，然后等身边的人都离开后，他伏在汉元帝刘奭的病床前，一边痛哭，一边为太子刘骜求情。

史丹在来见汉元帝刘奭前，已经下定决心，不管采用什么方法，都要说服汉元帝刘奭改变想法。这是最后一搏，胜负在此一举。为此，他声泪俱下，说得很是动情。

汉元帝刘奭没有想到，史丹为了太子刘骜，会作出如此举动，心想，或许自己对太子确实有偏见。

汉元帝刘奭的心一软，先是想起了太子刘骜小时候的聪明可爱，然后又想起先皇汉宣帝刘询称太子刘骜为"太孙"，最后，他叹了口气，答应不再提废太子刘骜的事。

山阳王刘康就这样与太子位擦肩而过。

没有立山阳王刘康为太子，让汉元帝刘奭觉得很愧疚。为了补偿他，不仅将他从山阳王改封为了定陶王，还特别提出，太子刘骜继位后，一定要对定陶王刘康以特别的对待。

第二章　王政君为兄弟封侯

4

公元前33年，汉元帝刘奭驾崩，太子刘骜继位，为汉成帝，尊王政君为皇太后。

王政君一直吊着的心，彻底放了下来。

成为皇太后的王政君，不再低调，也不再谨慎。她决定，她要把当皇后时，汉元帝刘奭对她的冷落以及所受的屈辱，全都补偿回来。

王政君还是皇后时，并未向汉元帝刘奭提出，给她的娘家封官。那时候，备受冷落的她，生怕提出会引起汉元帝刘奭的反感，进而找借口废掉她的皇后位。而当上皇太后后，王政君不再担心了，她向儿子汉成帝刘骜提出，给娘家——王氏家族封官。

汉成帝刘骜全然答应。

于是，王政君同父同母的大哥王凤被封为了大司马大将军；同父同母的弟弟王崇被封为了安成侯；其他五位同父异母的兄弟中，王谭被封为了平阿侯、王商被封为了成都侯、王立被封为了红阳侯、王根被封为了曲阳侯、王逢被封为了高平侯。

而平阿侯王谭、成都侯王商、红阳侯王立、曲阳侯王根、高平侯王逢，在历史上又被称为“西汉五侯”。

王政君总共有八个兄弟，除了早早去世的弟弟王曼，其他两个同父同母兄弟，五个同父异母兄弟，全部都被封了侯，一时之间，王氏家族权倾朝野。对此，历史上是这么说的：“王氏子弟皆卿、大夫、侍中、诸曹，分据势官满朝廷。”

虽然王氏家族权倾朝野，王政君还是觉得遗憾，因为弟弟王曼去世得太早了，没赶上封侯。

你要是多活几年该多好啊！王政君经常想。她甚至觉得，这遗憾是她造成的，为了弥补，她追封王曼为新都哀侯。不过，虽然追封了，可那只是得了个名，现实利益还是没能得到。为此，王政君对王曼的儿子王莽格外关照，让他嗣王曼侯位。

王莽很聪明，知道姑姑王政君对父亲王曼的死一直放不下。于是，一有机会，他就在王政君面前提他的父亲，他说，他父亲临死前曾交代他，把他托付给了最疼爱他的姑姑王政君。还说，他父亲让他将姑姑王政君当成母亲来孝敬。

王政君一听，对王莽也就更加疼爱了。

王莽野心很大，并不满足于嗣侯位，他想要的是大司马位。

大司马王根年龄大了，准备让贤，需要挑选一位继任者。朝臣都觉得，淳于长是第一人选，王莽是第二人选。淳于长是王政君的外甥，任卫尉（掌管皇宫禁卫），是九卿之一。

淳于长非常擅长阿谀奉承，也善于笼络人心，因而，不管是汉成帝刘骜还是太后王政君，以及朝臣都很喜欢他。

王莽知道，想要夺得大司马位，必须扳倒淳于长这个强劲的对手，而若想要扳倒淳于长，就必须找到他的把柄。这个把柄，还要是能够把他置于死地的。为此，王莽私底下花了很多银两，派人搜集淳于长的罪证，最后得出了淳于长与被废皇后许氏有私通嫌疑的罪证。

废后许氏与淳于长确实有过交集。

许氏还是皇后时，因汉成帝刘骜先后有了班婕妤、赵飞燕、赵合德而受到冷落。赵氏姐妹为了夺得皇后位，搜集了她姐姐许谒放蛊诅咒后宫妃嫔，诅咒大将军王凤的罪证，许氏因此先是被废，后又被赶出宫。

许氏不甘心，几次找淳于长，让他帮着向汉成帝刘骜和太后王政君说情。淳于长同情废后许氏，也曾找过王政君为她说情，只是未能如愿。

淳于长找王政君说情时，王政君并不觉得什么，可当王莽将此事作为淳于长与废后许氏的私通证据后，王政君为了将许氏家族赶尽杀绝，也就相信了王莽，在逼废后许氏自杀后，又先是将淳于长免职，然后将他关进监狱，最后处死。

淳于长死后，大司马之位也就没有人能与王莽竞争了。

公元前8年，王莽被任命为了大司马。这时候，不管是朝臣还是王政君，也都没有发现他的野心。因为，王莽将他的野心隐藏得太深了。

朝臣眼里，王莽和那些声色犬马的外戚王氏家族的人完全不一样，他不仅生活简朴，而且为人谦恭。特别是，王莽在王政君和汉成帝刘骜眼里，既孝顺、又忠诚，很值得信赖。

第三章　太皇太后王政君与汉哀帝刘欣的较量

5

公元前7年，整日沉迷在赵氏姐妹“温柔乡”的汉成帝刘骜，死在了赵合德的床上，汉成帝刘骜的侄子刘欣（定陶王刘康的儿子）继位，为汉哀帝。

如果公元前33年，汉元帝刘奭重病期间，重臣史丹如果没有前去为当时还是太子的刘骜求情，就不可能有汉成帝刘骜。没有汉成帝刘骜，也就没有赵氏姐妹将他玩于股掌之间；而如果汉元帝刘奭废太子刘骜成功，最后坐上皇位的就是定陶王刘康，这样一来，儿子刘骜是不是就不会那么早死？

汉成帝刘骜死后，王政君曾无数次做过这样的假设，甚至觉得是自己害死了儿子刘骜。

王政君想，自己拼命为儿子刘骜保住了太子位，让他继位成功，但最终还是不得不接受定陶王刘康的儿子刘欣坐上皇位的事实。

难道这西汉天下，本就该是刘康后人的？刘欣继位的那天，王政君一想到这些就心悸。

一朝天子一朝臣。刘欣继位后，马上尊奉父亲定陶王刘康为恭皇。

定陶王刘康的皇帝梦，终于在儿子刘欣继位后，实现了。

除了尊奉父亲刘康为恭皇，汉哀帝刘欣还封曾与王政君争夺太后位的祖母傅氏为恭皇太后、母亲丁姬为恭皇后，食邑与太皇太后王政君一样。

汉哀帝刘欣是个心有大志之人，他也想成就一番事业，让西汉强盛起来。可很快他就发现，满朝上下全都是外戚王氏家族的人，他根本无力施展。

汉哀帝刘欣有种被架空的感觉。他知道，想要大干一场，就要真正掌权，而想要真正掌权，就要削弱外戚王氏家族的势力。

汉哀帝刘欣这么想的时候，认他为义子，让他有机会坐上皇位的太后赵飞燕出现了，她让他封自己的兄弟为侯。

汉哀帝刘欣没有犹豫就答应了。他先封赵飞燕的哥哥赵䜣为成阳侯，弟弟赵钦为新成侯，同时，在司隶校尉解光弹劾曲阳侯王根时，又借机将王根逐出京城。

汉哀帝刘欣这么做，就是想要慢慢削弱王氏家族的势力。

外戚王氏家族的势力太强大了，强大到任何对王氏家族掌权不利的人，他们都要铲除掉。

汉成帝时期，汉哀帝刘欣的父亲刘康有次来京城，汉成帝刘骜因为身体不好，想要留他在京城多住些日子。结果，外戚王氏家族的大司马王凤坚决反对，并要刘康马上回他的封地去。

大司马王凤的做法，激起了京兆尹王章的不满，王章想，汉元帝刘奭临死前，曾提出要求，要汉成帝刘骜善待刘康，可外戚王氏却欺负刘康，不让刘康在京城驻留。愤怒之下，王章上书汉成帝刘骜，让他不要再任用王凤。

汉成帝刘骜也觉得王凤过分了，就削了他的职。

可王凤被削职后，先是写了封可怜巴巴的信给汉成帝刘骜，见汉成帝刘骜不为所动，就又写了封信给太后王政君，王政君一看，用绝食要挟汉成帝刘骜，让他恢复王凤的职位。

王凤在被重新重用后，马上诛杀了王章。此后，外戚王氏集团在朝中也就更加肆无忌惮了。

6

汉哀帝刘欣知道，一下子铲除外戚王氏家族不可能，不过他可以寻找机会，一点点削弱外戚王氏家族的势力。

王政君是外戚王氏的保护伞，想要削弱外戚王氏，就要从削弱王政君势力上入手。为此，汉哀帝刘欣特意提升祖母傅氏的地位，让她与王政君的地位同等。

有一次，未央宫举办宴会，汉哀帝刘欣的祖母傅氏的位置，也就被安排在了王政君的旁边。不过，大司马王莽看到后，大发雷霆，说傅氏只是定陶太后，怎么能与王政君的至尊位并列。

王莽这么做，是不把汉哀帝刘欣看在眼里，他知道，皇上虽然是汉哀帝刘欣，但王氏家族的根基很深，就是皇上都难以撼动。同时，他这么做，还有讨好王政君，以及挑拨汉哀帝刘欣和太皇太后王政君关系的意思。

王莽得逞了，他的举动让王政君觉得，这个侄子为了维护自己，敢于挑战皇权，值得信任。不过，王莽的举动也让汉哀帝刘欣很生气，他将王莽贬到了新野。

王莽被贬新野后，王政君和汉哀帝刘欣的关系，也就越发紧张了。

公元前2年，王政君以年事已高，需要王莽回来侍奉为由，调王莽回京城，并要给他复职。

汉哀帝刘欣同意了。汉哀帝刘欣之所以能同意，是王政君的年龄确实大了，身体也不好。

既然你活不了多长时间了，为了笼络人心，那就满足一下你吧！汉哀帝刘欣是抱着这样的想法，调王莽回京城，官复原职的。

汉哀帝刘欣想等王政君死后，将外戚王氏家族连根拔除。当然，汉哀帝刘欣的美好设想，是建立在太后王政君死在他前面的，他没有想到，他死在了王政君的前面。

公元前1年，汉哀帝刘欣去世。

汉哀帝刘欣和汉成帝刘骜一样，也没有子嗣。不过，汉哀帝刘欣没有子嗣的原因是他喜欢男的。汉哀帝刘欣有个男宠叫董贤。历史上有名的“断袖之癖”，说的就是他们之间的事。

汉哀帝刘欣的突然离世，让整个西汉王朝惊慌不已。

王政君则既惊又喜，急忙召王莽过来商议。王莽一见她就说，现在最重要的是把玉玺夺回来！

王政君正要问玉玺在哪儿，王莽便抢先说，玉玺在董贤那里。

王莽自被调回京城，并官复原职，便一直派人盯着汉哀帝刘欣和他的男宠董贤。因而，在他第一时间知道汉哀帝刘欣去世的消息，并得知，汉哀帝刘欣临死前，将玉玺交给了董贤保管后，便计划怎么夺玉玺。

因而，当王政君找他商议时，他说，兵分两路，一路由王政君指示王氏家族控制局面；另一路由他带人逼董贤交出玉玺。

当时，董贤是大司马、卫将军。王莽没费多少周折，便在逼董贤交出玉玺的同时，逼他交出了军权。玉玺和军权都被夺走后，董贤自知王氏家族不会放过他，选择了自杀。

拿到军权和玉玺的王莽，成了王政君身边最可依赖的人。

此时，王莽渐渐露出了他的野心，他毫不客气地代表王政君发号施令。

王莽先是逼赵飞燕和汉哀帝刘欣的皇后（傅皇后）自杀，后又将已经死去的傅昭仪和丁姬的坟墓也扒了，最后将傅、丁两家势力全部铲除。

西汉朝政大权，再次全部落入外戚王氏家族的手里。

为了便于外戚王氏家族掌权，王莽立中山王刘衎为汉平帝。王莽操持国政，王政君仍为太皇太后。

那时候的王政君没有想到，她最信赖的侄子王莽，一直都在利用她，以实现他的政治野心。

第四章　王莽篡权　西汉灭亡

7

王莽是外戚王氏家族中野心最大的一个，这是王政君无论如何都没有想到的。

王莽的野心，其实在汉哀帝刘欣驾崩后渐渐暴露出来。

汉哀帝刘欣驾崩后，在挑选继承人上，王政君和他商量时，他选择了9岁的刘衎继位。

刘衎是汉元帝刘奭的孙子，中山孝王刘兴的儿子。刘衎3岁时，他的父亲——中山孝王刘兴就去世了。在王莽提出由刘衎继位时，王政君也曾问他，为什么选择只有9岁的刘衎，王莽说，为了避免重蹈汉哀帝刘欣的覆辙。

王政君一听，禁不住夸王莽深谋远虑。之后，王莽又将自己7岁女儿嫁给汉平帝刘衎，王政君突然醒悟，王莽想篡权，而她，根本就不了解这个侄子。

王政君不了解王莽，但王莽非常了解王政君。

王莽觉察出王政君对他的怀疑后又说，他把女儿嫁给汉平帝，都是为了整个王氏家族。

“为了王氏家族”是王政君的软肋。

王莽之后的所作所为，均在王政君有疑虑时，用了“为了王氏族”来解释。而每当他这么解释的时候，王政君也就不再说什么。因为王莽似乎真是在为王氏家族考虑。

刘衎继位后，为了不让他像汉哀帝刘欣一样，重用他母亲卫姬家族，排斥王氏家族，王莽不仅不允许汉平帝刘衎与亲生母亲见面，还不让卫氏家族进京。在卫氏家族频频请求进京时，王莽还找了个借口，将卫氏家族全部杀掉，只留下汉平帝刘衎的母亲卫姬一人。

汉平帝刘衎虽然年龄不大，但并不是什么都不懂。

身为天子却有名无实，不仅权力全部掌握在王莽手里，连亲生母亲都见不到，汉平帝刘衎的言语里，也就多了些对王莽的不满。小孩子不懂隐藏情绪，他时不时对王莽表现出的恨意，让王莽担心起来。

一番考量后，王莽决定除掉这个有可能成为敌人的皇上。

汉平帝刘衎14岁那年，王莽趁他生病，令人给他灌了下了毒的药酒，汉平帝刘衎中毒身亡。

汉平帝刘衎死后，王莽不仅想实际掌权，还想坐皇位。不过，在权衡利弊后，他暂时打消了这个念头。

王莽知道，他实际掌权，朝臣虽有不满，但碍于他的权力不敢声张。可一旦他真的篡权夺位，那些人就会冒死反对。更重要的是，一直支持他的王政君，也不再支持他。

那时候，王莽还需要王政君的支持。

再等等吧！等时机成熟时再说。王莽这么想后，就又挑选了一位继任者。当然，虽然已经选好了继任者，但王莽还是假模假样找王政君商议。

在王政君问他谁最合适时，他说，广戚侯刘显的儿子刘婴合适。

王政君不同意，她说，一个2岁的幼儿，又要如何执政呢？

侄儿愿意代理天子朝政！王莽说完后，带着笑意看着王政君。

王政君的心咯噔一下，她看着王莽。她知道，她若再反对，王莽肯定又是说，“为了王氏家族”。

“为了王氏家族”而让2岁的刘婴继位，这既像是借口，又像是实情。

侄儿即便代理天子朝政，天下还是姓刘！王莽又说。

王政君默默点了点头。她想，只要天下还姓刘，即便王莽掌权，她百年后，也能对得起汉室王朝。

公元6年，刘婴继位。由于皇帝年龄尚幼，在群臣的要求下，太皇太后王政君让王莽代理天子朝政。

这“群臣的要求”不用说，又是王莽的安排。

刘婴是个比刘衎还惨的傀儡皇帝，刘衎至少还有个皇帝名，可刘婴却连皇帝名都没有，他只是被立为了皇太子。

既然立了个以后会继承皇位的皇太子，那么现在的皇帝又是谁呢？当然是王莽。王莽因此被称为“假皇帝”，也叫“摄政帝”。

王莽做这一系列安排，都是在为他以后夺取皇位做准备，他先称自己“摄皇帝”，称刘婴为孺子，然后又改年号为居摄。

直到这时，朝臣们才恍然大悟，王莽要篡权！王莽在循序渐进地，一步步地实现他的称帝目标。

8

公元7年（居摄次年），东郡（今河南濮阳）太守翟义起兵，称王莽毒死了汉平帝刘衎，执行天子特权，妄图断绝汉代江山社稷，必须予以诛灭。

翟义这一举动，撕去了王莽的伪装，各郡纷纷响应。

王莽并不担心，他有老百姓的支持。王莽在百姓中有着很好的声望，在他任大司马期间，有一年闹蝗灾，他倡议诸官吏捐出了自己的俸禄救济，因而被百姓颂扬。

对老百姓来说，皇位上坐的是谁，政权掌握在谁手里不重要，重要的是对老百姓好。因而，翟义的起兵，虽然有各郡响应，但规模并不大，很快就又被王莽派出的汉兵镇压了。

起义军很容易就被剿灭，让王莽越发相信，他就是当天子的命。

天命难违啊！王莽想，他索性也不要伪装了，将他不满足于做“服天子之服，用天子仪仗，臣民称呼其‘摄皇帝’”的心思，彻彻底底地展现在了朝臣的面前。

王莽要明目张胆地做真皇帝。不过，虽然撕掉了伪装，可做真皇帝之前的铺垫，还是要有的。

王莽向各处官员透露了他要做天子的想法，知道他心意的各地官员，也都心领神会，纷纷发现“符瑞”。

武功县县长孟通说他发现了一块刻着“告安汉公莽为皇帝”的石头，并把它献给了王莽，说他挖井时挖到的。王莽赏赐了孟通后，拿着那块证明他是天子命的“符瑞”去见王政君，索要玉玺。

王政君气得浑身发抖。自坐上皇太后位，王政君便一直不遗余力地安置王氏家族的人，让他们不仅权倾朝野，还荣华富贵享都享不完。不过，王政君虽然一直都在为王氏家族争取利益，却从未想过让西汉改姓。

意识到王莽想篡权时，王政君还曾一度安慰自己，说王莽是个识大体的人，自己对他百般信赖，朝政之事也都全部交给了他，他应该满足了，不可能背叛自己，让自己成为千古罪人。直到王莽大张旗鼓地拿着“符瑞”，向她索要传国玉玺，王政君才彻底清醒过来，她养了一条白眼狼。

这天下始终都是刘家的！王政君咬着牙，看着王莽，冷冷地说。

王莽笑了笑，并没有多说什么，走了。

王政君以为，自己的态度让王莽羞愧了。谁知公元9年，王莽没有和王政君做任何沟通，就直接篡汉权建新朝，称自己为新太祖。

王莽是要生米煮成熟饭。他觉得，当生米煮成了熟饭，王政君也就不得不给他玉玺了。

王莽没有亲自去索要玉玺，他指派人去。那时候的王莽，对王政君也已经完全不在乎了，虽然新朝建立后，他依然尊王政君为“新室文母太皇太后”，可这都是为了给外人看，毕竟王政君在宫中也有势力。

然而，王政君虽然是新朝的太皇太后，但她还是不愿意把玉玺交给王莽。

王莽并不生气，也不着急，只是不断地派人去索要。索要的次数多了，王政君不耐烦了，她大骂来人，称玉玺是“汉”的玉玺，只有汉朝的皇帝才有资格拥有。

王政君骂完王莽派去的人，又骂王莽，说他恩将仇报，猪狗不如。

王莽对于王政君的辱骂，并不放在心上，他让人给王政君带话，说这玉玺他是要定了，她不给也要给。

王政君虽然不是特别了解这个侄子，但她知道，她不给是不行了。最终，王政君用颤抖的手，拿起那块玉玺，狠狠地摔在台阶上。

玉玺碎了一角。碎了一角的传国玉玺，被王莽派来的人捡了起来，奉给了王莽。

王莽拿着玉玺，在常安（长安）称帝，建元“始建国”，改国号为“新”。

公元13年，王政君去世，享年84岁。

这个当了一任皇后、五任太后，最后寿终正寝的女人，似乎一生都荣华富贵不断。然而，从她的一生来看，她最幸福的时候，也只有儿子刘骜继位时。那时候，王政君不仅不用担心儿子的储君位被废，自己的皇后位被废，还可以放心大胆地给王氏家族封官。

当然，这样的幸福很短暂。接下来，她不争气的儿子汉成帝刘骜沉迷情色，死在了赵合德床上；再接着，她为了外戚王氏家族的利益，与继位的汉哀帝刘欣的针锋相对；最后，她最信赖的侄子王莽篡权，西汉灭亡……

这一件件事，对王政君来说，都是折磨，都是痛苦。

王政君不是个野心家，但她很自私。因为她的自私，她不断地给王氏家族封官加爵，让他们在朝廷无法无天，最后导致西汉被她侄子取代……

从这一点上来说，她确实是西汉灭亡的"推手"。

当然，西汉的灭亡，是从汉成帝刘骜时就开始了的，是"赵氏乱于内，外家擅于朝"造成的。也就是说，西汉的灭亡，与赵氏姐妹、王政君都有着莫大的关系。

不过，虽然王政君给了王氏家族过大权力，让"外家擅于朝"，最终导致了王莽篡汉，建立新朝，可在她摔玉玺时，骂出的那句诅咒语，"我是快要老死的人了，在我死后，王家定要灭族"却也成了一句预言。

公元23年，王莽建立新朝15年后，新朝灭亡。

新朝也就成了历史上最短命的王朝。

18

皇后邓绥和高参班昭　令东汉兴盛十六年

22岁的邓绥，能够以不争的姿态，得到了别人拼命去争抢的东西，全因为她有一位好老师。

这位好老师就是班昭。班昭一直在私底下教邓绥，教她步步为营，用“母仪天下”之风来要求自己，并最终坐上了皇后位。

第一章 邓绥被立为皇后

1

公元23年，王莽的新朝天灾不断，天下大乱。绿林山一带的豪杰揭竿而起，在淯水（今河南白河）之滨，拥立了西汉皇裔、汉景帝刘启的儿子——长沙定王刘发的后人刘玄为帝，年号更始。

同年9月，刘玄入主长安，新朝灭亡。刘玄也就是历史上的更始帝。

公元25年，赤眉军趁更始政权内乱，攻入长安，杀死刘玄，拥立更始政权大司马，刘萌之子刘盆子为帝，史称建世皇帝。

赤眉军的称号，得名于他们在新朝的莒（今山东莒县）起事时，为了与王莽的军队区别开来，将眉毛涂成了红色。

赤眉军攻入长安期间，西汉皇裔、汉高祖刘邦的九世孙刘秀，为了光复汉室，刘秀率大军起兵，定都洛阳。之后，刘秀率兵经过12年的战争，统一中国，由于仍以“汉”为国号，历史上称其为东汉。

公元95年，东汉第四位帝王、汉和帝刘肇在位期间，15岁的邓绥因身材修长、容貌美丽被选进宫。

15岁的邓绥比同龄人个子高，对于她的外貌，历史上是这么说的，她“绝异于人，左右皆惊”。

与众不同，令人惊艳的邓绥，一出现就惊呆了所有的人，而汉和帝刘肇见到她后，更是视为天人。

公元96年，16岁的邓绥不仅被封为贵人，还成了汉和帝刘肇最宠爱的妃子。

汉和帝刘肇出生于公元79年，是汉章帝刘炟的第四个儿子，汉世祖刘秀的重孙。

汉和帝刘肇的生母是梁贵人。梁贵人是褒亲愍侯梁竦的女儿，进宫后，很快就得到了汉章帝刘炟的宠爱。和梁贵人一样，也被汉章帝刘炟宠爱的还有宋贵人。

公元78年，宋贵人给汉章帝刘炟生下一子，取名刘庆。

刘庆是汉章帝刘炟的第三个儿子，对于这个儿子，汉章帝刘炟很是喜欢，第二年就把他立为了太子。

宋贵人不仅得到了汉章帝刘炟的宠爱，所生儿子还被立为了太子，这激起了汉章帝刘炟的皇后——窦氏的嫉恨。

窦氏是扶风平陵人，出生日期不详，她的曾祖父窦融曾做过大司徒，父亲窦勋曾被追爵为安成息侯，母亲沘阳公主是东海恭王刘强的女儿。外戚窦氏家族在宫中的势力很强，不过，皇后窦氏却一直未能生育。

没有生育的窦皇后怕宋贵人威胁到自己的皇后位，便与母亲沘阳公主联合，诬陷宋贵人，导致汉章帝刘炟疏远宋贵人和太子刘庆。

宋贵人的遭遇，梁贵人全都看在了眼里。公元79年，梁贵人也生下一子，取名刘肇。

梁贵人知道窦皇后肯定会想尽办法，像对待宋贵人和刘庆一样，对待她和儿子刘肇的。于是，她主动出击，讨好窦皇后，说愿意把儿子刘肇过继给窦皇后，由窦皇后抚养。

窦皇后一听，非常高兴。

公元82年，在窦皇后的游说下，汉章帝刘炟废太子刘庆为清河王，立刘肇为太子。宋贵人在悲愤之下，服药自杀。

刘肇被立为了太子，梁贵人很是高兴，她私底下说，儿子虽然由窦皇后抚养，但一旦继承皇位，肯定不会亏待她这个亲生母亲。

后宫是个暗争不断的地方，梁贵人的话，传到了窦皇后的耳朵里。窦皇后觉得自己被梁贵人利用了，很是生气，她再次与母亲沘阳公主串通，诬陷梁贵人，导致梁贵人自杀身亡。

公元88年，汉章帝刘炟驾崩，10岁的太子刘肇继位，为汉和帝，尊窦氏为皇太后。

汉和帝刘肇因为年幼，由窦太后临朝称制，窦太后也就随即下诏，让哥哥窦宪违章典辅政。

自窦太后临朝称制，她便先后将自己的兄弟，窦氏族的人安插在朝廷的重要位置，一时之间，窦氏家族倾权朝野。不仅如此，各地地方官员，也都是窦氏家族的亲戚和亲信。

朝政大权全都掌握在了外戚窦氏家族手里，朝臣们虽然不满，却也因为忌惮外戚窦氏势力，不敢多说什么。

随着窦氏家族的权力越来越大，更多的朝臣站在了他们这一边，为了巴结窦宪，有臣子甚至还提议称窦宪为“万岁”。此举引起了另一些不满窦氏家族的人的反抗，他们上书进谏，以死抗争。窦宪为了除掉他们，养刺客，定点刺杀对窦氏家族有怨恨，以及持不同政见者。

外戚窦氏家族的恶行，再次让朝臣敢怒不敢言。不过，随着汉和帝刘肇的长大，对于政权始终掌握在窦氏家族手里，他也有了不满。

汉和帝刘肇想要杀掉窦宪，于是找人商议、谋划，可窦氏家族在朝中的势力太大了，不好下手，只能等待机会。

汉和帝刘肇在一天天长大，外戚窦氏家族开始担心，他们担心权力被收回，也担心汉和帝刘肇秋后算账。

不如先下手为强！窦宪的女婿、射声校尉郭举对父亲说。

郭举父子开始谋划刺杀汉和帝刘肇，但很快就被汉和帝刘肇知道了。

公元92年，借窦宪出征在外，清河王刘庆又正好在京城，汉和帝刘肇密会清河王刘庆。两个人经过一番商议，由汉和帝刘肇下诏，令执金吾和北军王校尉领兵抓住郭举父子，即刻处死。

汉和帝刘肇的突然下诏，以及郭举父子的死，打了外戚窦氏家族一个措手不及。出征在外的窦宪得知消息后，大惊失色，急忙赶回京城。不过，未等他到达京城，汉和帝刘肇就又下令收回他大将军印信绶带，改封他为冠军侯。

之后，汉和帝刘肇又将窦氏家族的人，先是全部赶回他们的封地，最后挨个儿逼他们自杀。

外戚窦氏家族就这么被除掉了。

公元92年，汉和帝刘肇夺回政权，亲理政事。

邓绥进宫时，正好是汉和帝刘肇亲理政事的第四年。当时，汉和帝刘肇的皇后是阴氏。

阴皇后是汉世祖刘秀的皇后——阴丽华的哥哥阴识的曾孙女。她是汉和帝刘肇夺回政权那年进宫的，因为长相美丽、颇有才华，且会书法而得到了汉和帝刘肇的喜欢。

不过，随着邓绥的进宫，汉和帝刘肇开始冷落阴皇后。

2

邓绥出生于公元81年，南阳新野（今河南新野）人。

出生于名门世家的她，祖父是东汉开国功臣、太傅高密侯邓禹。父亲是护羌校尉（武官官职）邓训。

邓绥自小聪明伶俐，很小就开始读书识字。她6岁读史书，12岁通《诗经》《论语》，在当地有“诸生”之称。

“诸生”是指那些经考试而被录取到中央、府、州、县等学校的学员。能把对有学识的男子的称呼给邓绥，可见邓绥的学识渊博。

邓绥并非只会读书，她还擅长做女红。为了看书，做女红两不误，邓绥白天学女红，晚上读经典。此种经历，让她自小就比同龄人成熟，且有着非同一般的品性。

邓绥5岁那年，有一天，她70多岁的奶奶在为她剪头发时，不小心把她的额头刺破了。由于奶奶年纪大了，不知道戳伤了孙女，也便继续为她剪头。而邓绥虽然疼，却也没有说，一直忍到奶奶给她剪完头发离开。

丫鬟看到了，问她不疼吗？

她说疼。丫鬟就更吃讶了，问她疼为什么不哭。

邓绥说，她不能哭！她一哭，奶奶就知道了，还说奶奶那么疼她，为她剪头发，如果知道戳伤了她，肯定会很伤心的，她不能让奶奶伤心。

邓绥的话，把丫鬟听呆了，随即将此事告诉了邓绥的父母。

邓绥的父母没有想到，一个5岁的孩子会说出这样的话来，更没有想到，小小年纪的邓绥，能站在别人的立场上考虑问题。

这个孩子不简单！邓绥的父亲说。

是个善良的孩子！只怕她以后会吃亏。邓绥的母亲说。

邓绥的出类拔萃，让她一进宫就得到汉和帝刘肇的宠爱。而这种出类拔萃，并不仅仅是指她靓丽的外表。

后宫佳丽三千，漂亮女人多得数不胜数，邓绥不是最漂亮的那一个，她胜就胜在善解人意、顾全大局。有一次，邓绥生病了，汉和帝刘肇为了表示对她的恩宠，特意命她母亲和兄弟入宫照顾她，还不限天数。

这在有宫禁制度的汉朝，是超越规制的皇恩。如果放在其他女人，一定会高兴地显摆、炫耀，可邓绥没有，她不仅婉言谢绝，还说服汉和帝刘肇，让他收回成命。

邓绥说，皇宫是天子居住的地方，是禁地，家人久居既有违圣制，还不合礼法。还说如果汉和帝刘肇这么做了，不仅会让他受到重私情的非议，还会令她受到不知足的指责。

汉和帝刘肇听后，很是感动。

邓绥在宫中，虽然得到了汉和帝刘肇无限的宠爱，却从不恃宠而骄，不仅对皇后阴氏尊重有加，就是在汉和帝刘肇的其他妃嫔面前，她也把姿态放得很低。

为人温和低调就是邓绥的处事方式。

后宫是个是非之地，妃嫔之间，大多明争暗斗。每逢大宴，她们个个浓妆艳抹，尽情展示自己，以便在宴会中成为最抢眼的那一个。但邓绥没有，她总是一身素妆，淡扫蛾眉，唯恐抢了别人的风头。

当然，正是因为她的这种做法，才让她在金枝欲孽的后宫，少树了很多敌。

邓绥对下人也很好，从不盛气凌人，她总是和颜悦色对待每一个人，而这，也为她笼络了很多人心。

3

邓绥在后宫活得像个异类，其他妃嫔，很少有人说她坏话。而邓绥在宫里的声誉越来越好，也越来越得了汉和帝刘肇的宠爱。汉和帝刘肇曾几次在阴皇后面前夸赞邓绥，说她温婉柔顺。

阴皇后觉得她的皇后位受到了邓绥的威胁。她恨邓绥，觉得邓绥是个阴险的女人，还说邓绥的温婉柔顺，全都是装出来的。

本宫倒要看看，你是有多温婉，多柔顺。为了让邓绥“暴露”出她的真面目，阴皇后屡屡找机会刁难她，意在激怒她，可面对咄咄逼人的阴皇后，邓绥总是选择隐忍和退让。

邓绥的隐忍和退让，让阴皇后觉得她更虚伪，也就更恨她了。

有一次，汉和帝刘肇得了重病，阴皇后不仅不担心，还高兴地对身边的人说，等本宫有出头的那一天，非把那姓邓的满门抄斩不可。

阴皇后所说的“出头”，是指汉和帝刘肇死后。阴皇后觉得，汉和帝刘肇死了，邓绥也就没有机会取代她的皇后位了。到了那时候，她就是皇太后，她不仅要把邓绥置于死地，还要将她的族人全都杀了。

阴皇后没想到隔墙有耳。

邓绥的人缘很好，虽然阴皇后是私底下说的，可还是传到了邓绥那里。

邓绥既伤心又害怕，她想到了死。邓绥对身边的人说，我一心对待皇后，没想到皇后却想灭我族亲，如今皇上病重，为了报答皇恩，也为了族亲不因我而被灭，更为了最后我不被皇后“人彘”，我还是自尽算了。

邓绥流着泪要自杀，被身边的人及时制止住了。

阴皇后如此对她，邓绥完全有机会向汉和帝刘肇告阴皇后的状，因为她曾几次去探望汉和帝刘肇。不过，几次探望，她都既没有说阴皇后威胁她的事，更没有说她自杀的事。

一段时间后，汉和帝刘肇的病好了。

邓绥没有和汉和帝刘肇说，但有人说了。汉和帝刘肇听后，既惊又怒，他要废阴氏，立邓绥。

阴皇后知道后，也就更恨邓绥了，她觉得这都是邓绥的阴谋，是邓绥故意自杀，又故意让汉和帝刘肇知道，目的就是为了取代自己，坐上皇后位。

本宫绝对不会让你得逞！阴皇后想。阴皇后决定用巫蛊之术来诅咒邓绥。虽然她知道，施巫蛊之术是重罪，但嫉恨让她什么都顾不上了。

阴皇后虽然在悄悄施巫蛊之术，但她平时骄横跋扈，得罪了很多人。因而，还是被身边的人举报了。

汉和帝刘肇震怒，“以为祠察祝诅，大逆无道”为由，要废阴皇后的皇后位。

邓绥知道后，向汉和帝刘肇给阴皇后求情。

汉和帝刘肇不解，问邓绥，她诅咒你，你为什么还要替她求情？

邓绥说，皇后是失去了理智才施巫蛊之术的，而她的失去理智，又跟臣妾有关。如果皇后因为此事被废，那么也就是因臣妾而被废，臣妾心里实在过意不去。

对于此事，《后汉书》上是这么记载的：“阴皇后巫蛊事废，后请救不能得。”

汉和帝刘肇最终还是废了阴皇后的皇后位后，公元102年，废后阴氏抑郁而死。

虽然邓绥为阴皇后求情，汉和帝刘肇没有答应，但邓绥为阴皇后求情的做法，再次打动了汉和帝刘肇。

汉和帝刘肇觉得邓绥不计前嫌、宽宏大量。而这事在被朝臣知道后，邓绥在宫里的声誉也就更好了，成了皇后的不二人选。

“朕以为邓贵人德冠后宫，贤称天下，最为合适。”汉和帝刘肇说。

汉和帝刘肇要立邓绥为后，但邓绥上疏辞让，她说，她“德薄”，不足以被立后。

邓绥不仅辞让皇后位，在汉和帝刘肇要召她侍寝时，也以身体不适为由拒绝。邓绥这么做，不是不想坐皇后位，是她不想让人认为她一直都在觊觎皇后的位子。

邓绥是在以退为进。

皇后位是邓绥想要得到的东西，不过，这个得到，她要在赢得更多更好的名声时得到。邓绥的目的达到了，不仅汉和帝刘肇，就是朝臣，也觉得这个皇后位非她莫属。

公元102年冬天，邓绥在朝野上下，宫内宫外的一片叫好声中，坐上了皇后位。

立邓绥为皇后，汉和帝刘肇在诏书中是这么说的："朕以为邓贵人德冠后宫，贤称天下，最为合适。"

这是邓绥的"狡猾"，也是邓绥的智慧。当然，这样的智慧，单靠她的经历、学识和见解，是做不到的。因为邓绥当时只有22岁。

22岁的邓绥，能够以不争的姿态，得到了别人拼命去争抢的东西，全是因为她有一位好老师。

这位好老师就是班昭。是班昭一直在私底下教邓绥，教她步步为营，用"母仪天下"之风来要求自己，并最终坐上了皇后位。

第二章　邓绥的高参班昭

4

班昭是扶风安陵（今陕西咸阳）人，对于她的出生时间，历史上只记载了个大概，大约出生于公元45年，比邓绥大37岁左右。

班昭出生于官宦世家，史学世家，她的父亲和两位兄长在历史上都很有名。

班昭的父亲叫班彪，著名的历史学家，曾官至县令；班昭的一位兄长叫班固，著名的史学家，《汉书》的作者，曾官至中护军；班昭的另一位兄长叫班超，也是史学家，最后投笔从戎，官至长水校尉。

班昭自小就受到父亲和两位兄长的影响，博览群书，才华横溢。

14岁时，班昭嫁给了同乡曹世叔。对于曹世叔，历史上也没有过多介绍，只说他早早去世了。虽然曹世叔去世早，但他和班昭有两个儿子，一个叫曹成，另一个叫曹俗。

公元92年，奉旨编修《汉书》的班固因病去世，由于《汉书》还未完成，汉和帝刘肇便下诏，让班昭续写。

奉旨撰写史学书籍，一直都是由班家来完成的。

班固编修《汉书》，是在父亲班彪去世后。当时，他也是为了续写父亲班彪的《史记后传》才写《汉书》的。刚开始，《汉书》由班固和班超兄弟俩一起撰写。之后，班超投笔从戎，《汉书》也便交由班固一个人来完成。

班固去世后，班家也只有班昭能写了。

班昭进宫后，先是在观藏书阁帮哥哥班固编修《汉书》，后因汉和帝刘肇欣赏她的才华，请她入宫教后妃诵诗学史。

班昭在教后宫妃嫔诵诗学史时，被妃嫔们亲热地叫曹大家（“家”，同“姑”）。

之所以叫班昭曹大家，是因为她的丈夫姓曹。

公元95年，邓绥进宫，也跟着班昭诵诗学史。而在班昭所教的后妃里，学得最用心、最快的，就是当时还只是贵人的邓绥。

邓绥进宫后，因为汉和帝刘肇的宠爱，招来了后宫一些妃嫔的嫉恨。那时候的邓绥只有16岁。一个16岁的女孩，即便再聪慧，也难以应对后宫的争斗。邓绥不知如何是好，整日愁眉不展。

班昭那时候已经50多岁了，身为后宫妃嫔们的老师，妃嫔间的争斗，她全部看在眼里。

以史为鉴，可知兴替。这个“兴替”虽然是指朝代的兴衰更替，但同样也能用在后宫女人间的争斗中。班昭熟读史书，也正编修《汉书》，所以不仅知道邓绥的烦恼，还知道如何在后宫争斗中，保全自己，甚至不动声色地取得胜利。

班昭喜欢邓绥这个聪明的弟子，也觉得邓绥德行俱佳，想要帮她。于是，有一天，班昭问邓绥，你为何总是闷闷不乐。

邓绥对班昭一直很尊敬，也很信任，也就说了。

曹大家！弟子要怎么做，才能让她们不再嫉恨？邓绥最后问。

班昭笑了，她说，如今你正受宠，免不了会招人妒忌，这很正常。不过，为了不让别人因妒恨你而视你为敌，你就要越是受宠，越放低自己，绝对不能恃宠而骄，不然，你如今的受宠，之后会害了你。

邓绥听后，先是频频点头，接着又说，在其他后妃面前，她一直都在低调行事，也在和她们缓和关系，可阴皇后对她的仇视，让她不知如何是好。

阴皇后和邓绥，其实原本也是亲戚。阴皇后是汉世祖刘秀的皇后——阴丽华的兄长阴识的曾孙女，而邓绥的母亲又是阴丽华堂兄的女儿。

本是亲戚，如今却要像个仇敌似的，邓绥的心里很难受。

班昭告诉她，面对阴皇后，她一定要“恭肃小心”。

皇后越是仇视你，你就要越恭敬她！班昭说。

邓绥不解，班昭又说，皇后是后宫之主，既然你知道她仇视你，你就要避其锋芒，只有这样，才能让她找不到把柄对付你。

那要如何避其锋芒呢？邓绥又问。

班昭说，和皇后同时面见皇上时，你要尽量侧身而坐；与皇后同路时，你要微躬身躯；皇后说话前，你绝对不能插嘴；一旦发现自己的服饰和皇后相近，你就要尽快换掉……

记住，一定不要抢她的风头！班昭最后说。

邓绥听完，顿时茅塞顿开。

那我要如何对待下人呢？邓绥又问。

班昭说，面对身边的下人，你不仅不能盛气凌人，还要常常对他们施以恩惠。因为这些人，你处理得好了，他们会在关键时刻帮助你；你处理得不好，他们就有可能成为你前进路上的绊脚石。

5

邓绥天资聪慧，领悟力很强，在班昭的精心指点下，在后宫，以及朝臣那里都得到了好人缘。而邓绥的隐忍，也让汉和帝刘肇对她产生了怜惜之情，对她越发宠爱。

汉和帝刘肇曾当着朝臣的面感慨，人们苦苦寻求的德修，就是邓贵人这个样子啊！

对此，《后汉书》是这样说的："修德之劳，乃如是乎！"

阴皇后的嫉妒心很强，不愿意汉和帝刘肇宠幸别的妃嫔，一旦发现汉和帝刘肇宠幸了哪个妃嫔，她就会找各种借口，收拾被宠幸的妃嫔。而汉和帝刘肇的子嗣本来就少，阴皇后的做法不仅引起了汉和帝刘肇的反感，也让朝臣不满，觉得她缺少一国之母的宽厚和大度。

班昭看出了这一切，对邓绥说，如今皇后的德行，撑不起后宫之主的身份，皇后德不配位，迟早会出事。

邓绥很聪明，马上明白了班昭的意思。

班昭是在告诉邓绥，她有机会去争那皇后位。

邓绥说，虽然她也想当后宫之主，但她又不愿意不择手段地去争、去抢。班昭告诉她，坐后宫之主位，并非一定要不择手段地去争、去抢。

那要怎么做才好呢？邓绥又问。

等！班昭说。

如何等？邓绥又问。

做好你自己，然后静静等待！班昭说。

曹大家能否说得更详细一些？邓绥还是不解。

班昭说，面对皇后的骄纵任性，你只需用你的"隐忍""示弱"和"谦恭"来应对就行了！

班昭下面的话还没有说完，邓绥就已经明白了。

班昭的意思是，当邓绥用"隐忍""示弱"和"谦恭"来应对阴皇后的蛮横霸道时，众人就会不自觉地为邓绥叫屈，然后站在她的这一边。

邓绥这么一做，果然不仅笼络了人心，还孤立了阴皇后。

想要成为什么，就要用“想要成为的人”的标准来要求自己。这是班昭对邓绥说过的话。既然想要成为一国之母，那你就必须用一国之母的要求来要求自己，一切以天下为重，以皇上为重。

于是，邓绥以汉和帝刘肇的子嗣太少为由，积极为汉和帝刘肇推选才人侍寝。

一个是整日只知道吃醋争宠，没有母仪天下之范的阴皇后；另一个是识大体、顾大局，一切以皇上为重，以天下为重的邓贵人。面对这样的两个女人，汉和帝刘肇自然也就更加倾向于邓绥了。而邓绥越受宠，阴皇后也就越发狂。

阴皇后对邓绥的恨意，让邓绥感到了害怕。她问班昭如何应对。

班昭说，你只需用平常心对待就行了，你越淡定，皇后就会越不安。

恐惧会让一个人失去理智，而一旦失去理智，就会冲动，冲动之下，必做蠢事。

班昭是让邓绥等阴皇后做蠢事。

邓绥越淡定，阴皇后就越恐慌。怕自己皇后位不保，也便失去理智，冲动之下施了巫蛊之术来诅咒邓绥。最终，阴皇后将她的皇后位，拱手让给了邓绥。

邓绥坐上皇后位后，首先感谢的就是班昭。

邓绥说，她做皇后，并非只是为了满足权欲，也不是为了享尽荣华富贵，她想要做个能让千秋万代传颂的好皇后。

班昭说，她知道，还说邓绥一定能做个好皇后。

邓绥请教班昭，问她如何才能被千秋万代传颂。

班昭说，以史为鉴。接着，班昭又给邓绥讲了历史上一些贤后的故事。在班昭的指点下，邓绥开始“修身进德”。

当然，此时的邓绥，已经成为一国之母。既是一国之母，便不能只是一味地“善解人意”，更不能一味地顺从汉和帝刘肇了。

邓绥开始经常性地、有策略地对汉和帝刘肇进行劝谏。

汉和帝刘肇喜欢奇珍异宝，朝臣及地方官员为了讨他欢心，不断向皇宫进贡珍奇玩物。邓绥劝汉和帝刘肇，这样会滋生阿谀奉承的奸佞之人，还说，奸佞之人不务政事，只知阿谀奉承，看似是对皇上的忠诚，实则是在害他。

汉和帝刘肇一听，觉得有道理，也就规定，一律禁止送宝物。

面对汉和帝刘肇要对邓氏家族加封官爵，邓绥也是坚决反对。她说，西汉就是因为外戚的权力过大才导致国家灭亡的。

邓绥的这些做法，让朝臣给她送了一个“完美皇后”的称号。

第三章　邓绥和班昭兴盛东汉

6

公元106年2月，27岁的汉和帝刘肇驾崩，继位的是出生才三个多月的刘隆，为汉殇帝。邓绥被尊为皇太后，临朝称制。

和西汉王政君临朝称制不同，邓绥临朝称制是迫不得已，当时，汉殇帝刘隆年龄尚幼。

让三个多月的刘隆继位，也是迫不得已。因为邓绥虽然是“完美皇后”，但却没有生育。

汉和帝刘肇只有两个儿子，长子刘胜和次子刘隆。刘胜未能继位，是因为有痼疾。历史上对于刘胜的生母是谁，没有记载，而刘隆则是汉和帝刘肇和一宫女所生。

邓绥临朝称制时，只有25岁。

25岁的邓绥还未适应临朝称制的角色，仅仅做了一年皇帝的汉殇帝刘隆就因病去世了。邓绥不得不再选一位继任者，这位继位者就是清河孝王刘庆13岁的儿子刘祜。

刘祜继位，为汉安帝。邓绥再次以太后的身份临朝称制。

不过，邓绥临朝称制时，虽然实权在握，却没有像王政君一样，一味给娘家人封官。不仅如此，执政期间，她还经常亲临各地，和最底层的人交流。

临朝称制的太后，能够亲临各地视察的，历史上邓绥是第一人。

邓绥的亲临各地，不是走过场。在各地视察期间，邓绥曾查出了很多冤假错案，而每次从各地视察回来，邓绥都要根据视察情况，做一些政策上的调整，比如开源节流、减轻赋税、发展农业，等等。

邓绥治理起国家来，越来越熟练，也越来越游刃有余，而这，又全得益于她有班昭这个高参的指点。

邓绥年轻，没有多少政治经验，但班昭却有着丰富的政治智慧。

邓绥在从皇后变为皇太后，临朝称制后，班昭也就顺理成章地从皇后邓绥的爱情顾问、两性专家，变成了太后邓绥的政治幕僚。

班昭经常协助邓绥处理政务，治理国家，对此，《汉书》上是这样记载的："及邓太后临朝，（班昭）与闻政事。以出入之勤，特封子成关内侯，官至齐相。"

也就是说，班昭经常出入宫中，是邓绥的高参这件事，众臣皆知。

有了高参班昭，太后邓绥也便从其他朝代，以及西汉的灭亡里总结出了经验教训，她严防外戚专权。

邓绥对娘家人非常苛刻，曾特意下诏给老家的河南尹、南阳太守，让他们如果发现有外戚邓氏胡作非为，甚至干扰公务，就要严格处理，绝对不能宽容枉法。甚至还说，如果发现地方官员对外戚邓氏家族的人网开一面，就要拿他们是问。而在所有外戚邓氏家族里，邓绥对哥哥——车骑将军邓骘最为严厉。

邓绥曾对地方官员们说，她的哥哥邓骘姻亲多，有时候，虽然他没有犯错，但却难保他的其他亲属不违法乱纪。因而，对于那些以他哥哥邓骘的名义，违法乱纪的，一定要严惩。

车骑将军邓骘知道妹妹邓绥的性格，也一直严格要求自己和身边人。

有一次，邓骘的儿子邓凤收受了别人的贿赂，邓骘知道后大怒，为了惩罚他们，他还剃光了妻儿的头发，向天下谢罪。

即便如此，邓绥还是不放心，为了让皇室及外戚不要招祸。公元119年，邓绥下令给皇室子孙及外戚邓氏家族办学，要求凡是五岁以上的孩子都要参加，目的是用文德教化子孙，以便约束他们的行为，让他们不做违法乱纪之事。

当时，参加学习的人数达到了70多人。

邓绥的做法取得了很好的效果，在她执政的16年间，邓氏家族个个奉公守法，没有一个人干过贪赃枉法的事，而这种情况，在整个历史上都是少见的。

7

东汉时期，天灾不断。邓绥临朝称制后，在班昭这位高参的协助下，开始实施俭政。

俭政是从宫里开始的，邓绥不仅对于宫里消耗的衣物、膳食和玩物严加管控，还削减各地征调贡品，遣散部分年长宫女，让她们出宫和亲人团聚。同时，她还缩减皇陵建筑成本，减少徭役。

不仅如此，遇到旱涝灾害时，邓绥不仅下令开仓赈民，还裁减宫廷用度。裁减宫廷用度，邓绥并非只针对别人，她率先执行。

上行下效，百官见太后都这么做了，也都缩减开支，并将节省下来的粮食、衣物，全都拿出来救济灾民。

灾荒结束，邓绥又下令各地官员督促耕种。

在邓绥的这些政治措施下，东汉因严重的自然灾害而导致的经济萧条，很快就得到了复苏。

在对外上，邓绥也实施了通使西域、讨伐匈奴、平定羌人暴动，安定并州、凉州等等的举措。邓绥的这些举措，使西线多年无战事。

邓绥在平定羌人暴动上，尤其做得出色。

面对羌人暴动，为了国土的完整，邓绥一边派兵镇压，一边采取赦免战俘、安抚及和谈的方式，使暴动得以平息，也正因如此，才让她成为了历史上屈指可数的女政治家。

公元117年，班昭去世，享年70多岁。

班昭的去世，让邓绥失去一位好老师、好高参。得知班昭去世，邓绥悲痛不已，她不仅素服举哀，还专门派使者处理班昭后事，对其进行隆重安葬。

没有了班昭这位高参在身边，邓绥处理起政事来，不再游刃有余。

公元120年，东汉在邓绥的执政下，虽然日益昌盛，但她毕竟是太后，汉安帝刘祜才是皇上。而随着汉安帝刘祜的一天天长大，朝臣对权力还在太后那里，有了不满。

郎中杜根上奏邓绥，称汉安帝刘祜已经26岁，成年了，能够独立处理政务了，意思很明显，让太后邓绥交权。

邓绥看到郎中杜根的这封奏书后，很是生气。邓绥想，为了这个国家，她付出了很多。而这个国家，也在她的执政下，蒸蒸日上。可为什么还会有臣子写出这样一封奏书来呢？难道他们觉得她不交权，是贪恋权力吗？

邓绥觉得很委屈。邓绥不交权，更多是因为不放心汉安帝刘祜处理政事。

曹大家！本宫要怎么做才好？邓绥喃喃着，她禁不住想起了班昭。她想，如果班昭在，一定能给她出一个万全之策。

邓绥为难，是她觉得马上放权给汉安帝刘祜，不仅她不放心他执政，也落实了她揽权在身不交权的实事；可不放权给汉安帝刘祜，肯定又会有更多的朝臣上奏。

邓绥是个想要流芳百世的人，她不愿意她的好名声，在这个时候被毁。

就在邓绥焦躁不安，不知如何是好的时候，邓绥身边的人说，郎中杜根写这样一个奏章，是不把太后放在眼里，还说，如果不严惩他，一定会有更多的人来效仿。

一听这话，邓绥也就更急了。她觉得，在她还没有想好怎么办之前，一定要阻止再有人呈上这样的奏章，而若要阻止再有人上奏，就要杀鸡骇猴。于是，邓绥命人将郎中杜根抓了起来，装进麻袋打死。

郎中杜根在朝臣中很有威望，执行此次任务的官员因为不忍心把他打死，就只把他打晕。邓绥虽然派人检查过，但郎中杜根还是用假死逃过了一劫。

此后，杜根隐姓埋名，直到邓绥去世才重新入朝为官。

一向宽仁大度的邓绥，因为杜根这事，在历史上留下了一个小污点。

没有了班昭这个高参，邓绥既寂寞，又孤独。公元121年，临朝称制16年的邓绥去世，终年41岁，与汉和帝刘肇合葬在了慎陵（河南偃师寇店镇白草坡）。

邓绥去世后，那些曾被她处罚过的人开始诬告她的兄弟。而汉安帝刘祜早就对邓绥不放权给他不满，借机清洗邓氏族人。

邓绥的兄长、堂弟、侄子，甚至族人，不是被逼自杀就是被流放，无一幸免。

从汉安帝刘祜之后的执政能力来看，邓绥一直没有交权给他，对整个东汉来说是个好事。不然，东汉未必会有十六年的繁荣昌盛。

8

15岁入宫，16岁被封为贵人；22岁取代原有皇后成为皇后；25岁临朝称制。执政期间，虽然天灾不断，但经济开始复苏，社会稳定，百姓安居乐业；临朝称制16年，外戚宦官不足为祸……

历史上摄政的太后，大多评价都不好，不过邓绥却是个例外。她不仅在做皇后时，被人称为“完美皇后”，就是临朝称制，也使“朝野颇安宁”“国家兴盛”。

当然，邓绥并非没有负面评价。有人说她专政，说她为了永久执掌政权，铲除异己，等等。

不过，即便如此，也正如著名的历史小说家蔡东藩所言，她“瑕不掩瑜”，因为，她是一位“兴灭国，继绝世”（兴即亡之国，续即灭绝之后代）的女政治家。

做皇后时谦逊低调，宽厚仁和；做太后临朝称制时铿锵有力，绝不拖泥带水。

邓绥的一生，不可谓不成功。

不过，虽然临朝称制16年的是邓绥，可令东汉兴盛的，却又不仅仅只是邓绥的功劳，还有高参班昭的功劳。

邓绥的成功，和她该阴柔时阴柔，该强硬时强硬，进退有致不无关系。而邓绥的这种进退有致，又体现了班昭的思想。

班昭曾写了一篇有名的《女诫》。

班昭在这篇文章里说“阴阳殊性，男女异行。阳以刚为德，阴以柔为用，男以强为贵，女以弱为美”“夫妇之道，参配阴阳，通达神明，信天地之弘义，人伦之大节也”。

《女诫》倡导男女有别，称女子以阴柔为美，以恭顺谦让为德。

不过，《女诫》一书也引起了争议，而争议的焦点是里面的一些男权思想：“夫不御妇，则威仪废缺；妇不事夫，则义理堕阙。”

意思是，丈夫不管着妻子，威仪就没有了；妻子不伺候丈夫，义理就毁坏了，等等。这些带着“男权思想”的词句，让很多人觉得《女诫》是封建礼教的精神枷锁。

放在如今，这些思想确实不符合社会的发展。不过，评价一个人，需要把她放在她当时所处的社会环境中去看。

班昭所处的社会，就是个男权社会，班昭即便不这么写，也改变不了女人是男人“附属”的事实。

不过，从班昭帮助邓绥由一个贵人到皇后、太后、东汉掌权人，以及有名的女性政治家的身份转变来看，她不仅不是在教女人附属男人，而且还是在告诉女人，男人能做的事，女人同样能做，甚至还可能做得更好。

毕竟，邓绥能成长为一个有名的女性政治家，是在“实践”了《女诫》里的屈从、隐忍、卑弱等等后，一步步登上皇后位，乃至成为当权者的。从这一点来说，班昭写《女诫》的初衷，又何尝不是为了让女人在那个时代背景下，活出不弱于男人的人生呢？

邓绥确实活出了不弱于男人的人生。

邓绥治理国家的能力，丝毫不逊色于任何一位伟大的男性帝王。虽然，她也专权，也曾为了永久执掌政权，铲除异己，可她令国家国富民强，让东汉傲视天下的事实，又是谁也无法否认的。

当然，没有高参班昭，东汉历史上也未必会有邓绥这位“兴灭国”的女性政治家。因此，历史上也称班昭为女性政治家。

班昭的才华，不仅展现在政治智慧上，也展现在史学和文学上。她在史学上的成就，可以和哥哥——著名的史学家班固相比拟，这从她续写《汉书》就能看出，而她在文学上的才华，又能在她的《东征赋》里展露无遗。

然而，虽然邓绥和班昭两位女政治家曾让东汉兴盛，可最后导致东汉没落的，还是一位女人，而这位女人，就是汉和帝刘肇的母亲——梁贵人（后追封为恭怀皇后）的侄子的女儿……

19

梁妠三世临朝　使东汉帝国没落

梁妠的一生只有短短的45年，却犹如一曲咏叹调，袅袅余音未了，东汉帝国在她的手里，一点点倾覆，最终濒临崩溃边缘。

梁妠的一生，对她来说很短暂，可对东汉来说，太漫长了。因为，自她坐上皇后位的那一天起，外戚梁氏家族便在她的保护伞下，像蝼蚁一般，蚕食着东汉，让东汉一步步走向衰亡……

第一章　抓阄抓来的皇后梁妠

1

梁妠被选进宫时，只有13岁。

梁妠是安定乌氏人，属皇亲国戚，父亲是大将军梁商。梁商是汉和帝刘肇的亲生母亲梁氏的侄子。

梁氏当年是以汉章帝刘炟的贵人的身份，生下了刘肇的。由于皇后窦氏没有生子，怕遭到她的嫉恨和报复，梁氏就主动将儿子刘肇交由窦皇后抚养。

不过，在刘肇被立为太子后，窦皇后怕刘肇坐上皇位后，对生母梁氏太好，便又诬陷梁氏，逼梁氏自杀，梁氏家族自此沉寂。

刘肇的生母梁氏，用她的死，为儿子铺就了一条登上皇位的路。

刘肇坐上皇位，成为汉和帝后，梁氏家族重新被封官加爵。然而，汉和帝刘肇死后，梁氏的侄子，梁国安（梁商的弟弟）又因为犯罪而被罢官。

梁国安的犯罪，殃及整个梁氏家族，梁氏子弟此后再无一人是朝廷重臣。

梁氏家族的沉沉浮浮，让他们迫切希望有个人能改变家族命运。最后，改变梁氏家族命运的任务，交到了梁妠和她的姑姑头上。

梁氏家族希望梁妠和她的姑姑能被选进宫，获得皇上宠幸，然后将梁氏家族一步步地重新带入权力中心。

公元118年，汉安帝刘祜在位期间，按后妃选取制度，朝廷派中大夫与掖庭臣和相术师到洛阳及临乡巡视。

凡是出身名门贵族，13岁以上，20岁以下，相貌满足选妃嫔标准的女孩，一旦被选中，就要被带进宫。

出生于公元106年的梁妠，正好13岁，且相貌端庄，就这么被选进了宫。同时被选进宫的，还有她的姑姑。

梁妠的姑姑叫什么名字，历史上并没有记载，不过从她们同时被选进宫来看，年龄相差应该不大。

梁妠和姑姑进宫是带着使命去的，她们要光大梁氏家族的门庭。

梁妠自小就聪明伶俐，不仅精通女红，而且识字断文，9岁便能背诵《论语》，相比同龄人，她成熟很多。10岁时，梁妠便知反省自己，并在自己的床头，挂上一幅《列女图》来自我劝诫。

公元125年11月，汉安帝刘祜的独子刘保继位，为汉顺帝，梁妠和姑姑被封为贵人。

由于梁妠和姑姑都姓梁，且又都被封为了贵人，为了区别她们，宫里的人将梁妠的姑姑称为“梁贵人”，将梁妠称为“小梁贵人”。而在这两位梁贵人里，小梁贵人梁妠的面容姣好。

相术师在看到梁妠时，曾惊叹道，看你的面相，乃所谓日角偃月，实是贵极之相，我给官家择选的人多了，还从未见过像您这样的贵相。当时，听相术师这么说，梁妠和姑姑都很高兴。

对于这两位梁贵人，汉顺帝刘保都很喜欢，尤其喜欢小梁贵人梁妠。

汉顺帝刘保出生于公元115年，比梁妠小9岁，是汉安帝刘祜和宫女李氏所生。

汉安帝刘祜的皇后阎氏没有儿子，怕皇后位不保，也怕汉安帝刘祜死后，自己的太后位不保，便联合外戚阎氏家族，毒死了刘保的亲生母亲李氏。

刘保是汉安帝刘祜唯一的儿子，刘保6岁那年，被立为了太子。

公元125年4月，汉安帝刘祜到章陵祭祀时，途经叶县突发疾病去世。

汉安帝刘祜去世时，太子刘保正好在宫里，而跟随汉安帝刘祜一起去章陵祭祀的是皇后阎氏的哥哥阎显。

汉安帝刘祜的突然去世，让阎显慌了神。阎显想，如果马上通报汉安帝刘祜去世的消息，宫里的朝臣肯定会拥太子刘保继位。而太子刘保的母亲又是皇后阎氏和他们阎氏家族害死的，一旦刘保继位，阎氏家族很可能会被灭门。

阎显越想越害怕，便和同党商量，暂时隐瞒汉安帝刘祜死的事实，假装他还活着，等回宫再说。

回到宫里后，阎显和阎皇后通报汉安帝刘祜去世消息的同时，废太子刘保为济阴王。

废太子刘保是为了立个傀儡皇帝，以便有利于他们阎氏家族执政。为了达到这个目的，阎皇后及外戚阎氏家族还不让刘保参加父亲汉安帝刘祜的丧礼。

阎皇后和阎显最后立了汉章帝刘炟的孙子，济北惠王刘寿之子——幼儿刘懿为帝，史称东汉前少帝，尊阎氏为皇太后。阎太后临朝称制。

对于刘懿被立为皇帝时，具体多大年龄，历史上并没有记载。不过，刘懿就是个傀儡，真正执掌政权的是阎太后和哥哥阎显。

阎太后及阎氏家族的做法，激起了朝臣的反对。为了除掉异己，阎氏家族找种种借口，杀那些不与他们为伍的臣子、宦官。整个朝廷乌烟瘴气。

公元125年11月，仅仅当了7个月的傀儡皇帝刘懿死了。

汉少帝刘懿死得很突然，阎太后及阎氏家族手忙脚乱地商量对策。他们决定，像对待汉安帝刘祜的去世一样，先秘而不发，然后等找到合适的继承人再说。

所谓合适继承人，就是有利于阎太后和阎氏家族继续当政的继承人。可这样的继承人并不好找。

阎太后及阎氏家族在为寻找合适继承人而抓耳挠腮时，刘懿去世的消息就被孙程、王康等宦官知道了。

几位宦官早就对外戚阎氏专权不满了。于是，他们联合其他十几名宦官发动了政变。

公元125年11月4日，孙程、王康等19名宦官先是合力斩杀了外戚阎氏家族的亲信江京，然后拥立济阴王刘保为帝，为汉顺帝。最后，他们还斩杀了阎显及阎氏家族的其他人，赶阎太后出宫。

当时，汉顺帝刘保只有11岁。

汉顺帝刘保自小就失去了母亲，既缺少母爱，又在一个又一个的惊吓中长大，所以性格胆小又懦弱。因为皇位是宦官们为他争取来的，所以汉顺帝刘保不管做什么，都要受制于他们，因而他过得既压抑，又没有安全感。

2

梁妠比汉顺帝刘保大9岁，且知书达理。缺少安全感的汉顺帝刘保，就依赖上了梁妠，时常召她侍寝。

梁妠进宫，为的就是获得皇上专宠，然后将梁氏家族的人一个个地带进权力中心，可当她获得了汉顺帝刘保的专宠，她却害怕了。

梁妠害怕，是因为汉顺帝刘保毕竟只是一个个性懦弱的11岁少年，且汉顺帝刘保的皇位还不稳。

后宫是个金枝欲孽的地方，争斗很残酷，梁妠知道。她想，一旦她成为众矢之的，她将死得很难看。于是，梁妠对汉顺帝刘保说，皇上应该对妃嫔雨露均沾，不能只专宠臣妾一个，如果只专宠臣妾一个，臣妾很可能遭到大家的排斥和诽谤。

对此，历史上是这样记载的，每次汉顺帝刘保宠幸梁妠，梁妠都会说："阳以博施为德，阴以不专为义，螽斯则百，福之所由兴也。愿陛下思云雨之均泽，识贯鱼之次序，使小妾得免罪谤之累。"

梁妠有这种顾虑，是因为梁氏家族沉寂那么多年，刚有翻身的迹象，她不想因为自己被后宫妃嫔们嫉恨，导致光大梁氏家族命运的计划失败。

梁妠的话，汉顺帝刘保听进去了，对梁妠也多了一份敬重之情。

汉顺帝刘保还未立皇后，他想立梁妠，但朝臣们却希望他能立个生下皇子的。梁妠很着急，因为她虽然经常被汉顺帝刘保召去侍寝，却一直未能怀孕。

汉顺帝刘保性格懦弱，优柔寡断，对于立谁为后，始终做不了决定，也就一直让皇后位空着。朝臣们急了，他们不断上奏催促：跪求皇上册立皇后，以便母仪天下。

公元132年，忍受不了朝臣们的一再催促，又不知立谁为后，汉顺帝刘保索性决定用抓阄的方式。

自己做不了主，就让上天来帮着做主。汉顺帝刘保这荒唐的诏书一下，朝廷一片哗然。朝臣们虽然觉得荒唐，却也不知道应该立谁，也就任由他荒唐下去。

汉顺帝刘保通过抓阄，抓到了"小梁贵人"梁妠，梁妠的兴奋，不言而喻。

这个结果，对汉顺帝刘保来说，是他想要的，对朝臣来说，也不是不能接受，甚至很多人觉得，也许这就是天意。因为那时候的梁妠，虽然未能生子，但在朝臣的眼里，善良仁爱谨慎，是有母仪天下之风的。

梁妠坐上皇后位后，刚开始，确实有着母仪天下之风。

梁妠自己没有孩子，但对其他妃嫔的孩子很好；每到灾荒之年，她会让人用车载着粮食到城外去赈济贫穷百姓；每当日食、月食这些在当时被称为不祥之兆的天相出现时，她还会身穿素服，检讨自己的所言所行。

然而，读过史书，也深知兴衰得失道理的梁妠，在面对外戚梁氏家族时，忘记了外戚权力过大会造成的危害。

梁妠只想着光大梁氏家族门庭。在通过抓阄，坐上皇后位后，梁妠曾和姑姑梁贵人抱头痛哭。

别忘了我们梁氏家族！梁贵人不断地提醒梁妠。

不会忘！怎么会忘呢？当初咱们进宫，不就是为了光大我们梁氏家族吗？梁妠说。

光大梁氏家族的门庭是梁妠进宫的目的，也是她的使命，为了这个使命，她不顾一切。因而，刚一坐上皇后位，梁妠就让汉顺帝刘保为他们梁氏家族封官。

于是，梁妠的父亲梁商被封为户邑，赐安车驷车；梁妠的长兄梁冀被升为了步兵校尉；梁妠的弟弟梁不疑被升为了河南尹……

梁氏家族的其他成员，一个不差地给加了官，进了爵。

汉顺帝刘保刚刚坐上皇位时，朝政大权基本掌握在宦官手里。梁妠坐上皇后位后，随着外戚梁氏权力的大增，整个朝廷也就成了外戚梁氏和宦官们的天下。

外戚梁氏家族的权力越来越大，有朝臣意识到了问题的严重，纷纷上疏汉顺帝刘保，提醒他，说可以给梁氏家族厚禄，但不能给实权，以免外戚专权。

朝臣的上疏，汉顺帝刘保置之不理，他任由朝政大事由梁氏家族和宦官把持。

公元134年，皇后梁妠的父亲梁商，不仅被封为了大将军，还总理朝政。幸好，大将军梁商为人谦和，知道体谅百姓疾苦。

公元141年，大将军梁商去世。

梁商还未下葬，汉顺帝刘保就下诏，让梁妠的哥哥梁冀继承梁商的大将军一职。

汉顺帝刘保这么做，是为了给失去父亲的皇后梁妠一个安慰。

梁冀的长相很奇特，耸起的两肩，犹如一对大大的翅膀；竖起的眼睛，犹如豺狼。对于梁冀的长相，历史上用了“鸢肩豺目”来形容。

梁冀不仅长相怪异，也没有多少学问，只略识小字。没文化也就罢了，梁冀还整日游手好闲，好酒贪杯。

梁冀最大的爱好是骑马斗鸡、带着鹰犬打猎。这样一个人，因为妹妹是皇后梁妠，他也就成了东汉的大将军。

第二章　梁妠和梁冀共理朝政

3

公元144年9月，汉顺帝刘保去世，终年30岁。

汉顺帝刘保直到去世时，梁妠也未能为他生下一男半女。

汉顺帝刘保只有一个儿子刘炳，是他和虞美人所生，汉顺帝刘保去世时，刘炳只有2岁。

2岁的刘炳继承了皇位，为汉冲帝，梁妠被尊为太后。

刘炳的继位，让梁氏家族喜不自禁。他们没有想到，走了一个胆小懦弱的汉顺帝刘保，来了一个更弱小的幼儿皇帝。更让他们高兴的是，刘炳的母亲——虞美人的性格温和，宫里没有什么势力。

这天下就是咱们梁家的了！梁冀高兴地对梁妠说。

梁妠也很高兴。刘炳继位后，虽然他的母亲虞氏也被尊为了太后，但梁妠却以嫡母的身份，临朝称制。

这是梁妠的第一次临朝称制。大权在握后，梁妠做皇后时的谦和和谨慎，全都消失了。

梁妠还是皇后时，虽然汉顺帝刘保也听她的，但毕竟隔了一层。当上太后，临朝称制后，梁妠便觉得什么都能自己做主了。于是，她就也有了整个东汉都是他们梁家的想法了。

既然天下都是梁家的，就要由梁家人来执政。梁妠自知靠她一个人，没有能力应付朝政大事，但又不想用外人。于是，她召来哥哥梁冀，让他和自己共理朝政。

梁妠不是不知道哥哥梁冀是什么样的人，可能力再差，也是梁家人。

不懂怎么执政，那就任命学识渊博、为官清廉的朝廷重臣赵峻为太傅，李固为太尉。梁妠之所以会任用有名望、有能力的赵峻和李固，不是为了天下大众，而是为了梁家的东汉昌盛。因为对梁妠和梁冀来说，赵峻和李固，都是在为梁家效力。

公元145年，仅仅只做了4个多月皇帝的汉冲帝刘炳死了。

汉顺帝刘保唯一的儿子死了，又要立谁为帝呢？

必须立能够保证梁氏家族继续把持朝政的人为皇帝。这是太后梁妠和大将军梁冀的要求。

经过一番商议，他们决定扶渤海王刘鸿的儿子刘缵为帝。

刘缵是汉章帝刘炟的玄孙，只有8岁。

一个8岁的孩子，肯定比成年人好控制。因而，只要立刘缵，梁冀也就能继续和妹妹梁妠执掌政权了。梁氏兄妹的想法，太尉李固和太傅赵峻很清楚。

李固和赵峻在汉冲帝刘炳重病期间，就曾想过拥谁为帝，并一致认为，清河恭王刘蒜最合适。

刘蒜也是汉章帝刘炟的玄孙，他的父亲是清河恭王刘延平。

李固和赵峻早就对外戚梁氏专权不满，他们推荐刘蒜，除了刘蒜严谨持重，举止有度外，还因为刘蒜已经年满20岁了。如果刘蒜继承皇位，就可以亲理朝政，外戚梁氏也就不能作威作福了。这是太尉李固和太傅赵峻的想法，也是大多数非外戚梁氏及其亲信的想法。

梁妠兄妹知道李固和赵峻推荐刘蒜的目的，非常生气。梁妠甚至觉得，这是李固和赵峻对她的背叛。

本宫任你李固为太尉，赵峻为太傅，难道就是为了让你们背叛本宫吗？梁妠想。

虽然生气，但鉴于这二位在朝臣中的影响，梁妠还是希望能够说服他们。

梁妠需要李固和赵峻这样的重臣支持，因而，她特意召他们过来，对他们进行开导。可太尉李固和太傅赵峻假装不明白她的意思，依然支持清河恭王刘蒜。

不知好歹的老东西！大将军梁冀不耐烦了。

既然他们不配合，那就不用管他们了。梁妠说。

公元145年，太后梁妠和大将军梁冀，不顾太尉李固等人的反对，执意立刘缵为帝，为汉质帝，太后梁妠继续临朝称制。

这是梁妠的第二次临朝称制。梁冀依然为大将军，和梁妠共同理政。

经过了立帝事件，梁妠对太尉李固等人不再信任，而在疏远他们的同时，她也就更加依赖哥哥梁冀了，她想，只有梁家人才会为梁氏家族考虑，才会真心为梁氏家族的东汉效力。

此时的梁妠，完全将东汉王朝，当成了梁氏家族的私有财产。所有有利于梁氏家族的，她都认可，所有不利于梁氏家族，她都否决。

东汉王朝，在梁氏家族的手里，慢慢走向没落。

福不双至，祸不单行。国内形势严峻，国外形势更是如此。汉顺帝刘保时期，此起彼伏的暴动，在梁家兄妹执政时期，有增无减。同时，西北的羌人、北方的鲜卑及“日南蛮夷”等边境少数民族也伺机而动，攻城暴掠。

连年的战争让国库空虚，日益衰竭的政府只得巧立名目，压榨百姓。这，导致了成千上万的百姓背井离乡，四处流亡。

面对这种情况，朝廷本应该存恤安抚百姓，可大将军梁冀不仅没有这么做，还趁着灾年，大敛民脂民膏。

太尉李固等朝臣再也看不下去了，他们纷纷上疏给太后梁妠，希望她能约束一下哥哥梁冀。

梁妠面对朝臣的上疏，大发雷霆，觉得他们是在故意找事，是在和梁氏家族作对。

4

大将军梁冀肆意妄为，朝臣却连说都说不得。太后梁妠的纵容，让梁冀越发嚣张跋扈。

梁冀对百姓如此，在朝堂之上，面对朝臣，更是颐指气使，朝臣们个个敢怒不敢言。

梁冀的言行举止，看在了汉质帝刘缵的眼里。汉质帝刘缵虽然只有8岁，但却天资聪慧。有次，梁冀又在朝堂之上，对着朝臣盛气凌人。汉质帝刘缵突然指着梁冀，用稚嫩的语气说，你真跋扈啊！你是个跋扈将军！

汉质帝刘缵的话，令朝堂鸦雀无声。

朝臣和梁冀都没有想到，一个8岁的孩子会说这样的话，他们全都怔在那里。

朝臣们都在为汉质帝刘缵担心，梁冀也瞪着他的豺狼眼，看着小皇帝。

汉质帝刘缵似乎并不害怕，他也看着梁冀。

退朝！梁冀大喊一声。朝臣们忐忑不安地离开。梁冀继续瞪着汉质帝刘缵。小皇帝仍然没有丝毫畏惧，他同样瞪大眼睛，看着梁冀。

你刚刚当着朝臣的面，说我什么？梁冀厉声斥责道。

梁冀希望他的斥责能够吓倒小皇帝，可汉质帝刘缵不仅不怕，还不服气地大声说，朕说你太跋扈！

汉质帝刘缵早就看不惯梁冀了，只是他的母亲，无时无刻不在提醒他，要他听话，不要得罪梁冀。

梁冀举起手，想要抽打小皇帝。

汉质帝刘缵继续瞪着梁冀，并用更大的声音说，大胆梁冀，难道你还想打朕吗？

梁冀一激灵，举起的手放了下来，他看着小皇帝，感到了害怕。

那时候，梁冀深刻地意识到，他扶错人了，扶汉质帝刘缵上位的这步棋，是个臭棋。汉质帝刘缵8岁就敢和他对抗，一旦长大，首先针对的就是他，就是梁氏家族。

那天晚上，梁冀彻夜未眠。

小皇帝不能留！梁冀想。

不想悲剧发生，就必须要在小皇帝还未长大时，弄死他！梁冀决定毒死汉质帝刘缵。

梁冀想过去和妹妹梁妠商量，但最终没有去，他怕梁妠会阻止他。对他来说，毒死小皇帝是他必须要做，且刻不容缓的事，他不允许有任何不同意见，甚至他不希望有任何拖延。

最终，梁冀和几位和他走得近的宦官商量了一下。

梁冀虽然对朝臣很凶，但在对待宦官却很客气。他知道，为了控制朝政，他需要宦官们的配合。他不会忘记，汉顺帝刘保的皇位，就是19名宦官从外戚阎氏家族手里夺来的。

宦官的能力，不容小觑。

梁冀和几位宦官商量后，决定行动。梁冀先是收买了汉质帝刘缵身边的侍从，然后把毒药放在了给汉质帝刘缵喝的碗里，最后让侍从把有毒的汤端给汉质帝刘缵。

汉质帝刘缵没有怀疑，和平时一样，喝了下去，不久就药性发作，疼痛难忍。

汉质帝刘缵虽然年龄小，却也知道有可能被下了毒，而能被下毒，说明自己的身边有奸细，汉质帝刘缵无法信任这些人，他能信任的，只有太尉李固。于是，汉质帝刘缵忍着疼痛，派人去传太尉李固。

太尉李固赶来后，汉质帝刘缵对他说，朕腹痛难忍！朕想喝水！朕还能活！

李固急忙让人给汉质帝刘缵端水喝，但梁冀却走了过来，他对准备给汉质帝刘缵端水的人说，皇上不能喝水，会呕吐。

梁冀的话音刚落，汉质帝刘缵就去世了。

太尉李固悲伤不已，他伏在汉质帝刘缵的身上，一边大声痛哭，一边说要弹劾御医。

那时候的李固，已经知道小皇帝是梁冀害死的了。而梁冀也知道，太尉李固知道是他下的毒。

梁冀想，李固必须死！

第三章　梁妠兄妹令东汉衰亡

5

汉质帝刘缵去世后，太后梁妠和哥哥梁冀等人，再次商议立谁为傀儡皇帝。经过一番商议，他们决定立汉章帝刘炟的曾孙、蠡吾侯刘志为帝。

刘志是河间孝王刘开的孙子，蠡吾侯刘翼的儿子。刘翼去世后，刘志袭蠡吾侯。

刘志出生于公元132年，只有14岁。梁妠和梁冀之所以能选刘志，是因为他们把妹妹梁女莹许配给了刘志。

14岁的刘志还没有成年，刘志继位，太后梁妠就能继续临朝称制，而梁冀也就可以继续把持朝政。即便刘志长大了，刘志的身边还有妹妹梁女莹，也能控制。这样一来，东汉王朝依然是他们梁氏家族的。

这是梁妠和梁冀等梁氏家族人的如意算盘。

太尉李固等人对于梁家兄妹为何选择刘志，心知肚明。

梁妠以为，经过了上次立刘缵还是立刘蒜事件，李固等人应该变聪明了，不会再跟梁氏家族对着干了，可当她和哥哥梁冀向群臣说，要立刘志时，太尉李固等人坚决反对。

此次，除了太尉李固，还有司徒胡广、司空赵戒等人，他们都说，清河恭王刘蒜是最合适的继承人，德行兼备。

梁妠怒火中烧，觉得太尉李固等人是在故意和梁氏家族作对，和她作对。

立蠡吾侯刘志！

立清河恭王刘蒜！

双方争执不下，谁都说服不了谁。最后，梁妠说非立蠡吾侯刘志不可。

梁妠的话，让朝臣们明白，再争辩也没有用了。提议立清河恭王刘蒜的那一方，除了李固，全都不再说话。

即便只剩自己一个人，也要坚持，李固不愿意眼睁睁地看着东汉在外戚梁氏家族的手里灭亡。因而，他誓死不同意立蠡吾侯刘志。

把这个老东西杀了！梁冀对妹妹梁妠说，这老东西老是和我们作对，坏我们的好事！

不过，梁妠虽然对李固与他们作对很生气，却不同意杀李固。她对哥哥梁冀说，李固在朝臣中的威望很高，我们还是再给他一次机会吧！

他要是还和我们作对呢？梁冀问。

那就罢了他的官！梁妠说。

梁冀利用种种手段，对太尉李固威逼利诱，结果，太尉李固死都不退让。梁妠只好下诏，罢了李固的官。

梁妠罢李固的官，只是不想让李固挡他们的道，但梁冀却一定要李固死。最终，梁冀以李固散布妖言为由，先是将他关进监狱，然后处死了他。

公元146年，蠡吾侯刘志继位，为汉桓帝，太后梁妠继续临朝称制。

这也是梁妠的第三次临朝称制。

汉桓帝刘志这个傀儡皇帝，称帝第二年就不得不立了梁妠、梁冀的妹妹梁女莹为皇后。而梁女莹自被立为汉桓帝刘志的皇后，便开始专制内宫，她不仅生活奢靡，还不允许汉桓帝刘志和其他妃嫔在一起。

整个东汉王朝，梁妠和兄长梁冀控制朝政；妹妹梁女莹控制汉桓帝的宫闱生活。外戚梁氏家族的权势和地位，在太后梁妠的羽翼下，达到了顶峰。

两个妹妹，一个是太后，一个是皇后，梁冀也就更加专横凶暴，无所不为。

梁氏党羽无处不在。不过，越来越强大的，并不仅仅是外戚梁氏，还有借机扩大势力的宦官。

东汉朝廷的政治状况越来越糟。

大将军梁冀的贪赃枉法，卖官敛财，让百姓忍无可忍，他们开始反抗，农民起义军此起彼伏。梁妠慌了，在哥哥梁冀的鼓动下，她下诏镇压。

一味打压农民起义军，却从不分析为何会出现这种情况。朝臣们对太后梁妠，以及外戚梁氏家族，充满了怨恨。

6

公元150年，宦官和外戚梁氏家族的相互勾结，弄权专横，让东汉朝政腐败，阶级矛盾尖锐，百姓怨声载道，民不聊生。

面对内忧外患，一筹莫展的梁妠病了。病中的梁妠，意识到了大厦将倾。她知道，自己已经没有能力应付了。

梁妠虽然留恋权力，却也不得不将权力交还给汉桓帝刘志。

这一年，梁妠45岁。

梁妠交权，是不想让东汉灭在她的手里。不过，交权时，她知道哥哥梁冀作恶多端，更知道朝臣和百姓对梁冀的恨，于是特意交代汉桓帝刘志，让他多多关照梁冀。

汉桓帝刘志表面答应了，且答应得非常爽快。只是，那时候他已经在为铲除外戚梁氏做准备了。

梁妠交权当年便去世了，而自梁妠的去世，汉桓帝刘志就开始了他的夺权行动。不过，想夺大将军梁冀的权，并没有那么容易。汉桓帝刘志决定一步步来，他要一点点地除掉梁氏外戚家族。

梁桓帝刘志首先对付的是皇后梁女莹。他开始用疏远梁女莹、宠幸其他妃嫔的方式，故意气她、折磨她。

梁女莹嫉恨不已，开始向那些怀孕的妃嫔下手。

汉桓帝刘志刚开始没有管，任由她来，因为那时候，他对大将军梁冀还有所畏惧。不过，汉桓帝刘志却可以借此事而不再见她。

公元159年，处在嫉恨失落、孤独寂寞中的皇后梁女莹，郁郁而终。

没有了梁女莹的监视，汉桓帝刘志又开始了他的铲除大将军梁冀计划。汉桓帝刘志知道，梁氏家族在宫里不仅势力强大，还和宦官集团结盟。因此，他想到了瓦解梁氏家族和宦官集团。

为此，汉桓帝刘志经过很长一段时间的观察，发现他们虽然互相勾结，但却也并非牢不可破。在了解到宦官爱珠宝后，汉桓帝刘志就给他们许诺，说只要除掉梁氏家族，梁氏家族的所有财物珠宝都归他们。

宦官们同意了！

公元159年9月，经过多次缜密策划，汉桓帝刘志联合宦官单超、唐衡等人，率领御林军，先是包围了大将军梁冀的府邸，然后逼梁冀和妻子孙寿自杀。

之后，汉桓帝刘志又令人将梁冀的子孙，内外宗亲全部抓起来，然后不论男女老少，全部处死。和外戚梁氏家族一起被处死的，还有受到牵连的几十名朝臣。

对于追随梁冀的官吏、宾客等三百多人，汉桓帝刘志也是革职的革职，罢免的罢免。

摧毁外戚梁氏家族后，朝廷空了。

整个东汉王朝，竟然全是他们的人！汉桓帝刘志和不多的朝臣，感慨不已。

梁妠是幸运的，她的幸运在于，她死在了外戚梁氏家族被灭之前；梁妠也是不幸的，因为，她的一生都像个闹剧。

从抓阄当上皇后，到当上皇太后时的三次临朝、垄断朝纲，以及到最后，外戚梁氏成为东汉历史上最为显赫的外戚，这一切的获得，都带着阴谋，带着意外。

梁妠册立幼主，控制皇帝，飞扬跋扈，使东汉帝国的政局混乱不堪；宦官和外戚梁氏家族的勾结，更是让东汉进入长达20多年的外戚梁氏专权。

梁妠的一生只有短短的45年，却犹如一曲咏叹调，袅袅余音未了，东汉帝国在她的手里，一点点倾覆，最终濒临崩溃边缘。

梁妠这一生，对她来说很短暂，可对东汉来说，实在太漫长了。因为，自她坐上皇后位的那一天开始，外戚梁氏家族便在她的保护伞下，像蝼蚁一般，蚕食着东汉，让东汉一步步走向衰亡……

（秦汉篇　完）